김대철, 최정현 _ 공저

제6판

기술 금융 기초

KOREA BANKING INSTITUTE

한국금융연수원
KOREA BANKING INSTITUTE

발 간 사

빅데이터, 인공지능(AI) 등 디지털 혁신이 창조적 파괴를 주도하는 4차 산업혁명시대를 맞아 기술 특허와 같은 무형의 지식재산(IP: Intellectual Property)이 기업의 가치와 성장을 주도하고 국가의 경쟁력까지 좌우하는 핵심요소로 등장하고 있습니다.

그러나 부동산으로 대표되는 유형자산 담보에 기초한 대출 관행이 여전히 지속되고 있어 많은 기술집약형 혁신기업들이 사업자금 조달에 어려움을 겪고 있습니다. 이러한 문제를 해결하기 위한 방안으로서 미래수익 창출이 기대되는 기술과 아이디어에 대한 가치평가에 근거하여 기술신용등급을 산출하고 이를 기반으로 신용대출을 실행하는 기술금융에 대한 관심과 기대가 높아지고 있습니다. 이러한 인식하에 금융당국도 기술금융을 확산하기 위한 정책을 적극 추진하고 있으며, 은행 및 투자기관 등 금융회사들은 기술금융 실무를 담당할 전문 인력의 양성이 시급한 과제가 되고 있습니다. 이에 한국금융연수원에서는 금융회사의 기술금융인력 양성 노력에 도움을 드리고자 기술금융전문도서를 금융총서로 발간하게 되었습니다.

앞으로 본 도서가 기술금융업무 담당자들이 현장에서 업무를 수행하고 전문성을 높이는 데 실질적인 도움이 되기를 기대하며, 본 도서를 집필하여 주신 김대철 교수님과 최정현 교수님, 그리고 본 도서가 나오기까지 많은 노력을 기울여준 우리 원 출판미디어사업부 관계자 여러분께 감사의 말씀을 드립니다.

한국금융연수원 원장 문재우

머리말

요즘 유니콘 기업 또는 데카콘 기업들이 자주 거론되곤 한다.

창업 기업임에도 불구하고 기업가치가 1조 또는 10조가 넘는 기업들을 표현하는 신생 용어라 할 수 있다. 과연 기업의 부가가치는 지금도 토지, 노동, 자본에서 생산된다고 지금까지 배워왔던 경제학적 개념들이 이와 같은 현상을 잘 설명하고 있다고 할 수 있을까? 아마도 적극적인 공감을 얻기는 어려울 것이다.

지금은 바이오, 정보통신, 게임, 소프트웨어 등 우리가 생각해보지도 못했던 기술들이 독자적으로 또는 융합되어 상상을 초월하는 단계로 전개되고, 발전되어 가고 있다. 요즘엔 바야흐로 스타트업(start-up)이 독보적인 기술력으로 시장지배력을 확보한 후 하루아침에 스타기업으로 등장하곤 한다.

이에 수반되어 기업에게 자금을 지원하는 금융산업도 이러한 변화에 능동적으로 대처함으로써 금융경쟁력을 제고하지 않으면 안 되는 환경에 처해 있다. 과거 매출액과, 유형자산, 신용도 등을 평가하고 담보물을 산정하여 금융을 지원하는 시대는 지났다고 봐도 과언은 아닐 것이다.

이제는 창업가의 기업가정신과 무형자산을 기반으로 한 기술잠재력, 시장성, 사업성을 종합적으로 평가하여 향후 성장가능성에 초점을 맞추는 기업평가가 이루어져야 한다. 기업과 금융기관과의 정보 비대칭성을 해소하고, 금융산업의 선진화를 가속화하기 위해선 선진화된 금융기법을 도입하고 국내 상황에 맞는 기업평가, 여신심사 기법을 향상시켜야 할 것이다. 이를 위해 정부에서 도입한 것이 바로 기술금융이라고 할 수 있다.

2014년 7월 금융위원회는 기술금융 인프라 확충을 위해 TCB(technology credit bureau), TDB(technology data base), 금융기관을 3대 축으로 한 기술금융 활성화 정책을 적극적으로 추진하였다. 이를 위해 기술신용평가 표준모형을 도입하고, 기술신용평가 인력을 확충하기 위해 기술신용평가사 제도도 도입하여 저변을 확대하기 위해 노력하고 있다. 사실 과거에는 기술의 영역과 금융의 영역은 완전히 다른 차원으로 인식되어 왔었다. 하지만 이제는 금융의 영역에 기술을 제외하고 생각할 수 없다. 기술과 금융을 결합한 '기술금융'이라는 수단을 통해 기술혁신기업, 벤처창업지원, 기술사업화 지원 등의 해결책으로 중요하게 인식되고 있다.

본 서에서는 이러한 기술금융을 위한 기초지식과 다양한 실무사례를 담고 있다. 기술, 기술평가, 기술금융에 대한 정의와 개념, 관련 근거법률들을 다룸으로써 기본구조를 이해하고, 정부에서 추진해왔던 기술금융 정책에 대한 개요와 발전과정, 기술평가 표준모형 등을 소개함으로써, 금융기관 직원들 뿐 만 아니라 기술금융에 관심이 있는 대학생·일반인들도 쉽게 이해할 수 있을 것으로 기대된다.

이와 더불어 각 은행, 평가기관, 투자기관들이 기술금융으로 지원한 사례들을 소개함으로써 이론과 더불어 실무능력을 배양할 수 있는 기회를 접할 수 있는 기회를 마련하였다. 앞으로도 기술평가 및 기술금융과 관련된 정책시행이나 법령개정, 실무사례 등을 지속적으로 반영하여 본 서의 내용을 충실히 보완할 예정이다.

마지막으로 부족함에도 불구하고 본 서의 출판을 허락해주신 한국금융연수원 문재우 원장님과 출판미디어사업부 관계자분들께 깊은 감사의 말씀을 전한다.

2019년 4월

공동저자 김대철, 최정현

학·습·체·계·도

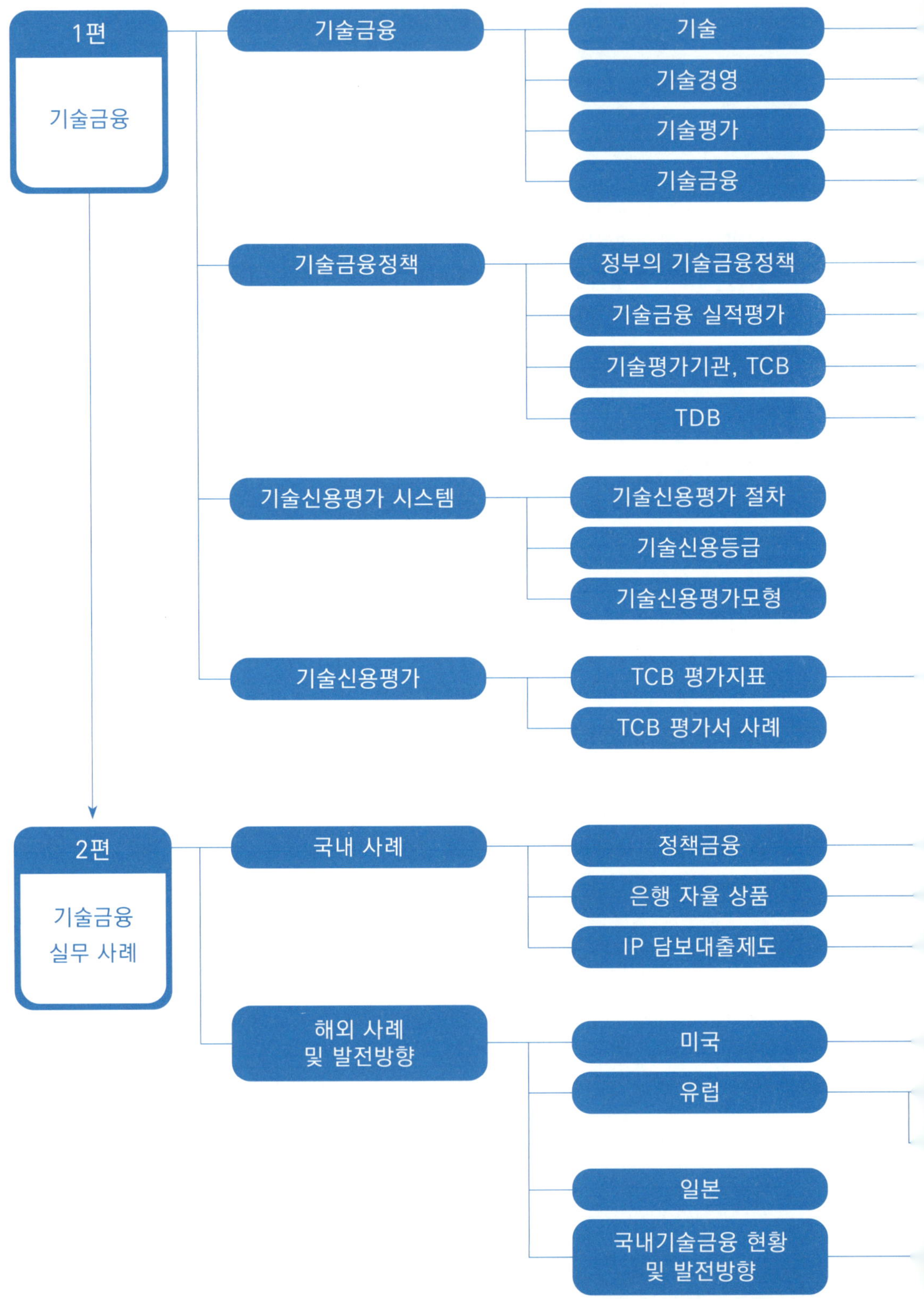

1편
기술금융
기술금융
기술
기술경영
기술평가
기술금융
기술금융정책
정부의 기술금융정책
기술금융 실적평가
기술평가기관, TCB
TDB
기술신용평가 시스템
기술신용평가 절차
기술신용등급
기술신용평가모형
기술신용평가
TCB 평가지표
TCB 평가서 사례
2편
기술금융
실무 사례
국내 사례
정책금융
은행 자율 상품
IP 담보대출제도
해외 사례
및 발전방향
미국
유럽
일본
국내기술금융 현황
및 발전방향

기술 | 지식재산권

기술경영 | 기술사업화

기술평가 | 기술평가기관 | 기술력평가 | 기술가치평가

기술금융 | 기술평가보증제도 | 기술평가인증서부 신용대출 | 기술력평가대출 | 벤처캐피탈

기술금융 활성화 정책 | TCB, TDB, 은행 간 업무

기술금융 실적평가

한국평가데이터 | NICE평가정보 | 이크레더블 | NICE 디앤비 | SCI 평가정보

TDB 법률적 근거 | 한국신용정보원 | TDB 활용 | 한국기술신용평가

기업의 사업역량 | 기술경쟁력

온렌딩대출 | 기보 보증부대출

은행 자율상품 사례 | 투자지원 사례

기술(IP)가치평가 사례 | IP담보대출 사례

SBIR | SBIC

EU MAP | EU EIF | 독일 | 영국

프랑스 | 핀란드 | 스페인

국내기술금융 현황 | 국내 기술금융 체계도 | 투자중심으로 기술금융 확대 | 데이터의 가치평가 시행 | 기술신용평가사 자격제도 | 기술금융의 발전방향

Contents

기술금융기초 제1편

제1편 기술금융

제1장 기술금융의 개요

Contents

기술금융기초

제1편

제2장 기술금융정책

Contents

기술금융기초

제1편

제3장 기술신용평가 시스템

Contents

기술금융기초 제2편

제2편 기술금융 실무 사례

제1장 기술금융 국내 실무 사례

Contents

기술금융기초 제2편

제1편

기술금융

제1장 기술금융의 개요

1 기술의 정의 및 법률적 성격

2 기술경영에 대한 이해

3 기술평가

4 기술금융 개론

학습목표

1. 기술의 개념을 이해하고 법률적 성격을 설명할 수 있다.
2. 기술경영을 이해하고 기술사업화 과정을 설명할 수 있다.
3. 기술평가를 정의하고 그 유형을 설명할 수 있다.
4. 기술금융의 추진과정과 특성을 설명할 수 있다.

학습개요

기술혁신·기술사업화·기술평가 등이 정책적으로 이슈화되고 있으며, 기술력 보유기업에 대한 금융 지원의 필요성이 대두되면서 '기술금융'이라는 용어가 폭넓게 사용되고 있다. 기술혁신형 기업은 기술력을 바탕으로 높은 경제적 부가가치를 창출할 수 있지만, 그 대신 사업의 위험이 상대적으로 크다. 기술의 불확실성과 정보 비대칭성 등으로 자금조달에 애로를 겪고 있는 기업에 대하여 국가경쟁력 확보 및 성장 원동력 육성 차원에서 기술금융을 지원하는데, 그 과정에서 기술평가는 매우 중요한 수단이다.
본 장에서는 기술금융에서 기초가 되는 분야를 개괄적으로 학습한다. 먼저 기술의 정의와 법률적 성격을 알아보고 기술경영, 기술혁신, 기술사업화 등 기술경영 일반에 대한 전반적 개념을 살펴보겠다. 이와 더불어 기술평가의 기본 개념과 기술금융의 발전 과정 그리고 도입 배경을 통해 기술금융의 유형과 특성을 알아보고자 한다.

주요 용어

1. 기술

기술은 원래 그리스어 '테크네(techne)'에서 유래된 말로 보통 생산기술의 뜻으로 사용되었다. 사전적 의미로는 과학 이론을 실제로 적용하여 자연의 사물을 인간 생활에 유용하도록 가공하는 수단을 말한다. 전통적 관점에서 기술은 사회의 산업 노하우에 관한 지식의 집합으로 정의하였으나 최근에는 기술적 지식이 생산 방법으로 변환된 것만을 기술이라고 정의하는 것이 일반적이다.

2. 기술경영

기술경영이란 연구자마다 다양한 정의를 내리고 있으나, 일반적으로 기술을 전략적으로 활용함으로써 새로운 사업 기회를 창출하고 혁신적 제품을 고안하는 등 공학과 경영학을 통합한 개념이다. 1980년대 미국 스탠퍼드대 윌리엄 밀러 교수가 기술경영 강좌를 개설한 것이 효시이다. 최근 기술과 경영이 컨버전스되고 있으며 기술 전략, 기술개발, 기술혁신, 기술사업화 등에서 공학, 과학 및 경영학의 원리를 결합하여 기술경영이 다양하게 발전해나가고 있다.

3. 기술평가

기술평가라는 용어는 애초 1970년대 미국 기술평가국인 OTA에 의해 기본 개념이 정립되었다. 새로운 기술에 대한 경제성, 권리성, 대체성 및 기타 요인에 대한 기회요인과 위험요인을 종합적으로 분석한 결과로 정의할 수 있다. 크게 협의의 기술평가와 광의의 기술평가로 나뉘며, 협의의 기술평가는 다시 기술력평가와 기술가치평가로 구분할 수 있다.

4. 기술금융

기술금융은 아이디어와 기술의 개발·사업화 등 기술혁신 전 과정에 필요한 자금을 지원하는 것이다. 협의의 기술금융은 미래수익 창출이 기대되는 기술과 아이디어 등에 대한 가치평가에 근거하여 필요한 자금을 공급하는 행위를 가리킨다.

01 기술의 정의 및 법률적 성격

1. 기술의 분류[1)]

1-1 기술의 정의

기술(technology)은 원래 그리스어 '테크네(techne)'에서 유래된 말로 보통 생산기술의 뜻으로 사용되었다. 기술의 사전적 의미로는 과학 이론을 실제로 적용하여 자연의 사물을 인간 생활에 유용하도록 가공하는 수단을 말한다. 즉 통신기술, 건축기술, 자동차 생산기술 등 인간 생활에 유용한 수단으로 활용됨으로써 삶의 질을 향상시키는 데 도움을 줄 수 있을 때 기술은 의미가 있다고 하겠다. 이에 비해 과학은 일반적으로 경제성과는 무관한 자연현상, 특히 자연의 합법칙성에 관한 일정한 이론체계를 발견하거나 탐구 또는 분석하는 분야를 가리킨다.

1) 기업 · 기술의 평가, 기술보증기금(2008) 주요 내용 정리

〈표 Ⅰ-1〉 기술과 과학

기술	과학
그리스어 '테크네(techne)'에서 유래 과학 이론을 실제로 적용하여 자연의 사물을 인간 생활에 유용하도록 가공하는 수단	보편적인 진리나 법칙의 발견을 목적으로 한 체계적인 지식
발견된 자연현상을 실생활에 응용	자연현상의 탐구·발견·이해
경제성이 중요	경제성과 무관
know-how	know-why
혁신·종합	발견·분석

자료: 국립국어원(2015), 기업·기술의 평가, 기술보증기금(2008) 재정리

세계지적재산권기구(WIPO)[2]에서는 기술을 "특정 분야 지식의 실제적 응용 과정, 절차, 제조 또는 농업·공업·상업 분야에서의 서비스 제공을 위한 체계화된 지식"으로 정의하고 있다.

전통적 관점에서 기술은 "사회의 산업 노하우에 관한 지식의 집합(society's pool of knowledge regarding the industrial arts)"으로 정의하였다. 그런데 최근에는 "기술적 지식이 생산 방법으로 변환된 것(the translation of technological knowledge into methods of production)"만을 기술이라고 정의하는 것이 일반적이다.

이와는 별개로 국내 특별법인 「기술의 이전 및 사업화 촉진에 관한 법률」에서는 기술을 "특허법 등 관련 법률에 따라 등록된 특허·실용신안·디자인·반도체집적회로의 배치설계 및 소프트웨어 등 지적재산과 지적재산의 기술이 집적된 자본재, 정보 등 지식재산권을 포괄하는 것"으로 정의하고 있다.

정부에서 추진 중인 기술금융정책에서 다루고 있는 기술의 개념도 「기술의 이전 및 사업화 촉진에 관한 법률」에서 정의한 내용을 따르고 있다.[3] "기술신용정보"의 개념은 「신용정보의 이용 및 보호에 관한 법률 시행령」[4] 에서 정한 기호, 숫자 등을 사용하여 평점 또는 등급으로 표시한 정보, 그 기술의 가액 또는 평가의견을 의미한다.

2) WIPO(World Intellectual Property Organization)는 세계지적재산권을 관장하는 UN전문기구다. 1886년의 저작권 관련 베른협약과 1883년의 산업재산권을 다루는 파리협약의 합동사무국이었던 국제사무국연방(BIRPI)의 전신으로, 1967년 스웨덴 스톡홀름에서 체결되고 1970년 발효된 WIPO 설립협약에 의해 지식재산을 보호하고 창작 활동을 장려하는 세계지적재산권기구(WIPO)다. 1974년 UN전문기구가 되었으며, 본부는 스위스 제네바에 있고 뉴욕의 UN본부에도 연방사무국을 두고 있다.

1-2 기술의 유형

기술은 연구자의 목적에 따라 다양한 측면으로 분류할 수 있는데 기술평가에서는 요소기술(a technology)과 복합기술(technology portfolios), 원천기술과 응용기술, 핵심기술과 주변기술 등으로 분류할 수 있다. 분류된 기술의 개념을 정리하면 다음과 같다.

가. 요소기술과 복합기술

요소기술은 제품 제조 시 사용되는 단위 요소의 기술을 의미한다. 요소기술은 하나의 요소기술혁신만으로는 곧바로 신제품이 생산되기 어렵고, 하나의 요소기술로 하나의 제품이 되는 경우도 별로 없다는 특성을 지니고 있다. 요소기술의 평가는 기술을 적용한 제품에 대한 기여도, 기술의 독창성(특허 등의 지식재산권 평가 포함), 기술의 우위성, 기술의 파급효과, 기술예측을 통한 기술의 발전 가능성에 대한 검토를 통하여 이루어질 수 있다.

복합기술은 하나의 제품 혹은 독립된 부분을 만들기 위한 다양한 요소기술의 결합을 의미한다. 복합기술의 평가는 요소기술의 평가항목을 포함하여 제품의 수익성, 가격경쟁력, 대체가능성, 시장점유율 등에 대한 검토를 통해 이루어질 수 있다.

나. 원천기술과 응용기술

원천기술이란 어떤 제품을 생산하는 데 있어 없어서는 안 될 핵심 기술을 뜻한다. 또한 다른 기술에 의존하지 않는 독창성을 지녀야 하며, 그로부터 다수의 응용기술을 만들어 낼 수 있는 생산성이 있어야 한다. 이러한 원천기술이 특허등록 된다면 원천특허라고 할 수 있을 것이다.

---

3) 「신용정보의 이용 및 보호에 관한 법률」제2조1의 6 바 목에서 기술에 대한 정의는 「기술의 이전 및 사업화 촉진에 관한 법률」 제2조 제1호에 따른 기술을 의미한다고 명시하고 있다.

4) 기술신용정보의 개념은「신용정보의 이용 및 보호에 관한 법률 시행령」2조16항에 다음과 같이 표시되어 있다.
⑯ 법 제2조제1호의6사목 본문에서 "대통령령으로 정하는 정보"란 기업 및 법인인 신용정보주체의 신용을 판단하기 위하여 기술평가(「기술보증기금법」 제28조제1항제6호의 기술평가를 말한다)를 하고 신용정보와 해당 기업 및 법인의 기술에 관한 정보를 활용함으로써 그 판단의 결과를 기호, 숫자 등을 사용하여 평점 또는 등급으로 표시한 정보, 그 기술의 가액 또는 평가의견 등(이하 "기술신용정보"라 한다)을 말한다. 〈신설 2020. 8. 4.〉

응용기술이란 원천기술을 활용하여 다양한 형태로 파생되거나 응용되는 기술이라 할 수 있다. 즉 우수한 원천 기술을 확보하게 되면 끊임없는 기술적 진화와 타 산업의 파급효과로 높은 부가가치를 지닌 비즈니스 영위 기반을 만들 수 있다.

다. 핵심기술과 주변기술

핵심기술(core technology)은 어떤 제품을 생산하거나 구성에 있어 없어서는 안되는 기술을 말한다. 예를 들면 자전거를 구성하는 데 있어 바퀴와 동력전달장치, 핸들은 자전거에 있어서 없어서는 안될 핵심기술(core technology)이라 할 수 있다.

주변기술이란 핵심기술을 활용하여 구성된 제품의 부가가치 또는 효용성을 높이기 위해 부가되는 기술을 의미한다. 자전거에서는 짐받이, 따르릉 울림장치, 거치대 등이 주변기술이라 할 수 있다.

1-3 회계상 기술의 분류

기술은 무형자산으로 회계처리 된다. 무형자산은 유형자산과 대응하는 개념으로 한국채택국제회계기준(K-IFRS)에서는 무형자산에 대한 분류기준을 물리적인 실체는 없지만 식별이 가능한 비화폐성 자산으로 회계적인 관점에서 기업은 미래에 경제적 효익이 기업에 유입될 가능성이 높고, 취득을 위해 필요한 원가를 신뢰성 있게 측정할 수 있는 것에 대하여만 무형자산(Intangible Asset)으로 인식하고 있다. 다만, 무형자산의 경우 물리적 실체가 없기 때문에 자산의 정의와 함께 식별가능성, 자원에 대한 통제가능성을 추가적인 인식 기준으로 제시하고 있다.

재무제표에 보고되는 기술은 대부분의 경우 기업이 갖고 있는 기술 전부가 재무제표에 반영되지 않으며, 무형자산 중 산업재산권[5] 또는 개발비[6]의 일부로 인식되거나, 인수합병(M&A)을 통한 영업권[7] 등 일부로 인식된다.

회계에서 무형자산의 일부로 인식되는 기술의 가치평가는 전통적으로 발생주의에 의한 역

5) 산업재산권: 일정 기간 독점적, 배타적으로 이용할 수 있는 권리로 특허권, 실용신안권, 디자인권 및 상표권 등

6) 개발비: 신제품, 신기술 등의 개발과 관련하여 발생한 비용(SW 개발비용 포함)으로 개별적으로 식별 가능하고 미래의 경제적 효익을 확실히 기대할 수 있는 것

사적 원가(historical cost)에 바탕을 두고 있다. 그런데 IT 분야를 비롯한 여러 산업 분야의 자산 중에서 무형자산의 비중이 커지면서, 최근 기술평가는 현재가치회계(present value accounting) 등의 새로운 패러다임에 바탕을 두고 있다.

무형자산, 특히 지식자산은 자체의 특성상 객관적인 평가가 쉽지 않다. 그럼에도 그 중요성이 부각됨에 따라 지식자산에 대한 객관적인 평가 및 보고 방법을 개발하고자 하는 노력이 선진국을 중심으로 여러 차원에서 광범위하게 이루어지고 있다.

〈표 Ⅰ-2〉 재무상태표상의 자산구조(무형자산)

<table>
<tr><td colspan="4">재무상태표상의 자산구조</td></tr>
<tr><td rowspan="6">자산</td><td colspan="3">유동자산</td></tr>
<tr><td rowspan="5">비유동자산</td><td colspan="2">투자자산</td></tr>
<tr><td colspan="2">유형자산</td></tr>
<tr><td>무형자산</td><td>구체적 존재 형태가 없는 비유동자산을 말하며, 재화의 생산이나 용역의 제공, 타인에 대한 임대 또는 관리에 사용할 목적으로 기업이 보유하게 된다.
무형자산의 분류(기업회계기준) : 영업권, 라이선스와 프랜차이즈, 산업재산권, 광업권, 어업권, 차지권, 컴퓨터 소프트웨어, 개발비, 기타의 무형자산 등으로 분류

〈무형자산의 특징〉

① 식별 가능성 : 다른 자산들과 분리하여 거래를 할 수 있거나 계약상 또는 법적 권리로부터 발생하여야 한다. 다만, 영업권은 식별가능성 조건을 충족하지 않지만 예외적으로 무형자산에 해당한다.
② 통제 가능성 : 자산을 통해 발생하는 미래 경제적 효익을 기업이 통제할 수 있어야 한다. 즉 제3자의 접근을 제한할 수 있는지 여부에 의해 판단할 수 있다.
③ 미래 경제적 효익 : 자산을 통해 제품의 매출, 용역수익, 원가 절감 또는 자산의 사용에 따른 기타 효익의 형태로 발생하여야 한다.</td></tr>
<tr><td colspan="2">기타 비유동자산</td></tr>
</table>

자료 : 기업 · 기술의 평가, 기술보증기금(2008) 재정리

국가 차원에서 지식자산을 측정하는 방법은 OECD를 중심으로 모색되고 있다. OECD에서는 'The Knowledge Based Economy', 'National Innovation Systems' 등 국가차원의 지식자본의 창출, 확산, 획득, 활용에 대한 다양한 보고서를 발간한 바 있다.

7) 영업권: 합병, 영업양수 및 전세권 취득 등의 경우 유상으로 취득한 것

미국에서는 과학재단(NSF: National Science Foundation)이 국가의 지적자산을 측정할 수 있는 각종 지표를 개발하여, 'Science and Technology Indicators'에 매년 발표하고 있다. 그런데 이러한 국가적인 차원의 지식자산 측정 노력은 거시적인 지표로서 기업에 직접 적용하기 어렵다는 문제점이 있다. 따라서 기업에서도 지적자산의 창출을 장려하기 위하여 기업 자체적으로 이를 측정할 수 있는 지표를 개발하고 있다.

국가 및 기업 차원에서 지식자산을 측정하고자 하는 이러한 노력은 회계처리 및 보고와 직결되는 것은 아니다. 그렇지만 기업의 의사결정에 유용한 정보를 제공하는 회계에서 지식자산, 즉 무형자산의 중요성이 증가하고 있는 추세이므로, 기업에서 무형자산의 인식·측정·보고 방법을 개발하기 위해 노력을 기울일 필요가 있다 하겠다.

〈표 Ⅰ-3〉 미국 재무회계기준(FASB)에 따른 무형자산 분류와 유형

분 류	종 류
기술관련 무형자산	공정특허, 특허적용기술, 기술적 증서, 실험노트, 기술적 노하우 등
시장관련 무형자산	상표권, 상표, 브랜드명, 로고 등
예술관련 무형자산	문학작품과 저작권, 음악작곡, 지도, 조각 등
자료처리관련 무형자산	소프트웨어, 소프트웨어 저작권, 데이터베이스 등
엔지니어링관련 무형자산	산업디자인, 제품특허, 설계도, 청사진, 독점증서 등
고객관련 무형자산	고객명단, 고객계약, 고객유대, 주문잔고 등
계약관련무형자산	우선공급계약, 양허계약, 영업계약, 독점판매증서, 비경쟁계약 등
인력자본관련 무형자산	능숙하고 결집된 근로자, 근로계약, 노조계약 등
위치관련 무형자산	차지권, 광물개발권, 지역권, 수면권, 공중권 등
영업권관련 무형자산	법인 영업권, 전문능력, 명성, 계속기업가치 등

자료 : 기술가치평가실무메뉴얼, 기술보증기금(2018)

2. 기술의 법률적 성격

개별 특별법에서는 기술의 범위를 법률 제정 취지에 따라 조금씩 다르게 정의하고 있다. 예를 들면 「기술의 이전 및 사업화 촉진에 관한 법률」에서도 기술의 범위를 특허, 실용신안, 디자인을 기술의 범위로 포함하고 있지만 상표권은 제외하고 있다.

또한 「외국인투자 촉진법」에서는 현물출자[8] 대상 목적물로서 기술을 산업재산권중 특허권, 실용신안권, 디자인권, 상표권 모두를 기술의 범위로 인정하고 있지만 「벤처기업육성에 관한 특별조치법」에서는 산업재산권중 상표권을 제외한 특허권, 실용신안권, 디자인권만을 현물출자 대상 기술로 인정하고 있다.

「외국인투자촉진법」에서 상표권을 기술의 범위에 포함하는 것은 국내 산업발전을 위해 외국인이 보유한 상표권을 기술의 범위로 인정하여 외국인의 투자를 유도하고자 하는 법률 제정 취지를 반영한 것이라고 볼 수 있다. 따라서 기술평가를 실시할 때는 활용 목적 및 기술의 형태에 따라 근거가 되는 법률을 검토하여 평가 대상이 되는 기술을 정확하게 확정지을 필요가 있다.[9]

한편 「기술의 이전 및 사업화 촉진에 관한 법률 시행령」과 「산업교육진흥 및 산학연협력 촉진에 관한 법률 시행령」에서는 기술의 범주를 "이전 및 사업화가 가능한 기술적·과학적 또는 산업적 노하우"까지 확대 정의하고 있다.

8) 현물출자란 금전 이외의 재산, 즉 토지 · 건물과 같은 부동산, 유가증권 · 상품과 같은 동산 및 특허권 · 지상권과 같은 무형자산 등에 의한 출자형태를 말한다. 주식회사에서는 현금출자를 원칙으로 하고, 회사의 설립 또는 신주 발행 시에는 예외적으로 현물출자를 인정하고 있다. 벤처기업 등의 경우에는 예외적으로 설립 및 신주발행, 유상증자 시 관련 법령에 의거 기술 현물출자를 허용하고 있다.

9) 기업 부실예측을 위한 기술평가모형의 실증적 연구, 김대철(2014)

〈표 Ⅰ-4〉 법률적 근거에 의한 기술의 정의 및 기술의 범위

근 거	정의(범위)	비고
세계지적재산권기구(WIPO)	기술은 특정 분야 지식의 실제적 응용 과정, 절차, 제조 또는 농업·공업·상업 분야에서의 서비스 제공을 위한 체계화된 지식으로 정의	기술의 정의
「기술의 이전 및 사업화 촉진에 관한 법률」 제2조	① 「특허법」 등 관련 법률에 따라 등록 또는 출원(出願)된 특허, 실용신안(實用新案), 디자인, 반도체집적회로의 배치설계 및 소프트웨어 등 지식재산, ② 1항의 기술이 집적된 자본재(資本財), ③ 1~2항의 기술에 관한 정보, ④ 1~3항에 준하는 것으로서 대통령령*으로 정하는 것 * "대통령령으로 정하는 것"이란 이전 및 사업화가 가능한 기술적·과학적 또는 산업적 노하우를 의미함	기술의 정의
「벤처기업육성에 관한 특별조치법」 제6조	벤처기업에 대한 현물출자 대상에는 특허권, 실용신안권, 디자인권, 저작권, 기타 이에 준하는 기술과 그 사용에 관한 권리*로 정의 * 전용실시권, 통상실시권 등 사용에 관한 권리를 의미함	현물출자 대상으로서 기술의 정의
「외국인투자 촉진법」 제2조	산업재산권, 대통령령*으로 정하는 지식재산권, 그 밖에 이에 준하는 기술과 이의 사용에 관한 권리 * 대통령령(시행령)에는 정하는 지식재산권"이란 「저작권법」에 따른 저작권 중 산업활동에 이용되는 권리와 「반도체집적회로의 배치설계에 관한 법률」 에 따른 배치설계권을 말함	현물출자 목적물로서 기술
「산업교육진흥 및 산학연 협력 촉진에 관한 법률 시행령」 제3조	① 「특허법」, 「실용신안법」, 「디자인보호법」 등 관련 법률에 따라 등록되었거나 등록을 신청 중인 특허·실용신안·디자인과 그 밖에 이에 준하는 지식재산 ② 1항의 기술이 집적된 자본재 ③ 1항 또는 2항의 기술에 관한 정보 ④ 이전과 사업화가 가능한 기술적·과학적 또는 산업적 노하우(know-how)로 정의	사업화 대상 기술의 범위
「기술보증기금법」[10] 제2조	신기술* 사업자란 기술을 개발하거나 이를 응용하여 사업화하는 중소기업으로 정의 * 신기술이란, 대통령령(시행령)에서 생산성 향상, 품질 향상, 제조원가 절감, 에너지 절약 등 현저한 경제적 성과를 올릴 수 있는 기술을 개발하거나 응용하여 기업화·제품화하는 기술 등을 의미함	신기술 사업자의 정의

자료: 기업 부실예측을 위한 기술평가모형의 실증적 연구, 김대철(2014) 재정리

10) 「기술신용보증기금법」에서 「기술보증기금법」으로 2016년 3월 개정되었다.

3. 지식재산권 개요[11]

지식재산권(intellectual property rights)[12]이란 인간의 정신적 창작물을 보호하기 위한 권리이다. 물건을 직접 지배할 수 있는 배타적 권리인 물권을 유체재산권이라 한다면 인간의 지식창작의 소산인 정신적 창작물이라는 무체물을 독점적으로 이용할 것을 내용으로 하는 권리를 무체재산권이라 할 수 있다.

지식재산권은 산업 영역의 발전을 목적으로 하는 산업재산권과 문화창달을 목적으로 하는 저작권 및 최근에 새로이 그 중요성이 부각되고 있는 신지식재산권으로 나눌 수 있다. 이 중 산업재산권은 특허권·실용신안권·디자인권·상표권으로 나눌 수 있고, 저작권은 저작재산권·저작인격권·저작인접권으로 구분된다. 그리고 신지식재산권은 정보기술의 혁신에 따라 반도체 직접회로의 배치설계권, 유전자 조작과 세포융합에 의한 동·식물의 신품종 등 생명공학 발명이나 영업비밀 등이 있다.

최근 지식재산권은 과학기술의 발전과 상표·디자인과 관련한 보호 대상이 확대됨에 따라 보호범위가 더욱 다양하고 광범위해지고 있다.

〈표 Ⅰ-5〉 지식재산권의 분류체계

<table>
<tr><td rowspan="8">지식재산권</td><td rowspan="4">산업재산권</td><td>특허권(발명)</td><td>자연법칙을 이용한 기술적 사상의 창작으로 발명수준이 고도한 발명</td></tr>
<tr><td>실용신안권(고안)</td><td>물품의 형상, 구조 조합에 관한 고안</td></tr>
<tr><td>디자인권(디자인)</td><td>물품의 외관인 디자인에 관한 아이디어</td></tr>
<tr><td>상표권(상표)</td><td>식별력 있는 상표 또는 서비스표</td></tr>
<tr><td rowspan="3">저작권</td><td rowspan="2">협의저작권</td><td>저작인격권(공표권, 성명표시권, 동일성유지권)</td></tr>
<tr><td>저작재산권(복제권, 공연권, 공중송신권, 전시권, 배포권, 대여권, 2차적 저작물 작성권 등)</td></tr>
<tr><td>저작인접권</td><td>실연, 음반제작, 방송</td></tr>
<tr><td>신지식재산권</td><td colspan="2">반도체 배치설계, 생명공학발명(유전자 등), 영업비밀(노하우), 도메인네임 등</td></tr>
</table>

자료: 기업·기술의 평가, 기술보증기금(2008), 지식재산의 이해, 박문각(2014) 재정리

11) 지식재산의 이해, 특허청 · 한국발명진흥회(2014) 및 기업 · 기술의 평가, 기술보증기금(2009) 요약 정리

12) 지식재산권이라는 용어는 'intellectual property rights'를 번역한 것으로 지적재산권, 지적소유권, 지식소유권, 지식재산권 등으로 혼용되고 있다.

3-1 산업재산권

산업재산권은 일반적으로 특허권(patent), 실용신안권(utility model), 디자인권(industrial design), 상표권(trade mark)을 총칭하는 단어이다. 산업 활동과 관련된 사람의 정신적 창작물이나 창작된 방법에 대해 인정하는 독점적 권리인 무체재산권이다. 즉, 산업재산권은 독점·배타적 지배권으로서 어떤 권리에 관하여 어떤 사람이 그 권리를 취득하면 다른 사람은 그것과 양립할 수 없다는 효과가 있다.

〈표 Ⅰ-6〉 산업재산권의 비교

구 분	특허권	실용신안권	디자인권	상표권
보호 대상	발명	고안	디자인	상표
정의	자연법칙을 이용한 기술적 사상의 창작으로 고도한 것	자연법칙을 이용한 기술적 사상 창작	물품의 형상·모양·색채 및 이들을 결합한 것으로,육안으로 보아 미감을 느끼는 것	상품을 식별하기 위해 사용되는 기호·문자·도형·입체적 형상 또는 이들의 결합, 각각의 색채결합
보호목적	기술발전		디자인창작장려	상표사용자 신용유지, 소비자보호
등록 요건	산업상 이용 가능성, 신규성, 진보성		공업상 이용 가능성, 신규성, 창작성	자타 상품 식별력
존속 기간	등록일 후 출원일로부터 20년	등록일 후 출원일로부터 10년	등록일 후 출원일로부터 20년	등록일로부터 10년 (10년마다 갱신 가능)
등록방법	심사	심사	심사/일부심사[13]	심사
출원공개	유(조기공개)	유(조기공개)	출원인 신청	출원공고
심사청구	유(우선심사 3년)[14]	유(우선심사 3년)	무	무

자료 : 기업·기술의 평가, 기술보증기금(2008), 지식재산의 이해, 박문각(2014) 재정리

13) 일부심사등록이란 디자인등록출원이 디자인등록요건 중 일부만을 갖추고 있는지를 심사하는 것을 말한다

14) ① 특허출원을 심사받기 위해서는 특허 출원일부터 5년 이내에 출원심사의 청구를 하도록 함에 따라 심사청구기간이 길어져 특허발명에 대한 권리확정이 지연되는 문제점이 있고 ② 국제적 추세에 맞추어 특허출원의 심사청구기간을 특허출원일부터 3년 이내로 단축하여 특허발명에 대한 권리확정이 조속히 이루어질 수 있도록 하였다(특허법 59조2항, 2017.3월 변경시행)

가. 특허권

특허권은 새로운 기술적 발명에 대하여 그 발명자가 일정한 기간 그 발명의 독점적 실시권을 가지는 배타적 지배권을 말하며, 여러 산업재산권 가운데서 가장 중요한 권리라고 할 수 있다. 또한 특허권은 같은 산업재산권의 하나인 실용신안권과 대비하면 그 발명의 신규성이 고도한 것이라는 데 차이가 있다.

특허권을 세부적으로 보면 새로운 제조 방법이 발명에 인정되는 제법특허(process patent), 새로운 용도 개발이 주어지는 용도특허(use patent), 새로운 물질 자체의 발명에 인정되는 물질특허(product patent) 등으로 나눌 수 있다.

제법특허는 어떤 물질의 제조 방법 중 한 가지를 특허의 대상으로 하고, 용도특허는 여러 용도 중 한 가지만을 특허의 대상으로 한다. 만일 하나의 물질에 대하여 여러 가지 제조 방법이나 용도가 있는 경우에는 제법특허, 용도특허가 각기 따로 인정된다. 그러나 물질특허의 경우에는 그 물질 자체를 권리의 대상으로 하기 때문에 동일 물질에 대하여는 그 제법이나 용도에 관계없이 하나의 물질특허가 인정될 뿐이다. 그러므로 제법특허 또는 용도특허만 인정되는 법제도하에서는 새로운 제법이나 용도를 발명하면 그 자유로운 활용이 보장되지만, 물질특허제도에서는 그 물질특허권자의 허락이 없으면 제법특허나 용도특허의 독자적인 사용 또는 실시가 불가능하여 실제적으로 물질특허에 종속하게 된다.

특허권은 다른 사람들이 발명의 이익을 얻을 수 있도록 발명을 공개하는 대가로 일정 기간(특허권의 설정등록이 된 날로부터 출원일 후 20년까지) 동안 발명자가 정부로부터 부여받은 독점권이다.

■ 특허제도의 필요성

발명이 법으로 보호되지 않는다면, 발명자는 자기의 발명이 타인으로부터 모방당할 것을 우려하여 자기 발명을 비밀리에 실시하려 할 것이다. 그러면 발명이 사회에 공개되지 않아 기술발전의 촉진을 기대할 수 없다. 따라서 특허제도는 기술개발을 촉진하여 산업발전을 도모하기 위해 필요하다.

■ 「특허법」의 목적

「특허법」은 제1조에서 "발명을 보호·장려하고 그 이용을 도모함으로써 기술의 발전을 촉진하여 산업발전에 이바지함을 목적으로 한다"라고 규정하고 있다.

① 발명의 보호: 「특허법」 제94조에서 "특허권자는 업으로서 그 특허발명을 실시할 권리를 독점한다"라고 규정하여 특허발명을 독점적으로 실시할 권리를 부여함으로써 발명자를 보호하고 있다.

② 발명의 장려: 정부가 국민으로 하여금 발명을 하도록 권장하는 것을 의미한다. 각종 홍보를 통하여 발명의 중요성과 필요성을 역설하거나 발명사상의 제고, 발명에의 유인 및 발명의 실시를 위한 제반 지원책 등을 펴는 것을 말한다.

③ 발명의 이용: 발명을 산업에 이용하거나 연구개발에 이용하는 것을 말하며, 이는 발명의 공개와 실시에 의하여 이루어진다. 발명의 공개는 기술 내용을 일반에 공표하는 것을 의미하나, 개인이 일반에 직접 개시하는 것을 뜻하지는 않는다. 발명의 실시란 발명이 산업에서 실시되는 것으로서, 특허권자가 독점적으로 실시하는 것이 원칙이나 일정한 경우에는 제3자도 실시할 수 있다.

■ 발명의 특허 요건

① 발명의 성립성: 발명의 성립성은 특허출원한 발명이 「특허법」 제2조에서 규정한 발명의 정의 요건을 충족하는지 여부를 말한다.

② 산업상 이용 가능성: 발명이 산업에 실제 활용되는 것을 의미하며, 현재 산업에 이용되고 있지 않더라도 향후 이용될 가능성이 있으면 족하다.

③ 발명의 신규성: 발명이 사회 일반에 아직 알려지지 않은 것을 의미하는 것으로서 「특허법」에서는 발명의 신규성을 제29조 제1항 각 호에서 소극적으로 규정하여 이에 해당되지 않는 경우에는 신규성이 있는 발명으로 규정한다. 즉 이미 공개되어 신규성을 상실한 발명은 새로운 기술을 공개하는 것이 아니기 때문에 이러한 발명에는 독점권을 부여하지 않는다.

④ 발명의 진보성: 발명의 진보성이란 당해 기술 분야에서 통상의 지식을 가진 자가 선행 기술(종래 기술)에 의하여 그 발명을 용이하게 할 수 없는 것을 의미한다.

⑤ 선원주의: 먼저 출원한 자에게 특허를 부여하는 제도를 선원주의[15]라고 한다. 「특허법」에서는 동일한 발명에 대하여는 하나의 특허만을 부여하도록 하고 있는데, 이를 '1발명 1특허의 원칙'이라 한다. 따라서 동일한 발명에 대하여 둘 이상이 출원한 경우 누구에게 특허를 줄 것인가가 문제가 되는데, 국내 「특허법」에서는 선원주의를 채택하고 있다.

■ **특허권의 소멸 사유**[16]

특허권의 소멸사유로는 ① 특허권 존속 기간 만료 ② 특허료(연차료) 불납 ③ 상속인 부존재 ④ 특허권의 포기 ⑤ 특허무효심판에 의한 무효 등이 있다.

■ **실시권(라이선스)제도**

실시권(license)이란 특허권자 이외의 자가 업으로서 특허발명을 실시할 수 있는 권리를 말한다. 실시권은 전용실시권 및 통상실시권으로 나누어지며, 세부 내용을 정리하면 다음 〈표 Ⅰ-7〉과 같다.

〈표 Ⅰ-7〉 전용실시권과 통상실시권 비교

항 목	전용실시권	통상실시권
정의	업으로서 특허발명을 독점·배타적으로 실시할 수 있는 물권적 권리	독점·배타성이 없이 단순히 특허발명을 업으로서 실시할 수 있는 채권적 권리(동일한 권리를 다수자에게 허여 가능)
발생요건	설정등록(효력 발생 요건)	설정등록 없이 효력 발생, 단 설정등록 시 제3자에 대한 요건 성립
이전	특허권자의 동의 필요(실시사업과 같이 이전하는 경우 또는 상속 기타 일반승계의 경우는 예외임)	특허권자 또는 전용실시권자의 동의 필요(실시사업과 같이 이전하는 경우 제외)
처분	질권 설정(담보제공)과 통상실시권 허락에 특허권자의 통의 필요	질권 설정에 특허권자 또는 전용실시권자의 동의 필요

자료: 지식재산의 이해, 박문각(2014) 재정리

15) 선원주의와 대비되는 개념으로 선발명주의가 있다. 이는 선출원 여부에 불구하고 먼저 발명한 자에게 특허를 부여하는 제도를 말한다.

16) 종전 「특허법」에서는 특허 불실시에 따른 특허권 소멸사유를 두고 있었으나 한 · 미 FTA 체결에 따라 이를 폐지하였다.

■ 특허취소신청 제도의 도입[17)]

현재 특허권의 설정등록일부터 등록공고일 후 3개월 이내에는 누구든지 특허무효심판을청구할 수 있도록 하여 특허요건을 구비하지 못한 특허를 조기에 무효로 할 수 있도록 하고있으나 특허무효심판절차가 복잡하여 활용도가 적은 문제점이 있었다. 따라서 누구든지

하자가 있는 특허에 대하여 선행기술정보에 기초한 특허취소사유를 특허심판원에 제공하면 심판관이 해당 특허의 취소 여부를 신속하게 결정하는 것을 내용으로 하는 특허취소신청 제도를 도입하여 특허 검증을 강화하였다. 특허취소신청은 누구든지 특허권의 설정등록일부터 등록공고일 후 6개월이 되는 날까지 특허심판원장에게 특허취소신청을 할 수 있다.

■ 특허권 이전청구 제도의 도입[18)]

지금까지는 무권리자가 특허출원을 하여 특허를 받은 경우 정당한 권리자는 무권리자의 특허를 무효로 한다는 심결을 받은 후 별도로 특허출원을 하여 특허권을 취득할 수 있었다. 그러나 앞으로는 정당한 권리자가 무권리자의 특허권 이전을 법원에 청구하고 법원의 판결을 받아 무권리자의 명의로 설정등록된 특허권을 이전등록하는 방법으로도 특허권을 취득할 수 있게 함으로써 정당한 권리자의 편의를 도모하였다.

나. 실용신안권

실용신안권은 물품의 형상, 구조, 조합에 관한 고안에 대하여 부여되는 권리이다. 실용신안 제도는 인간 생활에 유용한 새로운 물품을 창작하였지만 특허 부여에 필요한 기술적 진보 또는 발명의 고도성이라는 기준에 달하지 못한 소발명(小發明)을 짧은 기간 동안 간이·신속하게 보호하기 위하여 입법화한 것이다.

즉 실용신안제도는 신규의 실용품에 대한 고안자에게 특허보다 단기이지만 일정 기간 그 고안을 독점·배타적으로 실시할 수 있는 권리를 보장한다. 이로써 중소투자가와 기술자를 격려하여 적은 비용으로 낮은 수준의 기술개발일지라도 이를 촉진, 유인할 수 있는 인센티브를 주고 중소기업 간의 기술경쟁을 촉진, 조정하는 역할을 하게 하는 것이다.

17) 특허법 제132조의2부터 제132조의15까지 신설하여 특허취소신청 제도를 도입하였다.
18) 특허법 제99조의2를 신설하여 특허권 이전청구 제도를 도입하였다.

동시에 실용신안제도에 의한 소발명의 보호는 특허제도의 보호 대상인 발명 수준의 저하를 방지하는 역할도 하게 된다.

이러한 실용신안제도를 두고 있는 나라는 우리나라를 포함하여 중국, 독일, 일본 등이다. 국가산업 정책적인 측면에서 실용신안제도를 특허제도와 병존시키고 있으나, 향후에는 특허출원의 범위로 편입될 가능성이 높다.

현행 우리나라 「실용신안법」은 기술적 사상의 창작을 보호한다는 점에서 「특허법」과 동일하므로 「실용신안법」의 보호 객체인 고안과 「특허법」의 보호 객체인 발명을 구별하기가 매우 곤란하다. 양자 간에는 본질상 차이보다는 보호 대상, 보호 기간 등에서 '정도의 차이'만 있을 뿐이다.

실용신안권을 특허제도와 비교하면 다음과 같은 차이가 있다.

■ 보호 대상

특허제도에서는 '발명', 즉 자연법칙을 이용한 기술적 사상의 창작 중 고도한 것을 보호 대상으로 한다. 이에 물건 및 방법에 대한 모든 발명이 보호 대상이 된다. 반면, 실용신안제도에서는 자연법칙을 이용한 기술적 사상의 창작인 '고안' 중 물품의 형상·구조 또는 조합에 관한 '고안'만을 보호 대상으로 하며 반드시 고도한 것을 요구하지 않는다. 단, 방법에 관한 고안은 보호되지 않는다.

■ 등록 요건

실용신안 등록 요건도 산업상 이용 가능성, 신규성, 진보성 등으로 특허 요건과 동일하게 규정하고 있다. 그렇지만 진보성 판단기준에서는 상이하다. 「특허법」상 진보성은 당해 기술 분야에서 통상의 지식을 가진 자가 선행 기술에 의하여 용이하게 발명할 수 있느냐 여부를 말한다. 이에 비해 「실용신안법」상의 진보성은 당해 기술 분야에서 통상의 지식을 가진 자가 선행 기술에 의하여 '극히' 용이하게 고안할 수 있느냐 여부를 말한다.

■ 존속 기간

특허권의 존속 기간은 20년이나 실용신안권은 10년이다(권리는 등록일부터 발생하나 권리 존속 기간은 출원일 후 10년까지이다).

■ 실용신안등록취소신청 제도의 도입[19)]

현재 실용신안권의 설정등록일부터 등록공고일 후 3개월 이내에는 누구든지 실용신안등록무효심판을 청구할 수 있도록 하여 실용신안등록요건을 구비하지 못한 실용신안등록을 조기에 무효로 할 수 있도록 하고 있으나, 실용신안등록무효심판절차가 복잡하여 활용도가 적은 문제점이 있었다. 따라서 누구든지 실용신안권의 설정등록일부터 등록공고일 후 6개월이 되는 날까지 선행기술정보에 기초한 실용신안등록취소사유로 특허심판원장에게 실용신안등록취소신청을 하면 심판관이 해당 실용신안등록의 취소 여부를 신속하게 결정하도록 하는 실용신안등록취소신청 제도를 도입하여 실용신안등록의 검증을 강화하였다.

다. 디자인권

디자인의 보호 및 이용을 도모함으로써 디자인의 창작을 장려하여 궁극적으로 산업발전에 이바지함을 「디자인보호법」의 목적으로 한다. 따라서 디자인의 보호가 산업발전에 이바지하여야 하고, 역으로 보호함으로써 산업발전에 이바지할 수 있는 디자인이 디자인인 것이다. 「디자인보호법」은 이러한 디자인만을 보호하고자 한다. 따라서 수많은 유형의 디자인 중 법적으로 보호함으로써 산업발전에 이바지할 수 있는 디자인을 선별하기 위한 요건이 디자인의 등록 요건이라 할 수 있다. 또한 그중에서도 기초가 되는 요건이 성립 요건 또는 구성 요건이라 할 수 있다. 「디자인보호법」 제2조 제1호에서는 "디자인이라 함은 물품(물품의 부분을 포함한다. 이하 제12조를 제외하고 같다)의 형상·모양·색채 또는 이들을 결합한 것으로 시각을 통하여 미감을 일으키게 하는 것을 말한다"라고 규정하고 있다.

따라서 「디자인보호법」의 보호 객체로서 디자인으로 성립되기 위해서는 다음과 같은 네 가지 요건을 충족하여야 한다.

① 디자인의 대상이 되는 물품이 지배와 이동이 가능한 물품이어야 하고(이를 '물품성'이라 한다)
② 물품(또는 물품의 부분)의 형상·모양·색채 또는 이들의 결합이어야 하며(이를 '형태성'이라 한다)

19) 실용신안법 제30조의2 및 제30조의3 신설하여 실용신안등록취소신청 제도를 도입하였다.

③ 인간의 시각을 통하여 볼 수 있는 것이어야 하고(이를 '시각성'이라 한다)

④ 미감을 일으키게 하는 것(이를 '미감성' 또는 '심미성'이라 한다)이어야 한다.

이상의 요건을 충족하여야 디자인으로 성립되고, 이를 보호함으로써 산업발전에 이바지할 수 있다. 또한 그래야만 이 법의 보호 객체이자 디자인권의 객체가 될 수 있다.

디자인권의 권리 존속 기간은 설정등록한 날부터 발생하여 디자인등록 출원일 후 20년이 되는 날까지 존속한다.

라. 상표권

상표법은 상표를 보호함으로써 상표 사용자의 업무상 신용 유지를 도모하여 산업발전에 이바지하고 수요자의 이익을 보호함을 목적으로 한다. 상표법상 "상표"란 자기의 상품(지리적 표시가 사용되는 상품의 경우를 제외하고는 서비스 또는 서비스의 제공에 관련된 물건을 포함한다)과 타인의 상품을 식별하기 위하여 사용하는 표장(標章)을 말한다. "표장"이란 기호, 문자, 도형, 소리, 냄새, 입체적 형상, 홀로그램·동작 또는 색채 등으로서 그 구성이나 표현방식에 상관없이 상품의 출처를 나타내기 위하여 사용하는 모든 표시를 말한다. 「상표법」상 보호되는 표장은 상표, 서비스표, 단체표장(지리적 단체표장 포함), 업무표장, 증명표장이 있다.

상표는 등록 후 10년까지 존속되지만 갱신 절차를 거쳐 10년씩 존속 기간을 계속적으로 연장할 수 있다. 따라서 권리보호 요건을 유지한다면 지속적으로 사용할 수 있는 권리이다.

상표의 주요 기능은 다음과 같다.

① 자타상품 식별 기능

상표가 상품의 출처를 표시하거나 상품의 품질을 보증하는 기능을 발휘하기 위해서는 그 전체로써 자기의 상품과 타인의 상품을 구별할 수 있어야 한다. 이를 자타상품의 식별 기능이라고 한다. 이러한 자타상품의 식별 기능이 발휘됨으로써 다른 품질보증 기능, 출처표시 기능 등이 발휘되기 때문에 이 기능을 상표의 기능 중 가장 기본적이고도 본질적인 기능이라고 일컫는다.

② **출처표시 기능**

상표는 자기의 상품과 타인의 상품을 식별하는 기능을 가진다. 상표는 기능 면에서 보면 우선 소유표식이나 재산표식으로 일정한 출처를 나타내기 위하여 생긴 것이라 할 수 있다.

③ **품질보증 기능**

상품의 품질보증 기능은 일반 소비대중을 위한 공익상 필요에서 인정된다고 할 수 있다. 즉 출처표시 기능은 주로 상표사용자 쪽에서 본 상표의 기능이며, 품질보증의 기능은 주로 소비자 쪽에서 본 상표의 기능이라 할 수 있다.

④ **광고선전 기능**

오늘날에는 제품의 평준화, 균질화 경향에 따라 제품의 품질 경쟁보다 오히려 제품의 광고 경쟁에 더 주력하는 경향을 보인다. 이에 기업들은 상표로써 광고선전의 효과를 높이고자 한다.

⑤ **재산적 기능**

상표는 기업의 얼굴이자 상징이기 때문에 신용을 축적하는 근본원인이 된다. 즉 주지·저명 상표가 부착된 상품은 소비자의 구매력을 증가시켜 재산을 축적할 수 있게 한다. 또한 상표를 그 지정상품과 함께 양도한다든가 사용권을 설정함으로써 양도대가, 사용권 설정료, 상속재산권, 담보제공을 할 수 있는데 이 또한 재산적 행사라 할 수 있다.

⑥ **고객 흡인 기능**

이는 영·미의 판례법[20] 에서 유래되었다. 광의로는 객관적 의미에서 영업을 구성하는 사실상의 관계로 재산적 가치를 가진 것을 총칭하는 개념이고, 협의로는 단골거래처를 지칭하는 개념으로 이해하고 있다. 여기에서 말하는 고객 흡인력은 영업의 경험, 비결, 신

20) 영국의 고대 판례(1810년)는 고객을 흡인하는 기능을 가진 영업권(Good Will)에 대한 표현을 "단골 고객이 옛 장소로 가려고 하는 가능성을 뜻하는 데 지나지 않는다"고 판시하고 있고, 미국의 판례(1936년)는 "특별한 출처에서 나온 것으로 알려진 상품에 대하여 구매 대중에 의하여 나타내어지는 유리한 배려라고 정의할 수 있다"라고 판시하고 있다.

용, 기술, 상품의 품질 등에서 발생한 영업상 고객 흡인력을 의미하는 것이다. 상표의 고객 흡인력은 상품을 통하여 축적되고, 축적된 고객 흡인력의 강도에 따라 상표의 저명성 여부가 결정되어 기업에 큰 영향을 미친다. 저명 상표는 영업상 고객 흡인력이 화체된 물체라 할 만큼 기업의 표상이며 심장이기도 하다. 고객 흡인력이 클수록 그 상표의 저명도가 높아져 영업활동에서 경쟁적 우위를 확보할 수 있으므로 경제적 가치를 증대시키는 기능으로 평가할 수 있다.

결국 상표의 기능이란 표식으로서 상표의 기능을 말한다고 요약할 수 있으며, 이러한 표식의 기능이 상품과의 관계에서 어떻게 나타나는가를 의미한다. 상표의 기능은 상표를 사용함으로써 비로소 현실적으로 발휘된다. 따라서 사용 기간이나 범위, 밀도 등에 비례하여 증대되고 강화되는 것으로 경제사회의 발전 및 거래현실상의 요청에 따라 변천되는 경향을 보인다.

3-2 저작권

저작권(copyright)은 학문이나 예술에 관한 정신적 창작물을 대상으로 독점권이 인정되는 권리이다. 그 보호 객체인 저작물은 창작자의 정신노동의 소산임과 동시에 정신의 객관적인 실체이며 창작자의 인격에 그 뿌리를 두고 있다. 따라서 일반 재산권과는 다른, 독특한 보호와 규제를 할 필요가 있는 분야이므로 지식재산권법 영역에서도 특수한 위치를 차지하고 있다.

저작자에 대한 보호는 「헌법」[21]에 규정하고 있다. 「저작권법」은 헌법정신에 따라 저작자의 권리와 인접권의 보호 및 저작물의 이용을 통하여 문화의 향상 발전에 이바지함을 목적으로 한다고 천명하고 있다. 따라서 저작권자에게 저작권이 존속[22] 하는 동안 저작물의 복제, 배포 등 저작물을 이용할 수 있는 배타적 권리를 보장한다.

저작자의 권리는 산업재산권과 달리, 별도 출원 및 등록에 의하여 권리가 발생하는 것이 아

21) 「헌법」 제22조 제2항은 "저작자, 발명가, 과학기술자와 예술가의 권리는 법률로써 보호한다"고 규정하고 있다.

22) 저작권의 보호기간은 저작자가 생존하는 동안과 사망한 후 70년간 존속한다. 단 공동저작물의 저작재산권은 맨 마지막으로 사망한 저작자가 사망한 후 70년간 존속한다. 법인이나 단체가 저작자인 경우에는 공표한 다음 해부터 70년간이다(저작권법 제39조).

니라, 저작권 등록과 무관하게 저작물을 창작한 시점에 발생한다.

「저작권법」은 처음에는 인쇄기술의 발달에 따른 출판물의 보호로부터 시작하여 학문, 예술의 창작물에 대한 문화적이고 인격적 색채가 강한 권리로 관념화되었다. 그런데 최근에는 서적, 잡지, 레코드, 영화 등 저작물의 상품화에 의한 경제적 이익이 커지고 저작물의 개념이 더욱 다양해졌다. 컴퓨터 프로그램 저작물[23], 데이터베이스[24] 등 산업기술상의 창작물에 이르기까지 그 범위가 확대되는 경향을 보이고 있다. 이에 따라 인접법 분야와의 충돌, 갈등, 긴장관계가 야기될 뿐 아니라 자기디스크, 광디스크, 광케이블, 멀티미디어, 우주위성, 디지털기술 등 정보전달매체의 비상한 발달과 각종 복제술의 급격한 발달로 그 보호 대상이나 보호 방법에 관한 새로운 문제점이 나타나고 있다. 나아가 그 문제가 국제화, 보편화되어가고 있다는 점도 특징적이다.

가. 저작권의 발생

저작권은 저작자가 저작물을 창작한 때로부터 발생한다. 즉 저작권은 저작권등록과 상관없이 저작물을 창작한 시점에 발생한다. 따라서 어떠한 절차나 형식의 이행을 필요로 하지 않는다. 다만 저작권을 등록하면 등록부에 기재된 대로 저작자가 창작일, 공표일이 추정되는 법적 추정력의 효과가 발생한다. 또한 양도 등 권리 변동사항은 등록해야만 제3자에게 대항할 수 있다.

나. 저작권의 보호기간

저작권법에서는 저작권의 보호기간을 저작자 사망후 70년까지 보호하고 있다. 단, 저작자가 공동저작자인 경우는 최종 저작자가 사망후부터 기산한다. 당초 보호기간은 저작자 사망후 50년이었으나 한·EU FTA 이행을 체결하면서 저작권법을 개정(2011.7월)하여 20년 연장하였다.

---

23) "컴퓨터프로그램저작물"은 특정한 결과를 얻기 위하여 컴퓨터 등 정보처리능력을 가진 장치내에서 직접 또는 간접으로 사용되는 일련의 지시 · 명령으로 표현된 창작물을 말한다.(저작권법 제2조)

24) "데이터베이스"는 소재를 체계적으로 배열 또는 구성한 편집물로서 개별적으로 그 소재에 접근하거나 그 소재를 검색할 수 있도록 한 것을 말한다.(저작권법 제2조)

다. 저작권의 분류

저작권은 저작인격권과 저작재산권으로 구성된다. 더불어 저작물을 직접 창작한자는 아니지만 가수, 음반제작자, 방송사와 같이 저작물의 전달자로서 창작의 가치를 증진시키는 자들에게 주어지는 권리인 저작인접권이 있다.

① 저작인격권

저작인격권이란 저작자의 인격을 보호하고자 하는 측면에서 주어지는 권리이다. 저작인격권은 저작자만 가지는 권리이므로 양도, 상속 등이 불가능하다. 그 권리로는 공표권, 성명표시권, 동일성유지권 등이 있다.

② 저작재산권

저작재산권이란 저작자가 자신의 저작물에 대해 갖는 재산적인 권리를 뜻한다. 일반적인 물권과 마찬가지로 지배권이며, 양도와 상속의 대상일뿐 아니라 채권적인 효력을 가지고 있다. 또한 저작자가 자신의 저작물에 대해서 갖는 배타적인 이용권이라고도 할 수 있다.

저작재산권의 종류로는 복제권, 공연권, 공중송신권, 공중송신의 지분권(방송권, 전송권, 디지털음성 송신권), 전시권, 배포권, 대여권, 2차적 저작물 작성권 등이 있다.

③ 저작인접권

저작인접권이란 저작물을 해석하고 전달하는 사람에게 부여되는 권리이다. 저작인접권자는 실연자의 권리, 음반제작자의 권리, 방송사업자의 권리를 갖는다.

3-3 신지식재산권

신지식재산권이란 과학기술의 급속한 발전과 사회여건의 변화에 따라 산업재산권, 저작권 등 종래의 지식재산 법률의 보호범주에 포함되지 않지만 보호의 필요성이 있는 경제적 가치를 지닌 지식재산권을 의미한다. 신지식재산권으로 새롭게 그 보호의 필요성이 대두된 권리는 반도체 직접회로의 배치설계권, 영업발명, 영업비밀, 생명공학발명(유전자, 단백질 등)등이 이 분야에 속한다.

이러한 신지식재산권의 대상들은 그 창작이나 개발에 많은 시간과 노력, 비용이 든다. 그럼에도 복제가 매우 쉽다는 특징이 있어서 그 보호에 관한 노력이 더욱 필요하다 하겠다. 신지식재산권의 가장 대표적인 권리 세 가지를 구체적으로 살펴보겠다.

가. 영업비밀(know-how)

영업비밀[25)]은 공연히 알려져 있지 아니하고(비밀성) 독립적·경제적 가치를 가지는 것으로 상당한 노력에 의하여 비밀로 유지된 생산 방법, 판매 방법, 기타 영업활동에 유용한 기술상·경영상 정보에 대해서 보호받을 재산으로 인정하는 것이다. 영업비밀은 그 비밀이 유지되는 한 영원히 보호될 수 있다. 대표적인 예로 코카콜라를 들 수 있다.

영업비밀은 발명의 유지 및 관리하기 위한 비용이 필요하고, 발명의 복제나 리버스엔지니어링이 있는 경우 해당발명을 보호하기 어렵다.[26)] 일단 그 발명이나 정보가 공중에게 알려지면 더는 보호되지 않는다.

나. 반도체 집적회로의 배치설계 보호권

반도체 집적회로의 배치설계 보호권은 트랜지스터, 다이오드, 저항, 콘덴서와 집적시킨 전자회로를 보호받는 권리이다. 반도체 집적회로의 회로배치는 일반저작물 및 프로그램과 성질이 다르므로 「저작권법」으로 보호하기 어려운 면이 있다. 그래서 미국·일본 등에서는 별개의 법[27)]으로 보호하고 있다.

반도체칩의 배치설계는 특허 요건인 신규성과 진보성을 충족하지 않는 경우가 많으므로 특허에 의하여 보호받는 것이 어려울 수 있다. 또한 「저작권법」도 배치설계와 실용적인 품목은 보호할 수 없으며, 칩의 도면만 보호할 수 있을 뿐이지 최종적인 칩 제품은 보호할 수 없다. 따라서 이러한 배치설계에 대한 재산권을 「저작권법」과 「특허법」과는 독립하여 보호할 필요성이 있다. 이에 반도체칩의 배치설계에 대한 재산권을 인정함으로써 반도체칩을 생산하고

---

25) 영업비밀은 기술적인 노하우나 고객 리스트 등과 같이 영업상 비밀로 관리되고 있어 경제적 가치 있는 기술상 또는 경영상의 비밀정보를 말한다; 송영식 · 이상정 · 황종환, 지적 소유권법, 육법사(2003년)

26) 지식재산의 이해, 박문각, 2014

27) 미국은 「반도체칩 보호법(semiconductor chip protection)」, 일본은 「회로배치법」으로 보호하고 있다.

그 기술의 개발을 장려하기 위해 「반도체 집적회로의 배치설계에 관한 법률」이 존재한다. 배치설계권의 존속 기간은 제한되며, 또 배치설계에 관한 권리는 공익 또는 법정 허락 등에 의하여 제한된다.[28)]

다. 생명공학발명

생명공학기술은 21세기에 가장 눈부시게 발전하는 대표적 기술 분야다. 최근 선진국들은 이처럼 향상된 생명공학기술의 예측기법과 탐색방법 등을 이용, 생명공학기술 바탕의 의료나 신약개발 분야에 집중투자하고 있다. 과거 생명공학 분야는 생명의 존엄성이라는 윤리적인 문제 등으로 특허대상에서 제외시켜 왔다. 그러나 1980년 미국 대법원에서 인정하기에 이르렀고 인간이 만든 모든 것은 다 특허를 받을 수 있다고 판결하였다. 그 결과 유전공학기술과 결부된 미생물은 물론 동물에 이르기까지 광범위하게 특허를 인정하게 되었다[29)]. 대표적인 생명공학발명으로는 유전자(DNA 서열), 단백질(아미노산 서열), 단세포 생명체 등이 있다.

28) 김관형, 지적재산권법의 이해, 도서출판 두남(2001)
29) 지식재산의 이해, 박문각, 2014

02
기술경영에 대한 이해

1. 기술경영 개요

최근 기업경쟁력의 요체는 기술력이라는 인식이 확산되면서 기술 확보와 기술경영(MOT: Management of Technology)의 중요성이 크게 부각되고 있다.[30)]

기술경영이란 기술을 전략적으로 활용함으로써 새로운 사업 기회를 창출하고 혁신적 제품을 고안하는 등 공학과 경영학을 통합한 개념이다. 1980년대 미국 스탠퍼드대 윌리엄 밀러(William Miller) 교수가 기술경영 강좌를 개설한 것이 효시이다. 기술투자비용에 대해 최대 효과를 내는 것을 목표로 한다.

미국에서 기술경영에 대한 본격적 논의를 주도했던 국립과학학회(National Academy of Sciences, 1987)는 "기술경영이란 엔지니어링, 과학 그리고 경

30) 기술경영의 흐름과 미래, 포스코경영연구소, 윤지영(1996)

영의 원리를 연결하여 기술적 역량을 계획, 개발 그리고 실행하여 조직의 전략과 운영상의 목표들을 만들고 달성하는 것이다"라고 정의한 바 있다.

Khalil(1998, 1990, 1988)도 비슷한 견해를 나타냈는데 그는 엔지니어링, 경영학, 과학, 기업활동 등으로부터 도출된 지식을 중앙으로 연결하는 것으로 보았다. Badawy(1998)는 기술경영을 세 가지 주요 활동, 즉 기술개발에 관한 관리, 기술 자체의 관리, 기술과의 관리로 보았다. 그리고 Bean(1989)[31]은 기술경영의 개념으로 창의성, 상업화 및 capture를 들었다. 여기서 세 가지 용어 모두는 기술적 노하우란 의미를 갖고 만든 것이다. 이와 같은 여러 학자의 정의를 종합해보면 기술경영이란 엔지니어링과 경영이라는 두 분야를 연결·통합하여주는 것으로, 글로벌 경제에서 효과적으로 경쟁하기 위한 기술 중심 기업의 성공을 다루는 학문이라 볼 수 있다.

기술경영의 연구 영역을 보면 연구개발, 프로젝트 관리뿐만 아니라 기술이전, 기술혁신, 기술 전략 등의 기업 수준 연구와 과학과 기술 정책, 국제기술이전 등 국가 수준의 연구들도 포함된다. 또한 제조업, 서비스업, 정보산업 등의 다양한 산업이 포함되며 생산, 마케팅, 재무 등 각 기능들 간의 통합 연구들도 포함된다.[32]

31) Bean(1989)은 MOT의 개념으로 기술적 노하우가 가미된 창의성, 상업화 및 capture로 보았다. 즉 첫째, MOT는 새롭고 개선된 제품, 프로세스, 서비스의 기초가 되는 노하우를 창조하는 과정과 밀접한 관련성을 갖는다. 둘째, 이 노하우를 상업화하는 과정을 내포한다. 즉 경쟁력 있는 가격으로 시장에서 성공 가능한 제품과 서비스를 만드는 것이다. 셋째, capture란 전체 MOT 등식에서 전략을 촉진하는데 꼭 필요한 요소이다[(전략적 기술경영과 R&BD, 윤덕균(2012)·우리나라의 기술경영 프로그램: 현황과 과제, 최종인(1999)].

32) 우리나라의 기술경영 프로그램: 현황과 과제(MOT program in Korea: Current and recommendations), 최종인(1999)

〈표 Ⅰ-8〉 기술경영의 정의

연구자(기관)	정 의
미국 국립과학학회(National Academy of Sciences, 1987)	엔지니어링, 과학 그리고 경영의 원리를 연결하여 기술적 역량을 계획, 개발 그리고 실행하여 조직의 전략과 운영상의 목표들을 만들고 달성하는 것
Khalil(1998, 1990, 1988)	엔지니어링, 경영학, 과학, 기업활동 등으로부터 도출된 지식을 중앙으로 연결하는 것
Badawy(1998)	세 가지 주요 활동, 즉 기술개발에 관한 관리, 기술 자체의 관리, 기술과의 관리
Bean(1989)	창의성, 상업화, 및 capture로 분류
SRI(Standford Research Institute)	기술투자비용에 대한 최대효과를 내는 것
한국기술혁신연구소(1999)	공학과 경영의 두 분야를 통합·연결하여 글로벌 시장에서 효과적으로 경쟁하기 위한 기술 중심 기업의 성공을 다루는 학문

〈그림 Ⅰ-1〉은 일반적인 기술경영의 분류를 보여준다. 최근에는 기술과 경영이 컨버전스되는 경향을 보인다. 기술 전략, 기술개발, 기술 인프라, 기술혁신, 기술사업화 등에서 공학, 과학, 경영학의 원리를 결합하여 다양하게 발전해나가고 있다.

〈그림 Ⅰ-1〉 기술경영의 분류

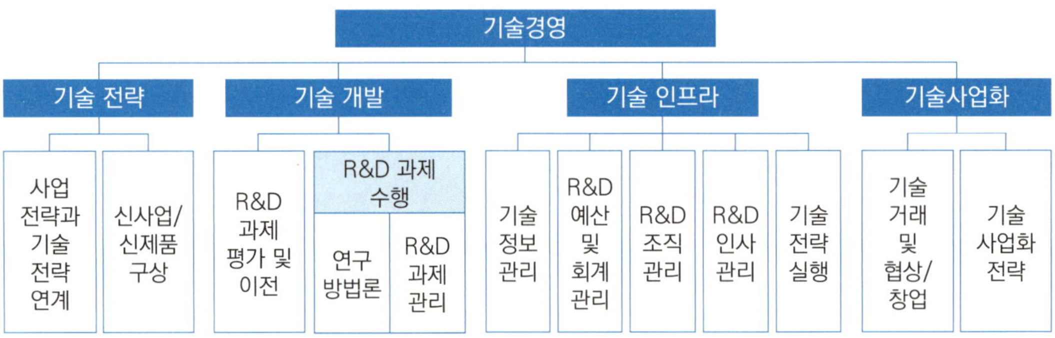

자료: 중소기업의 기술경영, 전경련중소기업협력센터(2007)

2. 기술혁신

2-1 기술혁신의 개념

'기술혁신'은 J.A. 슘페터가 처음으로 사용한 'neuerung(innovation)'을 번역한 말이다. 슘페터는 이 말을 기술의 발전뿐만 아니라 새로운 시장의 개척과 상품공급 방식의 변경 등 경제에 충격을 주어 변동을 야기하고, 이것에 의해 동태적 이윤을 발생시키는 모든 계기를 뜻하는 것으로 풀이하였다. 이러한 그의 개념은 기술발전의 도입과 이것이 보급되는 과정을 포함하고 있다는 점에서 기술혁신과 같다고 할 수 있다.

기술혁신을 가장 크게 다룬 것으로 콘드라티예프의 장기파동설이 있다. 이는 1870년부터 1930년경까지의 60년 동안에 산업혁명, 철도건설, 자동차·전기·화학공업의 출현 및 이의 흡수에 의하여 3개의 큰 경기 기복이 있었다고 보는 것이다. 또 슘페터는 경기변동 자체를 기술혁신의 도입과 그 흡수 과정이라고 보았다.

일반적으로 기술혁신은 ① 그것을 구체화하기 위한 설비투자가 반드시 수반되어 호황을 불러오고, ② 노동생산성을 향상시키며, ③ 새로운 제품, 보다 성능이 좋고 값이 싼 제품을 생산하게 하여 새로운 산업의 성립과 기존 산업의 변혁을 일으켜 이에 대한 수요구조를 변화시킨다. 그러므로 기술혁신은 자본주의 경제발전의 원동력이라 할 수 있는 지위를 차지하고 있다.[33)]

과학기술은 연구개발이라고 하는 체계적인 활동에 의하여 진화한다. 이때 과학기술의 변화는 이론의 형태로서 진화하기도 하지만 이 이론을 실용화하여 인간이 사용하는 도구나 일에 스며들어 제품이나 서비스의 형태로 진화하면서 발전하게 된다. 이와 같이 과학기술 지식을 활용하여 제품이나 서비스를 창출하는 기업은 생산 활동의 과정에서 예기치 않은 기술적 문제들에 직면하게 된다. 이런 문제들을 해결하기 위해 기업은 연구개발을 통하여 인간의 지능을 조직적으로 적용하여 문제를 해결하기도 하고, 새로운 사실을 발견하기도 하며, 때로는 기존의 방식과 전혀 다른 생산 방식을 도입하기도 한다. 이 과정에서 처음으로 기존 기술지식을 변화시키는 주체를 혁신자(innovator) 혹은 혁신기업이라 부르고, 이런 활동을 기술혁

---

33) 두산백과사전(2015)

신(technological innovation)이라고 한다.

2-2 기술혁신의 유형[34)]

기술혁신은 진행정도나 속도에 따라 급진적 혁신(radical innovation)과 점진적 혁신(incremental innovation)으로 구분된다. 또한 그 대상이 무엇이냐에 따라 공정 혁신(process innovation)과 제품 혁신(product innovation)으로 구분되며 혁신의 범위나 규모의 정도에 따라서 구조혁신(structural innovation)과 부품혁신(component innovation)으로 구분한다. 그 개념을 정리해보면 다음과 같다.

가. 급진적 혁신과 점진적 혁신

급진적 혁신(radical innovation)은 기존의 기술시스템이 다른 시스템으로 전환되는 근본적인 변화를 의미한다. 이에 비해 기존의 것에 대한 분석이나 전문적 지식을 통해 그 연속선상에서 형성되는 변화를 점진적 혁신(incremental innovation)이라 한다. 급진적 혁신에서는 기존 형태의 산업에서는 사용되지 않았던 자원 및 속성들을 사용하여 기존 산업의 형태를 변화(disrupt)시키는 형태로 발생하며, 상대적으로 유연한 시장이나 새로이 산업에 진입하는 경쟁자들이 주로 채택한다. 예를 들면, 전기엔진의 실용화가 가능해짐으로써 자동차의 가솔린엔진을 전기엔진으로 대체하거나, 선반의 기계식 제어장치를 수치제어식 제어장치로 대체하는 등 작동원리가 전혀 다른 기술시스템을 채용하는 경우이다.

급진적 혁신의 특징은 기술이 과학적 지식에 바탕을 두면서 주로 기술주도(technology push)에 의하여 혁신된다는 점이다. 고급 과학자나 기술자들의 조직적인 연구개발에 의하여 추진되고, 불확실성이 높고 불연속적으로 일어나는 특성을 지니며, 기초과학이 발달된 나라에서 나타나는 경우가 많다. 점진적 혁신은 기술시스템의 근본적인 변화가 아닌 기존 기술시스템의 개선, 혹은 급진적인 기술혁신 이후의 보완적인 혁신 등 많은 수의 작은 기술변화들을 지칭한다.

34) 이은세(2013) 주요 내용 정리

나. 공정 혁신과 제품 혁신

공정 혁신(process innovation)은 제품을 생산하는 과정에서 비용을 감소시킬 수 있는 신공정을 채택하거나 제품 품질의 변화 없이 공정의 수를 감소하거나 동일한 공정하에서도 제품의 품질을 개선할 수 있는 새로운 기법을 채용하는 등 기존 공정을 개선하는 것을 의미(기술의 변화보다는 테크닉의 변화를 의미)한다. 즉 생산공정에서 발생하는 생산 효율성을 높이기 위하여 작업 방법, 장비, 작업흐름에 새로운 변화를 도입하여 실용화하는 것이 공정 혁신이다.

제품 혁신(product innovation)은 기술적으로 전혀 새로운 유형의 제품이나 서비스를 시장에 내놓거나, 기존의 제품이나 서비스를 현격히 개선하는 과정이다. 제품 혁신은 달라진 제품 모습에 의해 소비자의 눈에 쉽게 띄는 것이 특징이다. 기술혁신이 최종적으로 상업적 효과를 유발하기 위해서는 구체적인 제품의 모습으로 소비자에게 다가간다.

공정 혁신은 기업의 내부에서 일어나고, 경쟁기업의 모방 가능성이 높다는 점에서 비밀로 취급되는 경우가 많다. 이와 함께 생산설비는 사용자 특수적인 기술지식을 체화하고 있기 때문에 다른 제품과는 달리 전문 생산업체에 의하여 쉽게 혁신되기가 어렵다. 따라서 사용자 업체가 주도하여 생산설비를 자체적으로 설계하여 제작하는 경우가 많다.

공정 혁신과 제품 혁신이 지향하는 경제적 목표는 최종적으로 이윤창출이지만 그것을 성취하는 방법에 있어서는 상당히 다르다. 공정 혁신은 생산 공정을 합리화하고 재료비와 인건비를 절약하며 단시간에 설계상에서 지시하는 품질의 제품을 생산함으로써 생산성을 극대화하여 이윤을 높이는 것이다. 따라서 공정혁신은 제품이 안정화되었거나 표준화된 이후에 대량생산 단계에서 많이 나타나게 된다.[35]

다. 구조 혁신과 부품 혁신

혁신의 범위와 규모의 차이에 따라 구별되는 것으로 새로운 기술이나 제품에 대한 아이디어가 독립적이면 구조혁신, 기본 구조에 포함된 부품이면 부품혁신으로 구별할 수 있다.

35) 기술혁신 이론, 지식재산 논단, 박시득(2002)

〈표 Ⅰ- 9〉 구조혁신과 부품혁신의 비교

구 분	구조혁신	부품혁신
특성	• 부품들이 결합되는 구조적 변화로 아이디어가 독립적인 것 • 전체시스템의 디자인, 각 부품간의 상호작용을 변화시키는 방식의 혁신	• 부품에 변화가 발생되고, 전체 구조에는 큰 영향이 없음
활용전략	• 부품들을 포함한 전체구조를 이해하여야 함 • 부품혁신보다는 더 급변적이며 핵심역량의 소실가능성이 높음	• 해당부품에 대해서만 지식을 갖추면 됨
예시	• 자전거 구조적 변화 (큰 앞바퀴 페달형 ➡ 기어방식의 체인형)	• 방석형 짐받이 ➡ 바구니형 짐받이
	• 저장장치(외장하드, USB등)가 크기는 작아지면서 저장용량과 성능은 좋아지는 경우에는 구조혁신과 동시에 부품혁신임	

자료 : 기술사업화의 이해와 적용, 김성민외(2015) 재정리

2-3 기술의 S-Curve

대부분의 하이테크 산업에서 기술들은 시간에 따른 기술수준의 진보 정도가 〈그림 Ⅰ-2〉과 같이 S자 곡선 모양으로 나타난다. 〈그림 Ⅰ-2〉 그래프에서 가로축을 투자한 돈과 노력으로 놓고 세로축을 기술수준(성과)라고 놓았을 때 처음 얼마간은 기술수준이 느리게 진보되는 모습을 보이다가 어느 순간 그 수준이 급속도로 진보되어 폭발적 성장 궤도를 보이며 어느 시점에 이르면 정체되다가 사라짐을 표현하고 있다.

〈그림 I - 2〉 기술의 S-Curve

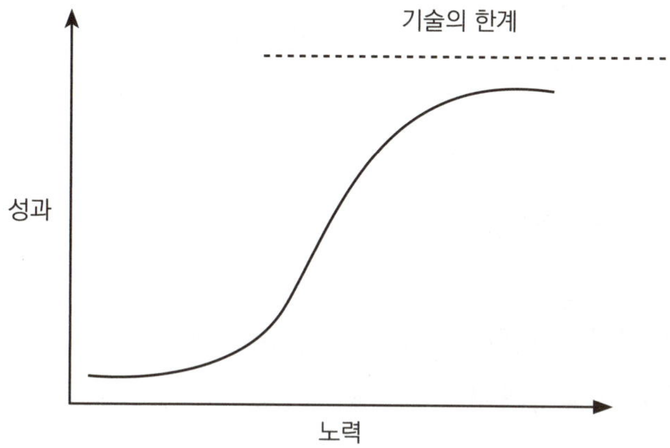

이는 기술의 처음단계에서 기술수준의 진보가 느리게 진행되는 것은 그 기술의 기초가 충분히 이해되지 않았기 때문이다. 진보를 시키는 데 서로 다른 경로를 발견하거나, 기술 진보의 요인을 찾는 것이 쉽지 않으므로 매우 많은 노력이 투자되어야 한다. 그러나 연구자들이나 기업이 그 기술에 대한 이해를 충분히 한 후에는 그 기술은 급속도로 발전하며, 연구자들은 노력대비 성과를 최대로 하는 연구활동에 초점을 맞추게 되고 기술수준을 빠르게 진보시키게 된다. 그러나 급속도로 발전한 기술수준은 어느 순간이 되면 그 진보의 속도가 감소하게 된다. 그 순간이 기술의 한계점인데, 한 기술이 자기 고유의 한계점에 달하게 되면 진보되는 단위 당 한계비용이 증가하고, 결국 기술의 S-Curve는 평평해진다.

그러나 모든 기술들이 자신의 한계점에 도달할 수 있는 기회를 가지지는 않는다. 일반적으로 보통의 기술들은 자신의 한계점에 도달하기 전에 새로운 단속적인 기술(discontinuous technology)[36]이 출현함으로써 기술의 진부화가 되는 경우가 많기 때문이다.

36) 단속적인 기술(discontinuous technology)이라 함은 종전과는 전혀 다른 새로운 지식을 기반으로 기존기술과는 연결되지 않는 기술이면서 시장의 요구를 만족하여 기존 기술을 대체하는 새로운 기술을 의미한다.

3. 기술사업화[37)]

3-1 기술사업화의 개념

기술사업화(technology commercialization)의 일반적 개념은 기술혁신의 전 주기적 관점에서 '개발된 기술의 이전, 거래, 확산과 적용을 통해 부가가치를 창출하는 제반 활동과 그 과정'이라고 정의할 수 있다.

기술사업화의 협의의 개념은 「기술의 이전 및 사업화 촉진에 관한 법률」에서 "기술을 이용하여 제품의 개발·생산 및 판매를 하거나 그 과정의 관련 기술을 향상시키는 것"으로 정의된다. 또한 기술사업화 전 단계인 기술이전(technology transfer)은 "기술이 양도, 실시권 허락, 기술지도, 공동연구, 합작투자 또는 인수·합병 등의 방법을 통하여 기술 보유자로부터 그 외의 자에게 이전되는 것"을 뜻한다. 미국의 대학 등 공공연구 부문에서는 기술사업화를 기술이전의 결과로 간주하여 기술이전에 보다 큰 정책적 비중을 두기도 한다.[38)]

〈그림 I - 3〉 혁신제품의 고객수용 정규곡선

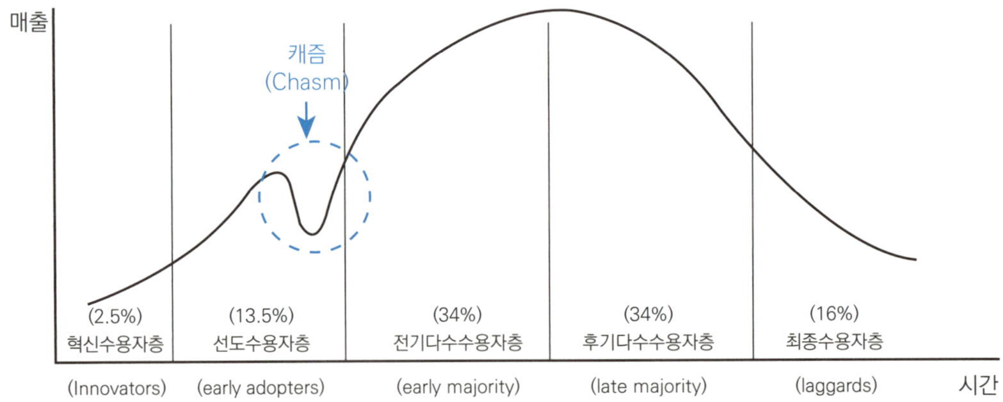

자료: Everett M. Rogers(1966)

37) 한국 기술사업화의 실태와 발전과제, 박종복(2008) 및 기술경영과 혁신 전략, 김길선 역(2010) 재정리
38) 한국 기술사업화의 실태와 발전과제, 박종복(2008)

〈그림 Ⅰ-3〉는 새로운 혁신적 제품이 고객에게 어떻게 받아들여지고 보급되는가에 관해 보편적 프로세스를 나타내고 있다. 일반적으로 스마트폰과 같은 혁신적 제품이 나타나면 타인이 구입하지 않아도 비교적 빨리 구입하는 고객이 있는가 하면 주위에서 구입하면 따라서 구입하는 고객도 있다. 이와 같이 구입 타이밍에 의한 구입자 추이를 보면 정규분포에 가까운 형태가 된다.

Everett M. Rogers(1966)는 고객의 분석을 통한 제품의 라이프사이클을 살펴볼 때 초기 2.5%를 innovators(혁신 수용자), 다음의 13.5%를 early adopters(선도 수용자 또는 조기 수용자), 다음의 34%를 early majority(전기 다수 수용자 또는 조기 다수 수용자), 절반 이후의 34%를 late majority(후기 다수 수용자), 마지막 16%를 laggards(지각 수용자 또는 최종 수용자)라 정의하였다.

Everett M. Rogers는 수용자 집단을 분류하면서 innovators는 위험을 감수하면서 새로운 기술, 새로운 제품이 나오면 우선적으로 구매하는 집단을 말하며 혁신제품의 구매에는 열심이지만 다른 유저에게 미치는 영향은 적고, early adopters는 사회시스템에 잘 통합되어 있어 의견을 주도하는 강력한 잠재성을 지니고 있어 다른 유저에 미치는 영향이 가장 크고 가치관의 선행모델로서 동료로부터 존경을 받는 그룹이라고 표현하였다. early majority는 사회구성원보다 조금 빨리 혁신을 받아들이는 그룹으로 이들은 자신의 동료나 친구들과 빈번하게 상호작용을 함으로써 혁신제품을 급속히 시장에 전파하여 혁신제품의 성장률이 최고조에 달하게 된다. late majority는 혁신제품에 대하여 회의적인 시각으로 바라보며 주변 동료들이 혁신전파에 관한 압력을 가할때까지 수용하지 않는 경향이 있는 그룹이다. 마지막으로 laggards는 혁신수용자에 대하여 비판적이며, 어떤 혁신이 절대 실패하지 않을 것으로 판명된 후에야 그 혁신을 수용하는 그룹이다. 〈표 Ⅰ- 10〉에는 혁신제품에 대한 고객 수용자 집단별 특징을 정리하였다.

일반적으로 첨단기술이나 어떤 상품이 개발되면 초기시장과 주류시장으로 진입하기까지 사이에는 일시적으로 수요가 정체되거나 후퇴하는 단절현상을 거치게 되는데, 이를 캐즘(chasm)이라 한다. 즉 신제품이 나오면 초반에는 혁신제품에 열망하는 혁신수용자와 선도수용자 층에 의해 어느 정도 퍼지다가 갑자기 소비가 뚝 떨어지는 현상을 말한다. 특히 첨단기술 제품의 경우 혁신성을 중시하는 소비자가 주도하는 초기시장과 실용성을 중시하는 일반소비자가 주도하는 주류시장으로 진입하기까지 일시적으로 수요가 정체되는 기간에 나타난다고 볼 수 있다.

기술사업화는 시장수용 단계가 early majority 그룹까지 도달할 때 성공한 것으로 인식되고 있다. 그러므로 캐즘이라는 단절현상을 극복하지 못하면 기술사업화에 성공하지 못하고 시장에서 퇴출될 것이다. 따라서 신기술 제품 시장과 소비자 속성을 파악한 마케팅 전략이 캐즘이론에 있다고 해도 과언이 아닐 것이다.

〈표 Ⅰ- 10〉 혁신제품에 대한 수용자 집단별 특징

수용자 집단	각 집단의 특징
innovator (혁신 수용자)	혁신제품을 첫 번째로 받아들이는 사람들로 극단적으로 모험을 좋아한다. 이들의 구매성향은 복잡하고 불확실한 정도가 높아도 제품을 구매한다. 제품선택이 실패로 돌아가도 그 손해를 감당할 수 있는 집단이다.
early adopter (선도 수용자 또는 조기 수용자)	사회시스템에 잘 통합되어 있으며 의견을 주도할 수 있는 강력한 잠재성을 가지고 있다. 이들을 존경하는 많은 동료들이 있으며, 다른 잠재적 수용자들은 이들을 통하여 혁신에 대한 정보와 조언을 구한다. 따라서 선도 수용자들은 새로운 제품이나 공정에 대한 전도사가 된다.
early majority (전기 다수 수용자 또는 조기 다수 수용자)	사회의 평균적인 구성원보다 조금 빨리 혁신을 받아들인다. 이들은 대개 선도 수용자 그룹처럼 오피니언 리더는 아니지만 자신들의 동료나 친구들과 빈번하게 상호작용을 한다.
late majority (후기 다수 수용자)	혁신제품에 대하여 회의적인 시각으로 바라보며 다른 동료들이 혁신전파에 관한 압력을 가할 때까지 수용하지 않는 경향이 있다. 경제적인 이유로 혁신에 대한 불확실성이 해결되기 전까지는 혁신수용에 대한 투자를 꺼리는 경우가 많다.
laggards (지각 수용자 또는 최종 수용자)	어떠한 것을 선택할 때 사회적인 네트워크의 영향을 받기보다는 오로지 자신의 경험에 비추어서 결정하곤 한다. 이들은 혁신 수용자에 대하여 매우 비판적이며, 어떤 혁신이 절대 실패하지 않을 것으로 판명된 후에야 그 혁신을 수용한다.

자료 : 기술사업화의 이해와 적용, 김성민외(2015) 재정리

3-2 기술사업화의 유형

기술사업화의 유형으로는 양도, 실시권 허락, 기술지도, 공동연구, 기술창업, 합작투자(joint venture) 또는 인수·합병(M&A), 스핀오프(spin-off), 상호실시(cross license), 특허풀(patent pool) 등이 있다. 단, 상호 간에 배타성이 성립하지 않음에 유의하여야 한다. 특히 기술 보유자가 공공연구기관인 경우에는 대부분의 경우 기술이전을 통해 간접사업화를 추진하나 최근에는 합작투자, 기술지주회사 설립 등 기술출자 방식을 통해 직접 사업화를 활성화

하는 추세를 보인다. 〈표 Ⅰ-11〉에 기술사업화의 유형과 주요 내용을 정리하였다.

〈표 Ⅰ-11〉 기술사업화의 유형과 주요 내용

유 형	주요 내용	구분(방법)
양도	기술 보유자(공공연구기관, 민간기업)가 기술 도입자(민간기업 등)에게 기술의 소유권을 이전함	기술이전 기술거래
실시권 허락	기술 보유자가 기술 도입자에게 기술의 실시권(license)을 허락함	기술이전 기술거래
기술지도	• 기술 보유자가 기술 도입자에게 기술의 적용을 위한 교육훈련을 제공함 • 양도 혹은 실시권 허락과 병행하여 이루어짐	기술이전 기술거래
공동연구	기술 보유자(공공연구기관 등)가 기술 도입자에게 기술을 이전함을 목적으로 공동연구를 수행함	기술이전
기술창업	기술 보유자의 연구자 등 소속직원이 직무발명 등을 이전받아 창업하거나 창업에 참여함	기술(출자)이전
합작투자	• 기술 보유자와 기술 도입자가 합작하여 제3의 기업을 설립하고 사업화를 추진함 • 기술 보유자가 공공연구기관인 경우는 주로 보유기술을 현물출자하여 참여함	기술(출자)이전
기술지주회사	기술 보유자(공공연구기관 등)가 기술지주회사를 설립하고 보유기술을자본금 형식으로 출자하여 기술사업화를 목적으로 하는 자회사를 운영함	기술(출자)이전
인수·합병	기술 도입자(민간기업 등)가 사업화 추진을 위해 필요한 기술과 경영 인프라를 보유한 기술 보유자(민간기업 등)를 인수·합병함	기술(기업)거래
스핀-오프 (Spin-off)	분할회사(기업 또는 연구소)가 가지고 있던 기술을 현물 출자 등의 방법을 통해 자회사를 신설하고 도전적이고 창의적인 창업자를 통해 사업화를추진하는 방식	기술(출자)이전
상호실시 (cross license)	특허실시 계약 당사자들이 자기가 가진 특허권 등에 관하여 상호간에 실시권을 부여하는 것으로서, 특허상호실시허락이라고 함	기술거래
특허풀 (patent pool)	복수의 기술(특허권 등) 보유자간에 결성된 복수의 기술을 상호간에 혹은 제3자에게 라이센스하기 위한 계약 또는 그 대상이 되는 특허권의 집합체로 정의함	기술이전 기술거래

03 기술평가

1. 기술평가의 정의

기술평가라는 용어는 미국의 OTA[39)]에 의해 1970년대에 기본 개념이 정립되었다. OTA는 "새로운 기술에 대한 경제성, 권리성, 대체성 및 기타 요인에 대한 기회요인과 위험요인을 종합적으로 분석한 결과"로 정의하였다.[40)] 기술평가는 다시 협의의 기술평가와 광의의 기술평가로 구분할 수 있으며, 개념을 정리하면 다음과 같다.

1-1 협의의 기술평가

협의의 기술평가는 개념상으로 크게 기술력평가와 기술가치평가로 구분할 수 있다. 기술력평가란 기술을 활용하는 주체의 인력, 조직, 지원서비스 등을 종

39) 미국 정부조직으로 기술평가국(Office of Technology Assessment)의 약어이다.

40) 과학기술부(2001), 한국과학기술정보연구원(2004)

합적으로 고려하여 그 주체의 기술개발, 흡수 및 혁신 능력을 평가하는 것을 말하며 등급, 점수 등 다양한 형태로 표시될 수 있다. 기술가치평가란 사업화하려는 기술이나 사업화된 기술이 그 사업을 통하여 창출하는 경제적 가치를 기술시장에서 일반적으로 인정된 가치평가 원칙과 방법론에 따라 평가하는 것을 말한다.[41] 본 과정에서 다루는 기술평가 개념은 특별한 언급이 없는 한 협의의 기술평가를 의미한다.

1-2 광의의 기술평가

기술과 관련된 정책결정에 중립적이고 사실적인 일련의 대안 및 결과들을 제공하기 위하여 신기술의 실제 적용 시 예상되는 결과, 신기술 도입 등에 대한 평가를 의미한다. 그리고 기존 기술의 새로운 변화가 사회에 미치는 영향, 즉 사회적·문화적·정치적·경제적·환경적 영향들을 체계적으로 판별해내고 분석·평가하는 절차까지를 일컫는다.[42]

결국 광의의 기술평가란 일종의 조기경보시스템이라 할 수 있다. 기술개발이 초래할 부정적 효과들에 대한 정보를 가능한 빨리 파악하여, 사회적으로 바람직하고 유용한 기술의 개발 및 응용을 촉진하는 데 기여하는 평가를 의미한다.

2. 기술평가의 중요성

현재와 같은 지식기반경제[43]에서 개인, 기업 나아가 국가의 경쟁력은 기술·지식 등의 지적자산을 포함한 무형자산을 어떻게 확보하고 활용하는가에 좌우된다. 이는 기술·지식을 중심으로 한 새로운 경제체제 또는 패러다임으로 구축될 것이다. 이에 기술평가에 대한 관심이 날로 커지고 있다.

41) 기술평가기준 운영지침, 산업통상자원부(2016)

42) Coates(1976), Roessner & Frey(1974)

43) 지식기반경제(knowledge based economy)란 지식 · 정보가 유형자산을 대체하여 개인, 기업, 국가의 부가가치, 경쟁력, 부를 창출하는 경제체제를 말한다.

이에 따라 금융제도 또한 보증·담보 위주에서 신용 위주로 점차 전환되고 있으며 미래현금 흐름의 중요성이 커지고 있다. 갈수록 유형자산의 평가는 물론 무형자산, 특히 기술의 평가가 중요성을 가지게 될 것으로 보인다.

3. 국내 기술평가제도

국내 기술평가제도는 1997년부터 개별 법령에 의한 특정 목적사업으로 시행되고 있으며, 기술평가 시장도 정부 주도형으로 이루어져왔다. 따라서 평가기관 또한 공공기관을 중심으로 활동해왔으며 민간 기술평가기관의 역할은 상대적으로 미미한 실정이었다. 이는 기술평가 수요가 대부분 공공사업 부분에서 발생되었기 때문이다. 앞으로도 민간 기술평가 시장의 규모가 크게 확대되지 않는 한 당분간 기술평가 시장의 정부 주도는 지속될 전망이다.[44)]

우리나라 정부 각 부처에서는 고유사업의 목적에 따라 다양한 기술평가기관을 근거법령에 의거하여 지정·운영하고 있다. 정부부처별 사업목적에 따른 기술평가제도를 정리하면 〈표 Ⅰ-12〉과 같다.

〈표 Ⅰ-12〉 우리나라의 기술평가제도 현황

정부부처	법률명	평가목적	평가기관	비고
산업통상자원부	「산업기술기반 조성에 관한 법률」	기술담보 시범사업	(구)한국산업기술평가원	'97-'01, 5년간 한시사업(현재 종료)
	「기술의 이전 및 사업화 촉진에 관한 법률」	기술이전 및 사업화, 기술담보 및 기술 활용 촉진	34개	
	「외국인투자 촉진법」	산업재산권의 기술가치평가	8개	상법 제299조 의2 감정인
	저탄소녹색성장 기본법	녹색인증평가	11개	

44) 김광희 · 우제현(2008), 김대철(2014)

정부부처	법률명	평가목적	평가기관	비고
과학기술 정보통신부	「산업교육진흥 및 산학협력 촉진에 관한 법률」	대학기술지주회사 기술 현물출자 등	34개	「기술이전및사업화촉진법」 평가기관과 동일
	과학기술기본법	기술영향 및 기술수준평가	1개	
특허청	「발명진흥법」	지적재산권의 사업화	기술·사업성평가 22개	
금융위원회	「신용정보의 이용 및 보호에 관한 법률」	효율적인 기술평가 시스템 구축을 통한 기술금융 활성화	6개	2014년7월 최초 업무 개시
중소벤처 기업부	「벤처기업육성에 관한 특별조치법」	벤처기업 확인	벤처기업협회	법령 개정 ('21년 시행)
		벤처기업 전문평가기관	10개	법령 개정 ('21년 시행)
	「기술보증기금법」	신기술사업 중소기업 자금 공급	기술보증기금	
	중소기업기술혁신촉진법	중소기업의 기술혁신지원	기술보증기금	
농림축산 식품부	농림수산식품과학기술육성법	기술영향 및 기술수준평가	농림수산식품기술기획평가원	
국토교통부	건설기술진흥법	건설 기술진흥사업	국토교통과학기술진흥원	

자료: 정성찬·함석동(2006), 김대철(2014) 재정리

4. 국내 기술평가기관 현황[45)]

국내 기술평가기관은 〈표 Ⅰ-13〉와 같이 각 법률에서 정한 사업에 따라 해당 정부부처에서 일정 요건을 갖춘 기술평가기관을 지정하여 운영하고 있다.

「벤처기업육성에 관한 특별조치법」 제2조의2에 벤처기업 요건을 열거하고 있으며, 유형별로 살펴보면 벤처투자유형, 연구개발유형, 혁신성장유형으로 나눌 수 있다. 벤처기업 확인은 벤처기업협회에서 수행하고 있으며, 벤처기업심의위원회 심의 지원을 위한 전문평가기관으로 10개 기관을 지정하여 기술성, 사업성 등의 평가를 수행하고 있다. 벤처기업 유효기간은 종

45) 기업부실예측을 위한 기술평가모형에 관한 실증연구, 김대철(2014) 재정리

전 법률에서는 확인일로부터 2년까지 유효하였으나, 개정 법률에서는 확인일로부터 3년까지로 유효기간을 연장하였다. 동법 시행령 4조에서는 벤처기업의 기술 현물출자를 위한 평가기관으로 기술보증기금, 한국과학기술정보연구원, 한국산업기술진흥원, 국가기술표준원, 한국산업기술평가관리원, 한국환경공단, 한국과학기술연구원, 정보통신산업진흥원 등 8개 기관을 지정하였다.

「기술의 이전 및 사업화 촉진에 관한 법률」[46]에서는 일정 기준을 갖춘 법인을 평가기관으로 지정하여 기술이전 및 기술사업화 등을 위한 기술평가 업무를 수행토록 하고 있다.

〈표 Ⅰ-13〉 관련법령에 따른 기술평가기관 지정현황

<table>
<tr><th>관련법령</th><th>소관부처</th><th>지정기관 유형</th><th>개수</th><th colspan="2">지정기관</th></tr>
<tr><td>기술의 이전 및 사업화 촉진에 관한 법률(기촉법)</td><td>산업통상자원부</td><td>기술평가</td><td>34</td><td>국방기술진흥연구소
국토교통과학기술진흥원
기술보증기금
신용보증기금
연구개발특구진흥재단
중소벤처기업진흥공단
한국과학기술연구원
한국과학기술정보연구원
한국기계연구원
한국농업기술진흥원
한국발명진흥회
㈜티밸류
유미특허법인
㈜다래전략사업화센터
㈜에스와이피
㈜윕스
㈜이크레더블</td><td>중소기업기술혁신협회
한국보건산업진흥원
한국산업기술진흥원
한국산업은행
한국생명공학연구원
한국생산기술연구원
한국에너지기술평가원
한국전자기술연구원
한국전자통신연구원
한국해양과학기술진흥원
㈜케이티지
특허법인 다나
특허법인 다래
특허법인 도담
한국평가데이터(주)
㈜NICE디앤비
NICE평가정보㈜</td></tr>
<tr><td>산업교육진흥 및 산학협력 촉진에 관한 법률</td><td>과학기술정보통신부</td><td>기술평가</td><td>34</td><td colspan="2">기술이전및사업화촉진법 평가기관과 동일</td></tr>
<tr><td rowspan="3">벤처기업육성에 관한 특별조치법</td><td rowspan="3">중소벤처기업부 (벤처기업 확인평가)</td><td>혁신성장유형 (기술성 및 사업성평가)</td><td>7</td><td>기술보증기금
한국농업기술진흥원
연구개발특구진흥재단
한국발명진흥회</td><td>한국과학기술정보연구원
한국생명공학연구원
한국생산기술연구원</td></tr>
<tr><td>연구개발유형 (사업성평가)</td><td>2</td><td>중소기업진흥공단</td><td>신용보증기금</td></tr>
<tr><td>벤처투자유형</td><td>1</td><td colspan="2">한국벤처캐피탈협회</td></tr>
</table>

관련법령	소관 부처	지정기관 유형	개수	지정기관	
발명진흥법	특허청	발명 등의 평가	33	㈜신한은행 하나은행 특허법인 시공 특허법인 알피엠 특허법인 영비 특허법인 해안 (사)중소기업기술혁신협회 ㈜리다임그룹 ㈜제이디리서치 한국기술신용평가㈜ 한국특허평가㈜ 한국기계전기전자시험연구원 한국건설생활환경시험연구원 한국화학융합시험연구원 한국농업기술진흥원 기술보증기금	한국과학기술정보연구원 한국산업은행 특허법인 다래 ㈜윕스 특허법인 다나 ㈜나이스평가정보 ㈜이크래더블 신용보증기금 특허법인 도담 ㈜케이티지 한국평가데이터㈜ ㈜나이스디앤비 ㈜국민은행 농협은행 주식회사 ㈜우리은행 유미특허법인 주식회사 주원아이피
저탄소녹색성장기본법	산업통상자원부	녹색인증 평가	11	기술보증기금 한국산업기술평가관리원 한국에너지기술평가원 국토교통과학기술진흥원 해양수산과학기술진흥원 한국환경산업기술원	한국문화관광연구원 한국방송통신전파진흥원 한국콘텐츠진흥원 농림식품기술기획평가원 한국산업기술진흥협회
중소기업 기술혁신촉진법	중기부	이노비즈평가	1	기술보증기금	
과학기술기본법	과학기술정보통신부	기술영향 및 기술수준평가	1	한국과학기술기획평가원	
농림수산식품과학기술육성업	농림축산식품부	기술영향 및 기술수준평가	1	농림수산식품기술기획평가원	
건설기술진흥법	국토교통부	기술평가	1	국토교통과학기술진흥원	

평가기관 정부지정 요건은 '기술평가 전문인력[47]을 갖추고, 기술평가사업을 수행하기 위한

46) 제35조 제1항 및 동법시행령 제32조 및 기술평가기관 지정요령에 의거 관계중앙행정기관의 장이 기술평가 기관을 지정하고 있다.

47) 「기술의 이전 및 사업화 촉진에 관한 법률 시행령」 제35조1항에 의거 기술평가 전문인력 요건은 1. 기술거래사, 변호사, 변리사, 공인회계사, 감정평가사 또는 기술사의 자격을 취득한 자로서 기술평가사업에 종사할 수 있는 3명 이상의 전문가, 2. 기술평가사업에 5년 이상 종사한 7명 이상의 전문가로서 1호 및 2호를 모두 포함한 전문가 10명이상으로 구성되어야 한다.

관리조직을 갖고 있으며, 기술가치·기술력등급 및 사업성 등을 평가하는 기술평가모형을 보유하고, 기술평가에 관한 정보의 수집·분석·유통 등을 위한 인터넷 홈페이지를 보유·운영하고 있을 것' 등이다. 이들의 신청에 의해 산업통상자원부장관 등 관계중앙행정기관의 장이 평가기관으로 지정하는데 현재 국방품질원, 기술보증기금, 농업기술실용화재단, 나이스평가정보 등 31개를 지정하였다.

「발명진흥법」 제28조에서는 산업재산권으로 등록된 발명의 조속한 사업화를 위해 발명의 성능평가 또는 시험분석 등에 관한 기술평가기관으로 한국기계전기전자시험(연), 한국건설생활환경시험(연), 한국화학융합시험(연), 한국농업기술진흥원 등 4개 평기기관을 지정하였으며, 성능평가 또는 시험분석 등을 제외한 전 기술분야 평가기관으로 기술보증기금, 한국산업은행, 한국발명진흥회, 한국과학기술정보연구원, 한국산업기술진흥원, 특허법인 다나, ㈜나이스평가정보, ㈜이크레더블, 신용보증기금, 특허법인 도담, ㈜케이티지 등 29개 평가기관을 지정하여 수행하고 있다.

이외 「신용정보 이용 및 보호에 관한 법률」에서는 기술금융을 위한 기술신용정보 산출 및 제공 업무에 대해 일정한 인력 요건[48]을 완비하여 신청토록 하고 있다. 금융위원회 겸업 승인 및 정관변경을 통해 한국평가데이터, NICE평가정보, 이크레더블, NICE디앤비, SCI평가정보 한국기술신용평가 등 6개 기관이 해당 업무를 수행하고 있다.

48) 기술거래사, 변리사, 기술사, 3년 이상 연구소 근무 연구원 또는 3년 이상 기술평가 업무에 종사한 경력자 등 10명 이상을 보유하여야 한다. 전문인력 인정 요건에 2017년 부터는 기술신용평가 자격(기술신용평가사 2급)을 갖추고 기업여신·투자 심사 경력 5년 이상인 자를 추가하였다.

5. 기술평가의 종류 및 평가 방법

〈표 Ⅰ-14〉 기술평가 종류와 용도

기술평가 종류	평가용도
기술가치평가	벤처기업 현물출자 특례 대상 산업재산권 등의 평가(「벤처기업육성에 관한 특별조치법」 제6조에 의거) 외국인 출자 산업재산권 등의 평가(「외국인투자 촉진법」 제30조에 의거) 기술의 담보가치를 산정하기 위한 평가 기술거래 기준가격 산정을 위한 평가 기술 관련 사업의 이전, 양·수도 등을 위한 평가 기타 기술 또는 기술사업 관련 평가 기술금융 지원을 위한 기술가치평가(IP담보대출 등)
기술력평가	벤처기업 확인을 위한 평가(「벤처기업육성에 관한 특별조치법」 제2조에 의거) INNO-BIZ(기술혁신형 기업) 선정을 위한 평가(「중소기업기술혁신 촉진법」 제14조에 의거) 발명의 사업성 평가(「발명진흥법」 제28조에 의거) 중소벤처기업에 대하여 지원되는 기술개발 관련 자금, 창업자금 등 선정을 위한 평가 기술보증을 지원하기 위한 평가 금융기관 등의 여신심사용 기술평가 기술이전, 거래 등을 위한 평가 R&D 평가 기술금융 지원을 위한 기술신용평가(TCB 평가)

자료: 기술보증기금(2015) 재정리

기술평가의 유형은 등급이나 점수로 나타내는 기술력평가와 화폐단위로 나타내는 기술가치평가로 구분할 수 있다. 〈표 Ⅰ-14〉는 기술보증기금에서 실무상으로 이루어지고 있는 기술평가의 종류별 용도를 정리하였다.

5-1 기술력평가[49)]

가. 기술력평가의 목적

기술력평가의 목적은 기술사업화 주체가 기술을 사용하여 수익을 창출할 수 있는 능력이 어느 정도인지를 평가하는 데 있다.

49) 기술평가기준 운영지침 산업통상자원부 (2016)을 근거로 정리하였음

나. 기술력평가의 평가항목

기술력을 평가하기 위해서는 다양한 관점에서 대상 기술의 수익창출능력을 분석해야 한다. 기술력평가에서는 주로 평점모형 또는 등급모형을 이용하며, 다음 각 호의 항목으로 구성된다.

■ 기술경영 및 연구개발능력

기술사용 주체(법인 또는 개인을 포함한다)의 능력을 평가하는 것으로 전반적인 관리 주체인 경영자 및 연구개발인력 등에 관한 평가이다. 동일한 기술이라 할지라도 그 기술을 활용하여 투입 요소를 산출물로 전환하는 과정에서 기술사용 주체의 능력에 따라 결과가 다를 수 있다.

■ 기술성

기술제품 또는 서비스를 창출하는 데 축적된 노하우, 혁신성, 차별성, 모방 용이성 등에 대한 평가를 통해 궁극적으로 기술사용 주체의 수익창출능력(현금창출능력)에 미치는 영향을 파악하기 위한 것이다. 기술성은 기술 자체가 지니고 있는 고유한 특성을 판단하기 위한 유용성과 타 기술과의 상대적 우위성을 판단하기 위한 경쟁성으로 구분하여 평가한다.

■ 시장성

시장성은 기술제품이 언제, 어느 정도 빠르게, 얼마나 판매될 수 있는가를 평가하는 것이다. 제품이 속하는 업계 특성, 시장 특성, 경쟁 요소 등에 따라 각각의 관점에서 대상 기술제품의 수익창출능력을 평가한다.

■ 사업성

기술제품이 어느 정도의 수익을 발생시킬 수 있는가를 평가하는 것이다. 수익창출을 위하여 필연적으로 발생하는 구매, 생산, 판매 등의 활동에 대해 평가한다.

다. 기술력평가결과의 산출 및 조정

① 기술평가자는 평가항목을 중심으로 평가한 후 이를 기초로 최종 평가결과를 등급 또는 점수로 산출하여야 한다.

② 기술평가자는 기술력평가를 등급 또는 점수로 표현할 경우 합리적인 의미와 해석을 포함하여야 한다. 또한, 보고서에는 등급 및 점수가 동시에 기재되어야 한다.

③ 기술평가자는 각 항목별 평가 시 객관적이고 합리적인 판단 근거를 마련하여야 하고, 근거가 부족할 경우에는 조정하여 평가결과를 결정할 수 있다.

5-2 기술가치평가[50)]

기술가치평가는 기술이 사업을 통하여 창출하는 경제적 가치를 기술시장에서 일반적으로 인정된 가치평가 원칙과 방법론에 따라 평가하는 것을 말하며, 평가방법으로는 수익접근법과 로열티공제법이 많이 활용되고 있다.

수익접근법은 대상기술의 경제적 수명기간 동안 기술사업화를 통해 발생할 미래 경제적 이익을 적정 할인율을 적용하여 현재가치로 환산하는 방법이며, 로열티공제법[51)]은 대상기술을 보유하지 못하여 제3자로부터 라이선스하는 경우를 가정하고 대상기술의 경제적 수명기간에 라이선스비용으로 지급해야 하는 로열티의 현재가치를 기술의 가치로 추정하는 방법이다. 이외의 평가방법으로는 시장접근법과 비용접근법 등이 있다.

가. 기술가치평가의 필요성

최근 세계화에 따라 기업들의 경쟁이 심화되면서 국내외를 막론하고 기업 간 제휴나 M&A가 활성화되고 있다. 이러한 환경 변화 속에서 기술거래, 산업재산권 등의 현물출자, 조세(tax), 소송(litigation), 기술금융(innovation financing), IP관리, 라이선싱, M&A, 조인트벤처(Joint Venture/Strategic Alliance) 등에 기술의 가치를 금액으로 평가하려는 경향이 나타나고 있다. 이에 기술가치평가에 대한 관심이 증대되고 있으며, 현재 기술평가의 한 축으로 자리매김하고 있다.

50) 기술평가실무가이드(산업통상자원부,2021), 기술평가기준 운영지침(산업통상자원부, 2016), 기업 · 기술의 평가(기술보증기금, 2008)를 근거로 정리함

51) 로열티공제법은 기술의 경제적 수명기간에 추정된 로열티 수입을 현재가치로 환원하여 가치금액으로 산출하기 때문에 수익접근법으로 분류되기도 하며, 기술시장에서 거래된 거래사례의 로열티율을 참조하기 때문에 시장접근법으로 분류되기도 함.

나. 기술가치평가의 목적

① 기술에 대한 현재 및 잠재적 투자 또는 신용의사결정에 유용한 정보 제공

② 기술로부터 미래현금흐름의 금액, 시기의 불확실성 등을 측정하는 데 유용한 정보의 제공

③ 기술의 경제적 자원 및 경제적 자원의 변화에 관한 유용한 정보의 제공

다. 기술가치평가의 전제 및 가정

① **사업화 전제**

기술가치평가는 기술사업화를 전제로 한다. 기술사업화의 목적은 대상기술을 구현한 제품 및 서비스를 통해 시장진입, 판매량 증대, 가격 인상, 생산비용 절감 등으로 경제적 수익을 창출하는 것이다.

② **평가 시점 전제**

기술가치평가는 기술의 사업적 실현 가능성을 판단하는 단계에서 수행하는 것이 적절하다. 즉, 사업화 단계 중 개발 단계(생산이나 사용 전의 시제품과 모형을 설계, 제작, 시험하는 단계) 이상의 완성도에 이른 기술을 대상으로 하는 것이 적절하고, 연구 단계에 있는 기술의 가치평가는 불확실성이 매우 높기 때문에 적절하지 않을 수 있다.

③ **사업타당성 전제**

기술가치평가는 기술의 사용에 따라 충분한 사업타당성이 있는 경우에 수행된다. 사업타당성은 대상기술에 대한 기술성 분석, 권리성 분석, 시장성 분석, 사업성 분석 등 평가요인 분석을 통하여 검증할 수 있다. 사업타당성을 검증하지 못한 상황에서 단순히 기술가치를 금액으로 정량화하는 것은 의미가 없고 평가결과의 신뢰성을 확보할 수 없다.

④ **실시원칙 및 기준**

기술가치평가는 객관성·전문성·신뢰성을 확보하도록 기술평가기준을 준수해야 하며, 기술 및 시장에 대한 심층분석에 근거하여 적절한 평가방법을 적용하여 수행되어야 한다. 기술가치평가의 기준 시점은 평가보고서에 명시하며, 기준 시점을 고려하여 유효기간을 지정해야 한다.

⑤ **평가조건의 설정 및 사용원칙 적용**

채택 가능성이 큰 조건을 설정하여 가장 효율적이고 효과적인 사용(Highest and best use) 원칙을 적용해야 한다. 대상기술의 사용은 채택 가능성이 큰 활용 분야가 있는 경우, 과거 역사적인 사용 사례와 달리 적용될 수 있다. 이 원칙은 활용 분야가 다수인 경우 가장 높은 가치를 발생시킬 수 있는 분야에 적용한다는 것을 의미한다(「기술평가기준 운영지침」제10조).

⑥ **목적과 용도의 명시**

평가의 목적이나 용도에 따라 관점이나 고려되는 요인이 달라질 수 있고 기술가치평가 결과의 보고 형태도 달라질 수 있기 때문에 평가 전에 목적과 용도를 명시해야 한다(「기술평가 기준 운영지침」제16조).

라. 기술가치평가의 원칙

〈표 Ⅰ-15〉 기술가치평가의 원칙

완전성의 원칙	공정가치주의의 원칙[52]
평가정보 이용자의 의사결정에 중요한 평가정보는 모두 고려해야 함	기술은 평가 시의 공정가치로 평가되어야 함
현금주의의 원칙[53]	**수익·비용 대응의 원칙[54]**
가치평가에서 수익·비용의 인식은 현금흐름에 바탕을 둠	기술관련 수익과 비용은 동일한 기간에 대응시킴

자료: 기업·기술의 평가, 기술보증기금(2008) 재정리

기술가치평가의 원칙중 공정가치(fair value)란 측정일 현재 시장 참여자간 정상적 거래에

52) 공정가치는 목적에 적합한 정보를 제공하나, 신뢰성이 낮다는 문제점이 있다. 이를 보완하기 위해 시장으로부터 공정가치 정보를 입수하지 못할 경우 구입원가 또는 누적원가로 평가할 수 있는 예외도 인정된다.

53) 현금주의는 전통적 발생주의 회계 원칙에서 벗어난 것으로 기술 관련 수익과 비용을 현금흐름에 근거하여 인식한다는 것이다. 인식이란 기술 관련 수익과 비용을 측정 평가할 수 있는 요건(또는 조건의 충족)을 의미한다.

54) 기간손익계산을 중심으로 하는 기업회계원칙을 비용-수익 대응의 원칙이라고도 한다. 기간손익은 기간수익과 기간비용의 차액으로써 산출된다.

서 자산을 매도하면서 수취하거나 부채를 이전하면서 지급하게 될 가격을 말한다.

〈표 Ⅰ-16〉 공정가치의 정의

공정가치의 정의		
Who	시장참여자	기업 특유의 관점이 아님
When	측정일	현행 가격
Where	주된 (또는 가장 유리한) 시장	기업의 관점에서 식별됨
What	특정 자산, 특정 부채 혹은 지분상품	개별 특성(상태, 위치, 제약 등)을 고려
How	정상거래(orderly transaction)에서 매도 혹은 이전	청산시 가격이나 강제 거래의 매각 가격이 아님

자료 : 기술가치평가 실무메뉴얼(2018, 기술보증기금), 한국회계기준원, '기업회계기준서 제113호 공정가치측정 제정공개초안 검토보고서'

마. 기술가치평가 방법

기술가치평가 기법은 평가 대상인 기술의 유형과 평가자에 따라 다양하다. 이론 및 실무에서 제시하고 있는 평가 기법으로는 크게 세 가지 방법, 즉 수익접근법(income approach)[55], 시장접근법(market approach)[56], 비용접근법(cost approach)[57]이 주로 사용된다. 이 중 미래의 수익을 추정하여 기술의 가치를 평가하는 수익접근법이 가장 일반적으로 사용되고 있다.

수익접근법은 기술로부터 발생되는 미래현금흐름의 현재가치 합계로써 기술가치를 평가하는 것으로, 기술을 이용하여 발생하는 추가적인 현금흐름을 추정하여 기술의 가치를 평가

---

55) 수익접근법은 평가 대상으로부터 발생되는 미래현금흐름의 현재가치 합계로써 평가 대상을 평가하는 방식이다.

56) 시장접근법은 시장에서 발생한 거래의 결과를 바탕으로 가치를 산정하는 방식. 즉 유사자산의 거래가격 또는 로열티 등으로 평가하는 방식이다(기계설비류, 컴퓨터 HW 및 SW 등과 같이 비교 가능한 자산이 존재하는 기술의 평가에 적용).

57) 비용접근법은 평가 대상 자산을 현재 시점에서 재제조, 재획득하는 데 소요되는 제반 소요비용을 합하고, 여기에 감가수정을 가하여 평가 대상 자산이 가지는 가치를 산정하여 평가하는 방법이다(무형자산 중 SW는 개발 소요비용으로 평가함이 적정함).

58) 거래당사자가 재화(또는 용역)에 대해 충분한 정보(또는 지식)를 가지고 있으며, 거래가 성립되도록 강요받지 아니한 평등하고 자발적인 입장에서 관련 재산권이 거래당사자 간에 교환될 수 있는 금액을 의미한다. 이 가치는 Smith(1994)에 의하면, 완전자본시장에서 어떤 재화(또는 용역)를 소유함으로써 미래에 얻게 되는 경제적 효익(economic benefits, 미래현금흐름)의 현재가치(present value)와 같은 것이다.

하는 방법이다. 이는 기술의 수익창출능력을 자본화함으로써 그 기술의 공정시장가치(fair market value)[58]를 구하는 것이다. 예를 들어 기술을 타인에게 대여하고 그 사용료를 받고 있다면 향후 예상되는 총사용료 수입(미래현금흐름)의 현재가치를 산정하여 그 기술의 가치를 평가할 수 있다. 이 방법의 가장 큰 유용성은 공정시장가치의 정의를 구체화한다는 점이다. 왜냐하면 공정시장가치는 어떤 투자 대상을 소유함으로써 얻을 수 있는 미래현금흐름의 현재가치와 같기 때문이다.

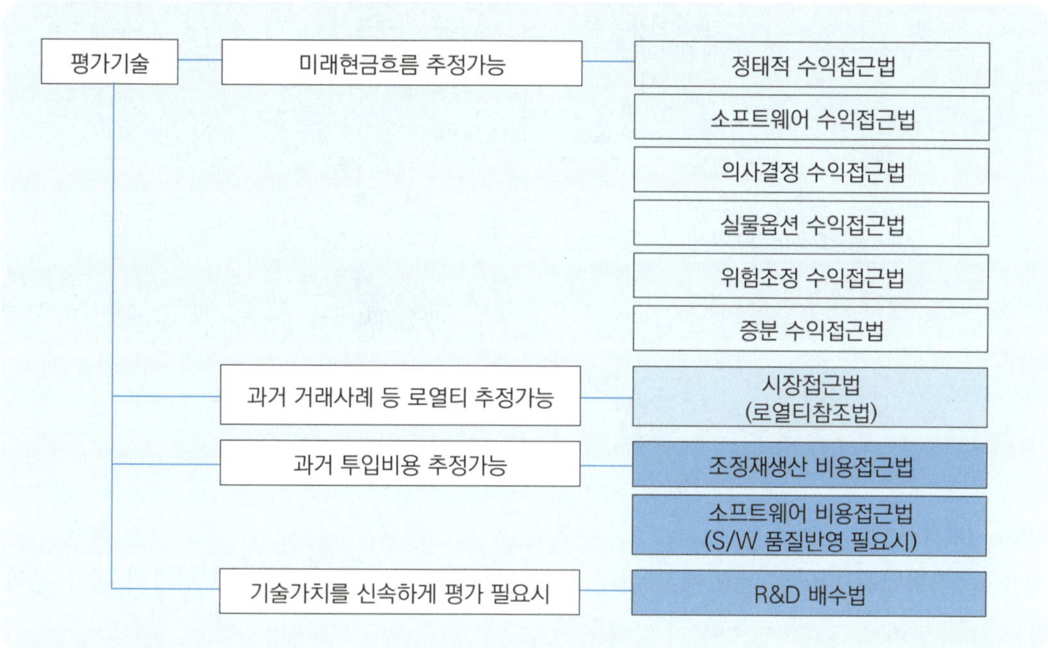

바. 기술가치평가모형(수익접근법)

$$기술의\ 가치 = \sum_{t=1}^{n} \frac{FCF_t}{(1+r)^t} \times 기술기여도$$

특정한 기술의 가치는 기술의 경제적 수명 기간 동안 미래의 여유현금흐름을 추정하여 얻을 수 있다. 여기서 t 는 년 수, n 은 기술의 경제적 수명, FCF 는 여유현금흐름, r 은 할인율을 의미한다. 따라서 특정한 기술의 가치는 ① 기술의 경제적 수명, ② 여유현금흐름, ③ 할인율, ④ 기술기여도 등의 합리적 추정으로 산출된다.

수익접근법에 의한 기술가치 산정 프로세스를 살펴보면 다음과 같다.

〈표 Ⅰ-17〉 수익접근법에 의한 가치산출 흐름

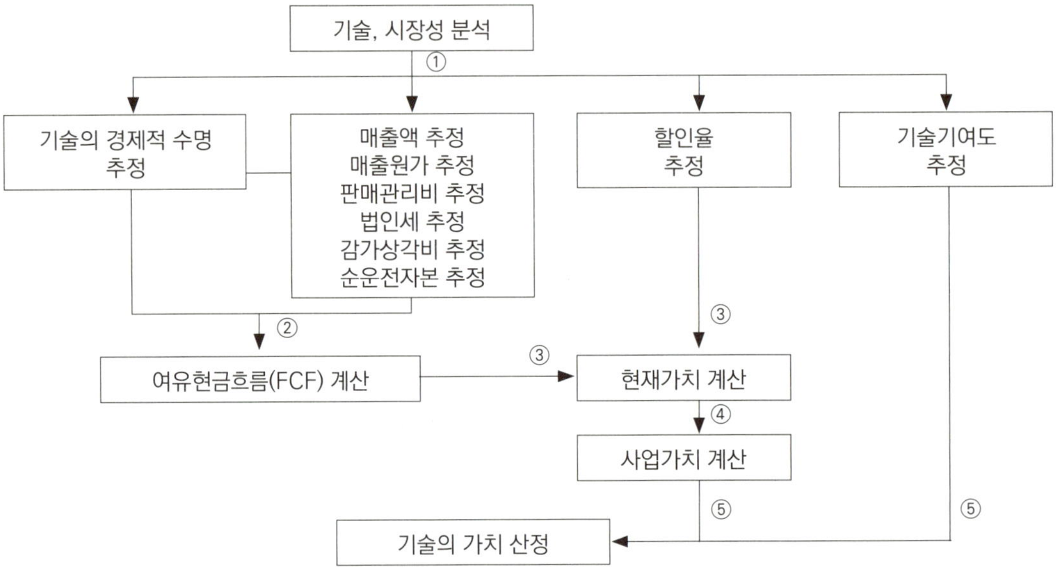

사. 기술가치평가의 활용 분야

기술가치평가는 다양한 분야에서 여러 용도로 활용될 수 있다. 기술가치평가의 활용 분야를 수요 유형별로 분류하면 다음과 같다.

■ **기술거래**

기술의 구입, 판매, 라이선싱 등을 위한 거래가격을 산정하는 것이다. 구체적으로 민간 기술거래시장에서의 매매기준 금액 제시, 공공연구기관 등의 기술이전사업 추진, 해외 기술 도입의 타당성평가나 기술수출의 적정성평가, 해외 직접투자 등에 따른 국내외 기술이전 등의 경우 기술가치평가가 활용된다.

■ **기술투자**

신기술사업화, 신기술사업에 대한 투자, 기술기반 기업의 M&A 등 기술을 기반으로 한 각종 사업의 타당성을 검토하기 위해 기술가치에 대한 평가가 활용된다. 벤처중소기업투자나 기업가치평가를 위한 무형자산평가 등도 기술투자의 범주에 속한다고 할 수 있다.

■ **기술금융**

우수기술기업의 미래 성장 가능성을 평가하여 신용여신을 지원하거나 기술을 담보로 자금을 지원함으로써 기술사업화 성공에 중요한 기능을 한다. 기술금융 지원을 위한 기술신용평가, 기술창업 및 운전자금에 소요되는 기술보증, 지식재산(IP) 담보대출 등에 기술평가가 활용된다.

■ **경영전략**

기술가치평가는 기술의 상품화, 다각화 등 기업가치를 증가시키는 경영전략의 수립에도 필요하다. 또한 세무 정책적 관점에서 기술의 기증, 처분, 상각 등의 결정과 계획 수립에도 필요하다. 기업 내부의 지적재산 관리, 기술개발 성과관리, 개발한 기술의 활용 전략 수립 등에도 쓰인다.

■ **법적 대응**

기술가치평가는 특허권 침해, 기타 기술분쟁 관련 법적 소송 등에 필요한 정보를 제공한다. 기업의 파산 또는 구조조정에 따른 자산 및 부채의 평가, 기업청산 시 무형자산의 평가·처리 등에서도 기술에 대한 평가정보를 제공한다. 채권·채무 소송 시 특허 같은 지적재산권 이양 등 채무관계 처리기준이 되기도 한다.

■ **R&D 관리**

국가 R&D 투자관리나 정보의 공적(정책)자금 배분·지원을 위한 정책 결정 시에 기술가치평가가 활용될 수 있다. 즉 정부 R&D 심사, 기술개발 지원 결정, 개별 기업의 기술개발투자 결정 등 기술개발투자 지원 과제 결정 시에 필요하다. 또한 공공연구기관이 개발한 기술에 대하여 기여효과 등을 분석하기 위한 자체 평가, 국가 연구개발 지원성과 평가 등 국가 연구개발 성과의 관리에도 활용될 수 있다.

04
기술금융 개론

1. 기술금융의 정의

1-1 기술금융에 대한 해석

기술혁신, 벤처창업, 기술사업화 등 정책적인 이슈와 기술기업에 대한 금융지원의 필요성에 의해 기술금융(innovation financing)이 중요하게 인식되고 있다. 기술금융의 유래는 명확하지 않지만, 1990년대 초에 "기업의 기술투자를 지원하는 정책금융"을 '기술금융'으로 정의한 것에 기인한다.[59] 그 이후 여러 연구보고서에서 등장하는 기술금융에 대한 해석을 살펴보면 다음과 같다.

가. '기술금융 활성화 방안'(2008년, 중소기업연구원)

'기술금융 활성화 방안' 보고서에서는 "R&D-창업-

59) 금융혁신과 기술금융제도에 관한 연구, 김광두, 정운찬, 과학기술정책연구(1992)

사업화 등 '기술혁신 전 과정'에 소요되는 자금의 수급"을 기술금융이라 정의하면서, "특히 무형자산이 담보로 인정되지 못하고 있는 금융관행하에서 미래수익을 가져올 기술에 대한 가치평가를 통하여 기술의 개발·사업화 내지는 기술혁신형 기업에 자금을 공급하는 것을 의미한다"라고 하였다. 또한 기술금융은 기술평가에 의한 투자나 신용 제공, 보증, 출연 등의 형태로 이루어지며 대표적인 형태로는 기술보증기금의 보증 및 벤처캐피탈회사의 혁신형 기업에 대한 투자가 있다고 소개하였다.

나. '기술금융 활성화를 위한 수요자 관점에서의 기술평가 현황 분석'(2009년, 한국산업기술진흥원)

'기술금융 활성화를 위한 수요자 관점에서의 기술평가 현황 분석' 보고서에서는 "기술금융이란 기술의 개발-창업-사업화-성장 등 기술혁신 전 과정에서 소요되는 자금을 기술력 중심의 평가를 통해 공급하는 기업금융"을 의미하는 것으로 정의하였다.

다. '기술금융의 수요예측과 적정 위험 분담 방안'(2010년, 한국금융연구원)

'기술금융의 수요예측과 적정 위험 분담 방안' 보고서에서는 "기술금융은 창업, R&D, 사업화 등 기술혁신 과정에서 필요한 자금을 기술평가 등을 통해 공급하는 고위험(high-risk) 기업금융의 형태"로 정의하였다. 또한 기술금융을 투·융자, 보증, 출연, 복합금융 등으로 구분하였다.

라. '기술평가 시장 현황분석 및 활성화 방안'(2011년, 한국산업기술진흥원)

'기술평가 시장 현황분석 및 활성화 방안' 연구보고서에서는 '기술금융'이란 용어를 다음과 같이 비교적 상세하게 표현하였다. 즉, "(기업이 수행하는) 신기술 확보를 위한 R&D 활동 및 이를 통해 획득되었거나 외부로부터 이전받은 기술을 제품화하는 활동, 그리고 개발된 제품을 양산화하여 마케팅활동을 전개하는 등 일련의 기술혁신 또는 기술사업화 활동을 추진함에 있어서 소요되는 자금을 조달하고자 할 때 해당 기업 또는 해당 기업이 보유한 기술을 평가하여 정부 또는 민간 금융기관이 지원하는 자금"으로 종합적으로 정의하였다. 또한 정부가 출연하는 R&D 개발자금의 경우에도 기업 입장에서는 자금조달에 해당하므로 광의의 개념으로서 '기술금융'에 포함시킬 수 있다고 기술하였다.

마. '기술평가금융의 현황과 활성화 방안'(2006년, 금융연구)

또한 기술금융의 한 형태로서 기술평가와 기술금융의 융합상품을 기술평가금융으로 정의한 사례도 있다. 이 예에서는 기술혁신 차원에서 강조되고 있는 기술의 미래가치를 중요시하고 기술평가결과가 기술금융에 직접 연계되면서 리스크를 경감시킬 수 있다고 전제하였다. 기술금융은 기술기업에 대한 사업성 평가와 보증 및 담보 개념이 수반되는 투·융자 전체를 지칭하지만, 기술평가금융은 기술금융 중 기술기업이 보유하고 있는 기술의 시장성 및 사업성을 기초로 한 기술력평가나 기술가치평가에 근거한 신용대출 방식의 융자 및 투자를 의미한다고 기술하였다.

사. '기술금융의 역할과 효율화 방안' (2018년, 과학기술정책연구원)

이 보고서에서는 기술금융을 기술이 갖는 리스크(기술과 시장의 불확실성, 정보비대칭성 등)를 인지하고 기술의 미래가치에 대한 기대(정성적, 정량적 가치평가)를 기준으로 기술과 시장을 연결하기 위해 투입되는 도전적 자본으로 정의하고 있다.

아. '기술금융이 중소기업의 기술혁신 역량과 경영성과에 미치는 영향에 관한 연구' (2019년, Journal of Eletronic Commerce in Organization)

이 논문에서는 기술금융을 혁신형 중소기업의 창업과 성장, 기술개발과 사업화 등 기업생애주기 또는 기술혁신 전 과정에 소요되는 자금에 대하여 자금을 공급하는 주체가 기술평가모형, 기술평가조직과 기술평가인력 등 체계화된 기술평가시스템 및 인프라를 활용하여 기업이 보유한 기술의 우수성 · 차별성, 시장성, 사업성 등을 평가한 결과(기술평가등급, 기술가치금액 등)를 바탕으로 해당기업에게 투자, 융자, 출자, 보증 등의 형태로 자금을 공급하는 행위로 정의하였다.

1-2 기술금융의 정의

앞서 여러 연구보고서에서 '기술금융'은 '기술혁신 활동에 소요되는 금융'과 '기술평가를 통해 금융 지원의 적정성을 판단하는 것'과 연관된다. '기술'이라는 용어가 금융 지원의 목적 또는 심사의 기준으로 공통적으로 언급되고 있다. 이는 다시 말해 자금 지원의 목적이 기술혁신 및 기술사업화와 관련된다는 것과 기술평가를 통해서 자금 지원의 적정성을 판단한다는 뜻이다.

한편, 2014년 금융위에서는 기술금융 활성화 정책을 수립하면서 OECD에서 정의[60]한 기술금융을 다음과 같이 인용하였다.

① 기술금융은 아이디어와 기술의 개발·사업화 등 기술혁신 전 과정에 필요한 자금을 지원하는 것으로

② 협의의 기술금융은 미래수익 창출이 기대되는 기술과 아이디어 등에 대해 가치평가에 근거하여 필요한 자금을 공급하는 행위

1-3 기술금융의 유형

기술금융의 유형에 대해서도 여러 해석들이 있는 데, 〈표 I-18〉에서와 같이 융자, 보증, 투자로 크게 분류하는 것이 일반적이다. 기술융자에는 은행에서 취급하고 있는 기술신용대출과 IP 담보대출, 중소벤처기업진흥공단의 정책자금인 개발기술사업화자금 등이 있다. 기술신용대출은 제1편 2장에서 설명하는 TCB평가를 통한 대출이며, IP담보대출은 IP자산에 대한 가치평가와 담보설정을 거쳐 이루어지는 대출을 의미한다. 기보의 기술평가보증은 2014년 기술금융정책 시행전에는 대표적인 기술금융이었으며 현재까지 시행되고 있다. 또한 융자나 보증과 다른 직접금융으로서 벤처캐피탈 투자가 최근 정부와 민간의 적극적인 참여로 확대되고 있다.

〈표 I-18〉 기술금융의 일반적 유형

유형	주체	상품 및 기능
기술융자	은행	기술신용대출, IP담보대출
	정부 (중소벤처기업진흥공단)	개발기술사업화자금 등
기술보증	기보	기술평가보증, 특허가치평가보증
기술투자	벤처캐피탈	Equity Financing

* 창조경제 실현을 위한 지식재산금융 활성화 방안(금융위, 2013년7월)을 기반으로 저자 편집

60) OECD(2006). The SME Financing Gap(Vol. I)

또한 기술금융과 지식재산(IP)금융은 〈표 I-19〉, 〈표 I-20〉에서와 같이 비교[61]되며, 일부에서는 기술금융을 지식재산금융에 포함된 것으로 해석하고 있다[62]. 기술금융의 특성에 대한 상세한 내용은 뒤에 추가로 설명한다.

〈표 I-19〉 기술금융과 지식재산(IP)금융의 특성

구분	기술금융	지식재산금융
특징	기술의 내재적 특성으로 필요수준보다 과소공급되는 시장실패가 보편적임	지식재산은 기술 범주에 포함되지만, 재산적 성격으로 일반기술보다 금융측면의 활용도가 높음
정보비대칭	보유기업과 금융공급자간 정보 비대칭성으로 역선택 또는 도덕적 해이 문제 발생	지식재산권은 재산권적 성격으로 정보 비대칭성과 불확실성이 다소 완화
불확실성	유형자산에 비해 기술개발과 사업화 등 과정에서 평가·관리할 수 없는 불확실한 요소들이 산재	
분리가능성	무형자산 성격으로 대부분 특정 기술 또는 특정 기업에 의미가 있어 일반적으로 분리·거래 가능성이 낮음	지식재산권은 양도와 담보 설정이 법률적으로 허용되어 있어 금융 수단으로 활용될 여지가 있음

* 창조경제 실현을 위한 지식재산금융 활성화 방안, 금융위, 2013년 7월

〈표 I-20〉 기술금융과 지식재산(IP)금융의 비교(평가 관련 내용)

구분	소관부처	평가항목	평가기간	평가기관	평가비용
기술금융	금융위	기술신용등급	5~10일	TCB 기관	50~75만원
IP 금융	특허청	IP 가치평가	3~6주	발명의 평가기관	500~1500만원 (특허청에서 일부 지원)

* 지식재산(IP) 금융 활성화 종합대책, 금융위, 특허청, 2018년 12월

61) 창조경제 실현을 위한 지식재산금융 활성화 방안, 금융위, 2013년 7월
62) 기술이 지식재산에 속하는 개념으로 기술금융을 협의의 지식재산금융으로 해석하기도 한다. (지식재산금융과 가치평가실무, 조경선, 임재용, 한국금융연수원, 2014.)

2. 기술금융의 중요성

우리나라 경제는 과거의 고도 성장기에서 안정 성장 단계로 접어들었다. 이에 따라 투입량을 늘리는 종전의 성장 방식은 한계에 도달했으며 혁신주도형 성장으로 전환해야 하는 과도기적 상황에 직면하고 있다. 질적 성장을 주도하지 않고서는 지속적인 안정 성장과 선진경제로의 도약이 어려운 환경이다.

금융업 역시 저금리·저성장으로 수익성이 악화되면서 위기감이 고조되고 있다. 담보대출이나 단순 중개 같은 종전의 틀을 깨고, 해외 진출이나 고부가가치 서비스 개발 등 새로운 길을 모색해야 하는 시점이다. 그러나 대부분의 금융기관이 담보나 보증 등 위험회피가 손쉬운 기업금융에 치중하고 있으며, 이에 비해 혁신형 기술기업에 대해서는 소규모의 정책금융이 공급되고 있다.

시중자금은 양적으로 풍부하나 창업 벤처 등 꼭 필요한 곳은 여전히 자금에 목말라하고 있는 데, 여기에 시중자금이 흘러들도록 정책적으로 '돈의 물꼬'를 틀어줄 필요가 있다. 기술혁신형 기업은 기술력을 바탕으로 높은 경제적 부가가치를 창출할 수 있지만, 사업의 위험이 상대적으로 크기 때문에 리스크관리를 중시하는 금융관행을 감안할 때 민간 금융시장에서 자금조달이 쉽지 않다. 특히 창업 초기인 경우 담보제공 및 대출보증의 여력이 없는 경우가 대부분이다. 그러므로 국가의 경쟁력 확보 및 성장 원동력 육성 차원에서 기술력을 가진 기업을 선별·지원하는 기술금융은 중요하다고 할 수 있다.

3. 기술금융의 발전 과정

기업이 성장하기 위해서는 기술개발뿐만 아니라 제품화, 매출 가시화에 이르는 전 과정에 걸쳐 적절한 자금 공급이 필요하다. 그렇지만 기술의 불확실성, 정보 비대칭성 등으로 자금조달에 애로를 겪고 있는 기업이 많으며, 이에 대한 적절한 지원책으로 기술금융이 도입되었다.

일반적으로 연구개발 단계에서 정책자금 지원과 사업화이후 단계에서 민간금융의 지원이 비교적 원활하나, 그 중간의 창업 및 시장진입 단계에서 '죽음의 계곡'이라는 시장실패 영역이 존재한다. 기술금융은 기업이 이 계곡을 넘어서는 데 필요한 지원책이라 할 수 있다.

〈그림 Ⅰ-4〉 기술사업화 단계에 따른 금융 지원 형태

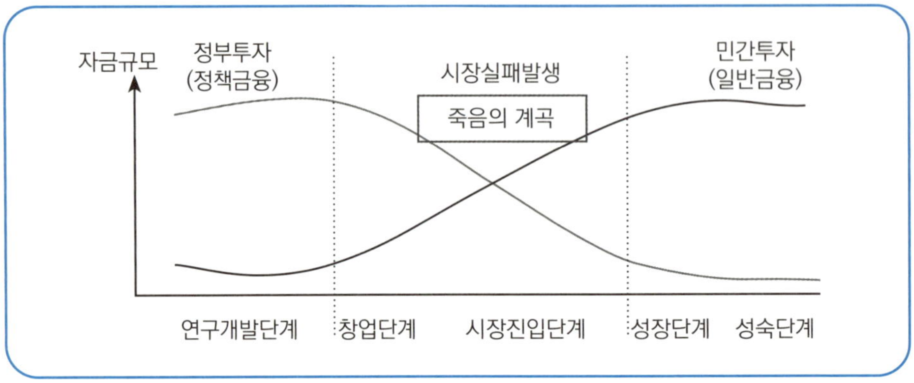

* 죽음의 계곡(death valley): 기술개발 이후 사업화 단계에서 정책금융 및 민간 금융으로부터도 자금 지원을 받지 못하여 시장실패가 발생하는 부분

1990년대 이후 추진된 국내 기술금융은 특정 기술 분야에 대한 개발이나 사업화에 소요되는 자금 또는 특허권 보유 및 기술개발 실적이 있는 기업 등 대상 요건에 제한을 두고 취급되었다. 그러다가 점차 기술평가 시스템을 통해 자금 지원여부를 판단하는 분야로 발전하였다.

대표적인 기술금융제도로는 (구)한국산업기술평가원의 '기술담보대출제도', 기술보증기금의 '기술평가보증제도', 기술평가서를 기반으로 은행에서 신용대출을 취급하는 '혁신형 중소기업 기술금융 지원사업', 중소기업진흥공단의 '개발기술사업화자금', 산업은행의 '기술력평가대출' 등이 있다.

〈그림 Ⅰ-5〉 기술사업화 단계별 기술금융 지원 형태

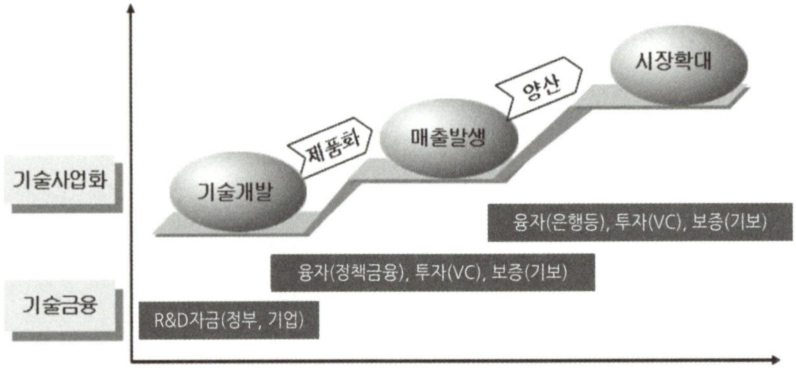

자료: 기술금융 활성화를 위한 수요자 관점에서의 기술평가 현황 분석, KIAT, 2009

3-1 기술담보대출제도

기술담보대출제도는 기업이 보유하고 있는 기술에 대한 가치평가를 통하여 가치를 산정하고 그 기술을 담보로 자금을 대출하는 제도이다. (구)한국산업기술평가원에서 1997년부터 2001년까지 5년 동안 한시적으로 운영하였는데 기업이 보유한 특허권, 실용신안권 등에 대하여 그 가치를 평가하고 이를 담보로 대출을 해주었다. 5년 동안 총 265개 업체, 272건에 대해 566억 원의 자금을 지원하였다. 사업 규모보다는 물적 담보대출관행을 탈피하여 무형재산권을 담보로 대출을 시도하였다는 데 큰 의미가 있었다.

〈표 I -21〉 기술담보사업 추진 실적 지원 건수 및 금액

(단위: 건, 개, 백만 원)

구분	1997년	1998년	1999년	2000년	2001년	계
건수	16	44	98	49	65	272
업체 수	12	42	98	49	64	265
금액	3,568	11,957	21,763	10,161	9,137	56,586

* 창조경제 실현을 위한 지식재산금융 활성화 방안, 금융위, 2013년 7월

기술담보제도에는 제약 요소가 있었는데, 근본적으로 기술거래시장이 활성화되어 있지 않아 담보채권회수에 대한 불확실성이 높다는 점이었다. 당시에도 채권회수의 어려움을 감안하여, 기술담보대출이 부실화되어 은행의 대출손실이 발생할 경우 정부가 취급은행의 손실을 90%까지 보전해주도록 하였다.

3-2 기술평가보증제도

기술평가보증은 기술력 및 사업성 등 미래가치 위주의 심사를 통해 보증을 지원하는 기술평가와 금융이 결합된 기술금융의 대표적 상품이다. 기술력은 우수하나 영업 실적이 미미하여 기존의 신용보증 지원 체제에서는 지원이 어려운 기술기업에 대해 기술력 위주로 심사하여 보증을 지원하기 위해 도입되었다.

일반보증이 재무상황 및 신용도 등 과거 실적과 현재 업황 위주의 심사를 하는 반면, 기술평가보증은 기술성·사업성 등 장래 성장전망 위주로 평가한다. 또한 일반보증이 매출 실적

기준의 보증금액 결정 방식인 데 비해 기술평가보증은 기술개발, 제품화, 양산화 등 미래 소요자금을 기준으로 한다는 데 큰 차이가 있다.

〈표 Ⅰ-22〉 기술평가보증과 일반보증의 비교

구분	기술평가보증	일반보증
평가(심사)의 중점사항	기술성·사업성 평가 (장래 성장전망 위주 평가)	경영 전반, 신용도 등 (과거 실적 및 현재 업황 위주 심사)
주요 평가(심사) 항목	-경영주의 기술 능력 -기술의 우수성 -기술의 시장성 및 수익성 -기술사업의 타당성 등	-경영 전반 -영업상황 -사업전망 -재무상황 및 신용도 등
보증금액 사정	계획사업 수행에 따른 소요자금 범위 내	매출 실적의 일정 비율 (매출액의 1/3, 1/4, 1/6 등)

기술평가보증은 기술보증기금이 1999년 2월 국내 최초로 도입하였으며 우리 금융시장에 기술금융을 본격적으로 확산시키는 토대를 마련하였다. 이후 지속적인 평가 시스템 개선과 다양한 상품 개발 및 운용체계 개편 등을 거치면서 점진적으로 확대·발전되어왔다. 또한 2006년부터 특허청과 협약을 통해 특허권을 사업화하는 기업의 특허를 가치평가하고 특허권을 질권으로 설정하며 가치평가금액 이내에서 보증을 지원하는 '특허가치평가보증'을 시행하고 있다. 그런데 이와 같은 형식적 측면보다 중요한 점은 '특허가치평가보증'은 기술가치평가와 보증이 접목된 상품으로 지식재산권을 담보로 한다는 점에서 앞서 언급한 기술담보제와 유사하다.

기술보증기금에서는 2006년 12월 종전의 일반보증과 기술평가보증으로 이원화되어 있던 보증체계를 기술평가보증체계로 일원화하였다. 기술평가보증은 기술평가 주체와 자금 공급의 위험부담 주체가 동일하다는 점에서 기술금융의 전형적 형태라 할 수 있다. 그런데 보증서를 발급하는 기술보증기금의 재원이 주로 정부 재정에 의존하고 있고, 보증사고가 발생한 경우 부분보증비율인 85% 이상을 대위변제하고 있다는 점에서 민간이 아닌 공적인 기술금융상품이라 할 수 있다.

〈표 Ⅰ-23〉 기술평가보증제도의 주요 변화내용

시기	내용
1994.02	- 기술우대보증 시행 - 기술우대 심사기준표를 적용
1999.02	- 국내 최초로 기술평가보증제도를 도입하여 시행 - 기술평가센터에서 기술성·사업성 평가와 보증 지원금액에 대한 사전심사를 진행한 이후, 영업점에서 보증취급을 위한 신용조사 및 심사를 별도로 진행
2000.01	기술평가와 보증심사를 기술평가센터에서 일괄 처리
2004.10	- 정부의 '중소기업 경쟁력 강화 종합대책'에 의거 기술평가와 보증을 분리하여 운영 - 기술평가인증제도를 도입하여 자체 보증용 외에 금융기관 등을 대상으로 기술평가인증서 제공
2005.11	기술평가보증의 효율성 및 수요자 편의 제공 등을 위해 기술평가와 보증심사 일원화
2006.12	기술평가보증과 기술심사보증으로 이원화되어 있던 심사체계를 일원화하여 모든 보증이 기술평가를 거쳐 지원되도록 보증 지원 프로세스 개편
2008.12	아이디어 단계부터 사업화에 이르는 R&D 전 주기에 걸쳐서 단계적이고 체계적인 R&D평가보증 시행
2009.09	문화콘텐츠 제작에 필요한 자금을 지원하고 콘텐츠제작 완성 후 판매대금이나 관련 수익금으로 상환하는 문화산업완성보증 시행

자료: 기술보증기금

3-3 기술평가인증서 대출

기술평가인증서부 신용대출상품은 매우 시장친화적인 상품이라 평가할 수 있다. 은행의 기술평가 능력 미비를 기술평가 전문기관의 기술평가로 보완함으로써 기술혁신기업에 대하여 기술보증기금의 보증서라는 공적 보증 없이 전적으로 은행이 대출위험을 부담하고 신용대출을 시도했다는 의미에서 그러하다. 또한 이 제도는 2014년 도입된 금융위의 기술금융 활성화 정책의 기반이 되었다.

가. 기술평가인증제도

기술평가인증제도란 개별 기술 또는 기업의 기술력 등을 기술평가기준에 의하여 평가한 후 그 결과를 금융기관 등에서 융자, 투자, 기술거래 및 M&A 등에 활용할 수 있도록 평가등급(금액), 용도, 유효기간 등을 명시하여 다수의 이해관계자에게 제공하는 제도이다. 기술평가

시스템을 확산시키고, 금융기관 등에 재무상황 이외에 기업의 합리적이고 충실한 기술정보를 제공함으로써 혁신선도형 중소기업에 대한 신용대출을 활성화하자는 취지에서 2004년 7월 '중소기업 경쟁력 강화 종합대책'의 일환으로 기술보증기금에 의해서 도입되었다.

나. 혁신형 중소기업 기술금융 지원사업

기술평가인증제도는 2007년 산업부, 특허청, 중기청의 '혁신형 중소기업 기술금융 지원사업'으로 확대되어 벤처·이노비즈기업, NEP 인증기업, 특허권 보유기업, 연구개발기업, 산업부·중기청 등의 기술개발 과제 수행업체 중 최종 평가결과를 '성공'으로 판정받은 기업 등 기술력을 보유한 혁신형 기업을 대상으로 하였다.

이들 기업에 대한 기술평가는 기술보증기금, 한국과학기술정보연구원(KISTI), 발명진흥회 등 공신력 있는 기술평가기관이 수행하였으며, 은행이 기술평가서와 자체 여신심사를 통해 신용대출을 하였다. 보증서를 담보로 은행이 대출하는 기술평가보증제와 달리 기술평가인증서는 대출의 참고자료로 이용되며, 신용대출위험은 전적으로 대출은행의 몫이었다. 기술평가인증서부 신용대출 상품으로 국민은행은 '이노비즈론', 기업은행은 '위너스론', 우리은행은 '하이테크론', 신한은행은 '사회책임경영대출'이라는 명칭의 기술금융상품을 연계하여 취급하였다.

〈표 Ⅰ-24〉 은행의 기술평가인증서 대출 상품

은행명	상품명	금융상품 특성
국민은행	이노비즈론	기술개발에 주력하여 사업화로 연결하려는 재무구조나 담보력이 취약한 중소기업에 대하여 기술평가 등에 의해 보유기술의 우수성과 시장성, 사업성이 검증되면 소요자금상환능력 범위 내에서 최고금액 제한없이 기술혁신형 중소기업을 우대 지원하는 대출
기업은행	위너스론 (리더비즈론)	장래 성장동력으로 발전이 기대되는 혁신 산업분야에서 우수기술력을 바탕으로 높은 부가가치를 창출할 수 있으나, 재무구조 및 매출실적이 취약하여 자금조달 및 성장에 애로를 겪고 있는 고위험 금융 소외영역인 혁신형 중소기업을 지원하기 위한 기업은행의 정책 금융상품
신한은행	사회책임 경영대출/ 더불어성장 프로그램	지속가능 경영을 위한 기술력 보유 중소기업인 미래성장유망산업 및 환 경친화기업, 사회봉사기업, 기술혁신형기업 등의 중소기업을 지원함으로 써 사회책임경영을 실천하고자 신규대출, 금리 우대 등을 통하여 중소기업을 지원하기 위한 대출상품

은행명	상품명	금융상품 특성
우리은행	하이테크론	① 공신력 있는 평가기관과의 연계를 통해 우수 기술력 보유 중소기업에 대한 신용(보증)대출을 포함한 다양한 형태로 지원 ② 중소기업의 사업화 성공을 위한 경영컨설팅 지원 등 다양한 중소기업 서비스 지원 ③ 미래성장 유망사업(6T), 10대 차세대 동력산업, INNO-BIZ업체 등 신기술 기업의 체계적인 성장 지원을 위한 대출상품

자료: 2007년 당시 혁신형 기술금융 사업 홈페이지

기술평가인증서 대출상품은 매우 시장친화적인 상품이라 평가할 수 있다. 은행의 기술평가 능력 미비를 기술평가 전문기관의 기술평가로 보완함으로써 기술혁신기업에 대하여 기술보증기금의 보증서를 수반하지 않고 은행이 대출위험을 전적으로 부담하고 대출을 시도했다는 의미에서 그러하다. 이 제도는 이후 지속되었으나 당시 정책적인 관심이 부족하고 은행의 여신관행 등으로 인해 활성화에 한계가 있었다. 2014년 시행된 정부(금융위)의 기술금융정책에서 은행이 기술평가수수료를 부담하게 되면서, 2015년부터 이 제도는 융자용이 아니라 투자용 기술평가지원사업으로 변형되어 시행되고 있다.

■ **혁신형 중소기업 기술금융 지원사업의 목적**

담보력이 부족한 혁신형 중소기업을 대상으로 기술평가기관의 기술성·사업성 평가를 통해 금융기관의 사업화 자금 대출 및 펀드운용사 투자를 지원함으로써, 혁신형 중소기업의 성장 지원 및 이들이 개발한 기술의 사업화를 추진하는 것이다.

■ 기술금융 지원사업 절차

① 기업이 금융기관과 사전상담을 거친 후

② 온라인시스템(www.tf.or.kr)에 직접 신청·접수

③ 공인된 기술평가기관인 기술보증기금, 한국발명진흥회, 한국과학기술정보연구원(KISTI) 등 3개 기관에 의하여 기술평가 수행

④ 은행에 기술평가서 송부

⑤ 정부에서 기술평가비용 지원

⑥ 기술평가서를 기반으로 대출실행

〈그림 Ⅰ-6〉 기술금융 지원사업 절차

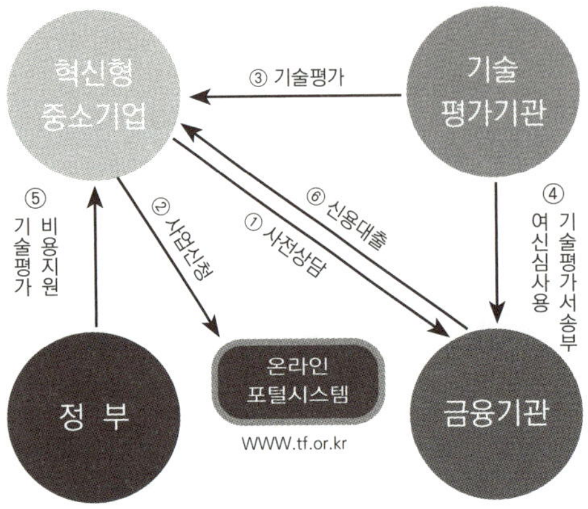

자료: 2007년 당시 혁신형 기술금융 사업 홈페이지

시행 초기에 은행의 손실에 대한 유인책과 인센티브가 없어서 확대되지 않았으나, 여신승인율은 점진적으로 확대되었다. 연도별 실적은 해당 시기의 금융상황 등에 따라 차이가 있었다.

〈표 Ⅰ-25〉 기술금융 지원사업의 연도별 여신승인율 및 대출금 추이

(단위: 건, 백만 원)

연도	2007	2008	2009	2010	2011	2012	2013	2014
신청 기업	441	444	791	808	637	748	627	294
여신 승인	151	177	351	594	599	714	318	145
여신 거부	290	267	440	214	38	34	309	149
여신 승인율	34.2%	39.9%	44.4%	73.5%	94.0%	95.5%	50.7%	49.3%
대출금	20,950	32,057	66,566	92,045	56,892	80,713	66,511	46,117

자료: KIAT 제공 자료 분석
* 2014년 TCB정책 시행으로, 2015년부터는 투자용 평가 지원사업으로 변경되었음

3-4 산업은행의 기술력평가대출[63)]

산업은행은 2000년대 중반부터 기술력평가에 기초하여 기업의 기술사업화 자금을 지원하는 기술금융 업무를 본격적으로 시작하였다. 산업은행이 취급한 기술금융상품으로는 기술력평가대출, 초기기술사업화투자, KDB기술거래금융, KDB테크노뱅킹 등이 있다.

① 기술력평가대출: 연구개발능력 및 기술력은 우수하나 담보력이 부족한 기업에 대해 기술력을 평가하여 대출 제공

② 초기기술사업화투자: 연구기관, 대학 등이 개발한 기술을 이전받아 사업화를 추진하는 기업에 대한 지원

③ KDB기술거래금융: 산업은행 또는 기술거래기관의 기술중개를 통해 거래기술사업화를 추진하는 기업에 대한 지원

④ KDB테크노뱅킹: 2012년 9월, 회사의 지적재산권(IP)을 담보로 자금 지원

산업은행의 기술금융상품을 기업의 생애주기에 따라 분류하면 〈그림 Ⅰ-7〉과 같다. 2005년부터 R&D 단계 기업에 대한 '초기기술사업화투자', 시장진입 단계 기업에 대한 '기술가치평가대출' 및 'KDB기술거래금융', 시장성숙 단계 기업에 대한 '기술력평가대출' 프로그램을 운영하였다. 이후 기업 성숙 단계별로 'IP구입자금 대출', 'IP담보대출', 'IP사업화 금융' 프로그램을 운영하는 'KDB테크노뱅킹' 시스템을 구축하였다.

63) 기술력평가정보를 활용한 기술 중소기업 부도예측과 정책적 활용방안, 박창균, 임형준, KIF 연구보고서(2015)

〈그림 Ⅰ-7〉 기업 성숙 단계에 따른 산업은행의 기술금융 프로그램

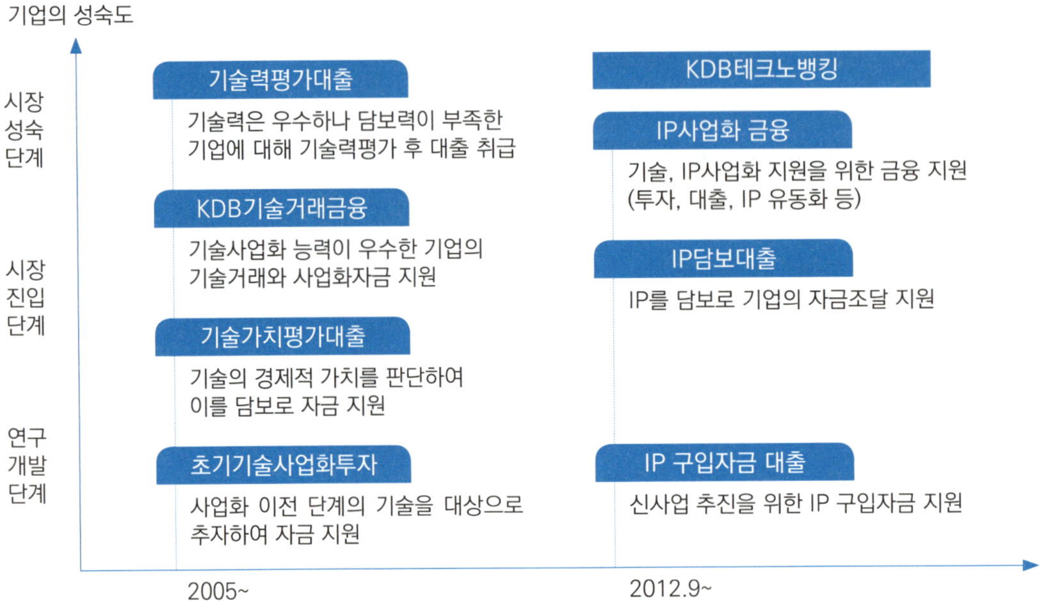

자료: 산업은행

2006~2012년 중 총 185건(1,844억 원)의 기술력평가대출이 실행되었다. 2005년 기술력평가대출 프로그램이 도입된 후 2006년 최초 대출이 시행되었고, 2006년과 2007년에는 각각 80건(716억 원), 75건(831억 원)의 대출이 실행되었다. 이후 글로벌 금융위기로 인한 중소기업 경기 침체로 부실위험이 부각되는 가운데 산업은행의 민영화 방침까지 대두되면서 수익성이 불확실한 기술력평가대출 프로그램 역시 축소되었다.

〈표 Ⅰ-26〉 산업은행의 기술력평가대출 실적

(단위: 건, 백만 원)

	지원금액	기업체 수
2006년	202.5	21
2007년	715.6	80
2008년	831.3	75
2009년	-	-
2010년	69.2	7
2011년	-	-
2012년	25.0	2
합 계	1,843.6	185

자료: 산업은행

3-5 벤처캐피탈의 투자

벤처캐피탈은 투자기업에 출자하여 지분을 확보하고 이의 매각 등을 통해 이익을 실현하는 대표적인 위험금융(risk financing)으로, 고기술을 보유하거나 혁신적인 기업이 사업화 과정에 필요한 자금을 공급하는 기술금융이다. 기술사업화가 성공하고 기업이 성장함에 따라 투자자가 이익을 공유할 수 있으며, 주주로서 경영에 참여하고 경영진의 도덕적 해이를 방지하는 장점이 있다.

우리나라의 벤처캐피탈시장은 전반적으로 민간 시장이 정체되어 있는 반면 정책자금은 확대되는 경향을 띠고 있다. 1997년 외환위기 극복 과정에서 정부 주도 벤처캐피탈시장이 형성되었고, 2000년대에 정책자금이 더욱 빠르게 증가하며 시장을 계속해서 주도하였다.이는 벤처자금 생태계가 대체로 정책적 의지에 의해 움직이고 있을 뿐 민간의 투자를 위한 시장 여건이 제대로 형성되어 있지 않음을 보여주는 것이다.

그뿐 아니라 창업 초기 기업에 대한 투자보다는 안정적 기업에 대한 투자가 높게 나타난다. 이와 같은 벤처캐피탈투자의 보수성은 회수시장이 부재하여 초기기업투자에 대한 리스크가 높기 때문이며, 이와 같은 민간 투자의 정체와 투자에서의 보수성은 한국 벤처시장의 특수성에서 기인한다. 대기업의 기술기업 인수가 활발하지 않고 중간회수시장이 형성되어 있지 않아 M&A 등으로 투자자금을 회수할 수 있는 기회가 부족하며, 내수시장 규모가 작고 기술력 높은 기술기업이 부족하다는 것 또한 민간 투자가 위축되는 원인으로 지적되고 있다.

최근의 투자시장에서는 혁신생태계 조성을 위한 민간영역의 자금이 활발하게 공급되고 있는 점이 특징이다. 정부 예산이 투입된 모태펀드와 함께 금융권 출자를 중심으로 이뤄진 한국성장금융도 모험자본으로서 역할을 확대하고 있다. 출범당시에 산업은행, 기업은행, 은행권청년창업재단 등 금융권과 공익 목적 재단이 출자한 1조 8,000억 원 규모 성장사다리펀드 하나에 불과했던 한국성장금융의 모펀드는 은행권과 삼성전자, SK하이닉스 등 기업들의 참여로 2022년 기준 약 7조 3,000억 원에 이를 정도로 성장하였다.

기존에 시행되었던 기술금융 제도로 기술담보대출, 기술평가보증, 기술평가인증서 대출, 산업은행의 기술력 평가대출 그리고 벤처캐피탈 등을 살펴보았다. 이들 상품을 시장친화성이 높은 순으로 살펴보면 기술평가인증서 대출 및 민간 벤처캐피탈 그리고 기술력평가대출 및 기술평가보증 순으로 나타난다.

그러나 앞에서 살펴보았듯이 시장친화성이 높은 기술금융상품일수록 활성화가 되지 않았는 데, 이는 기본적으로 기술금융의 속성이 간접금융보다는 직접금융이 더 적합한 금융 형태임에도, 기술보증이라는 강력한 정책금융 수단이 우리나라의 기술금융시장을 압도해왔기 때문이라고도 할 수 있다. 비록 공적 보증이기는 하지만 기술평가보증이 우리나라만의 독특한 기술금융시장을 이끌어왔다. 우리 경제의 질적 성장을 도모하기 위해서는 혁신기업의 성장이 매우 중요하고, 따라서 이들 기업에 대해 금융자원이 더 배분될 필요가 있다. 직접금융, 간접금융의 형태를 떠나 다양한 형태의 기술금융상품이 필요한 것이다.

중요한 것은 위험프리미엄이 높은 기술금융상품의 속성상 시장참여자들 간에 위험을 어떻게 적절하게 분담할 것인가 하는 것이다. 기술보증 대출의 경우 과연 은행의 위험부담이 적절한 것인지, 기술평가인증서 대출의 경우에서 보듯이 전적으로 은행이 위험을 부담한다고 할 때 상품의 지속 가능성이 있는지, 자본시장이 확대된다고 해서 혁신형 중소기업에 대한 투자가 증가할 것인지, 자본시장의 확대나 우리 경제의 풍부해진 유동성을 이들 혁신형 기업에 대한 투자로 어떻게 유인할 것인지 등이 향후 과제이다.

4. 기술금융의 특성[64]

4-1 정보의 비대칭성

정보의 비대칭성(information asymmetry)은 거래당사자 간에 획득할 수 있는 정보의 양이 제한적이고 서로 다른 상태에서 발생한다. 금융거래에서 정보의 비대칭성은 역선택(adverse selection)의 문제와 도덕적 해이(moral hazard)의 문제를 야기한다. 금융시장에서 역선택의 문제는 어떤 기업이 우수한 기업인지를 구별하기 어려울 때 발생되는데, 일반적으로 투자기업을 선별하기 위한 비용이 높다는 점에 기인한다. 투자 대상 기업을 선별하는 것이 어려운 과정이므로 투자자들은 더 높은 수익률이나 이자율을 요구할 것이다. 이 경우

64) 기술혁신을 위한 금융시스템의 발전방안, 송종국 외, 과학기술정책연구원 정책연구(2003)

유망한 기업들은 오히려 자금조달을 포기하고, 위험성이 높은 투자계획을 가진 기업만 자금을 차지하게 되는 레몬시장[65] 현상이 발생할 것이다.

도덕적 해이는 자금 공급을 한 후에 나타나는 정보의 비대칭성 문제다. 조달한 자금을 원래의 자금조달 목적과 상관없는 다른 용도로 사용하거나 낭비적인 지출에 사용하는 것이 대표적인 예다. 도덕적 해이를 줄이기 위해서는 자금운용을 감시할 수 있는 체제를 마련하면 되지만, 이 역시 완벽한 감시에는 지나치게 높은 비용이 소요된다는 문제가 있다.

정보의 비대칭성으로 인한 역선택이나 도덕적 해이는 금융시장에서 자금의 공급이 최적 규모에 비해 과소하게 이루어지는 시장실패를 가져온다. 정보의 비대칭성으로 인한 시장실패는 금융시장에서 일반적으로 나타나는 현상이다. 그러나 투자 대상이 벤처기업과 같은 기술개발 중심의 초기기업인 경우, 또는 중견기업이라 하더라도 기술개발을 위한 자금조달의 경우에는 정보의 비대칭성이 더욱 심각하게 나타날 가능성이 높다. 비용구조가 비교적 잘 알려진 생산설비투자와는 달리 기술개발을 위한 투자의 경우에는 성공 가능성, 자금 소요액, 지출의 필요성 등의 면에서 투자자와 기업 간 정보의 비대칭성이 더욱 클 것이기 때문이다. 따라서 기술개발을 위한 자금조달에서는 정보의 비대칭성으로 인한 시장실패의 가능성이 일반 기업활동을 위한 자금조달에 비해 더욱 높다.

4-2 불확실성

금융기관들은 위험을 평가하고 관리하는 데에는 전문성을 가지고 있지만, 불확실성에 대해서는 기피하는 경향을 가진다. 여기서 위험(risk)과 불확실성(uncertainty)을 구분할 필요가 있다. 위험이란 원하지 않는 상황들이 발생할 가능성을 의미한다. 그러나 불확실성이란 발생할 수 있는 상황들이 대체적으로 무엇인지조차 알 수 없음을 의미한다. 위험은 약간의 오차를 두고 사전에 평가하는 것이 가능하지만, 불확실성은 그렇지 못하다는 데 두 개념의 차이가 있다.

65) 레몬시장이란 정보의 비대칭성 때문에 저품질의 재화나 서비스만이 거래되는 시장 상황을 빗댄 표현이다. 1970년 미국의 이론 경제학자 조지 애컬로프가 '레몬의 시장: 품질의 불확실성과 시장 메커니즘'이라는 논문을 발표하며 널리 사용되기 시작했다. 정보의 비대칭성으로 '불완전 판매'가 이뤄지는 중고차를 겉은 예쁘지만 속은 아주 신 레몬에 빗댄 표현이다.

기술개발 과정에는 금융시장이 평가하고 관리할 수 없는 불확실한 요소들이 산재해 있다. 기술개발 자체의 성공 여부를 예측하기도 힘들지만 기술개발에 성공한다 하더라도 이를 제품화한 후 시장에서의 불확실성을 평가하기도 힘들다. 제품화한 후 수요가 확보되어야 수익으로 연결되는데, 이 경우 잠재 수요에 영향을 미치는 시장상황을 알 수 없기 때문이다.

오늘날 위험관리는 금융기관에 있어서 전통적인 자금중개보다 더 중요한 역할로 인식되고 있다. 그러나 금융기관은 자신이 평가하고 관리할 수 없는 불확실성을 기피하며, 따라서 불확실성이 수반되기 마련인 기술투자를 위한 자금조달은 최적 수준에 미치지 못하게 된다.

4-3 자산의 성격

기업이 소유하고 있는 자산이 기계, 건물, 토지 등의 유형자산이라면 외부 자금을 좀 더 용이하게 조달할 수 있을 것이다. 또는 유형자산을 충분히 보유한 기업은 훨씬 유리한 조건으로 자금을 조달할 수 있을 것이다. 기업이 가진 유형자산은 투자자들에게 기업이 실패하는 경우 투자한 자금을 보상받을 수 있는 자산을 의미하기 때문이다.

이미 유형자산을 많이 보유하고 있는 기업이거나 조달된 자금을 대부분 유형자산에 투자하는 기업의 경우에는 정보의 비대칭성에도 불구하고 자금조달이 용이할 것이다. 역선택과 기회주의적인 행동을 발견한 후에도, 유형자산의 매각을 통해 사후적으로 보상을 받을 수 있기 때문이다.

이런 점에서 유형자산을 충분히 보유하고 있지 못한 중소기업이나 벤처기업은 대기업에 비해 자금조달능력이 떨어진다. 더욱이 기술개발 중심의 기업이 보유한 유형자산은 대부분 기술개발에 특정한(project-specific) 또는 기업에 특정한(firm-specific) 자산이기 때문에 기업이 부도 날 경우 처분가치(salvage value)가 매우 낮다. 이것이 바로 기술지식에 기초하여 이를 사업화하려는 첨단산업의 벤처기업들이 자금조달에 어려움을 겪는 이유이다.

보다 근본적으로는 기술개발 중심의 벤처기업들은 유형자산이 거의 없다는 것이다. 이들 기업의 대부분 자산은 지식, 특허 등 무형자산으로 구성되어 있다. 결국 이들 기업은 물적 담보를 요구하는 은행 등 전통적인 금융기관으로부터 자금을 조달할 수가 없다. 조달된 자금으로 생산설비와 같은 유형자산에 투자할 경우에는 투자가 실패하더라도 설비를 처분하여 투자의 일부를 회수할 수 있지만, 기술개발투자의 경우에는 기술개발에 실패할 경우 투자자금을 회수하는 것이 거의 불가능하다.

4-4 외부효과

일반적으로 기술혁신으로 인한 사회적 편익은 사적인 이익을 초과하기 마련이다. 그 이유로는 다음의 두 가지를 들 수 있다.

첫째, 기술개발로부터의 이익을 전적으로 사유화하기가 어렵기 때문이다. 물론 기술개발기업을 모방기업으로부터 보호하기 위해 특허권과 같은 제도가 존재하기도 하지만, 기존의 연구들은 화학업과 제약업을 제외하고는 이와 같은 제도가 그다지 성공적이지 못함을 보여준다.

둘째, 기술혁신 과정에서 습득되는 노하우들은 비공식적인 네트워크를 통해 다른 기업의 기술혁신을 도와주게 된다. 즉, 한 기업의 기술개발투자는 다른 기업의 기술개발투자 성과를 높여주는 외부효과를 가지고 있다. 그런데 이전에 대한 대가로 로열티를 받음으로써 기술개발의 이익을 사유화할 수 있는 기술과는 달리, 노하우는 주로 비공식적인 네트워크를 통해 전파되기 때문에 개발의 이익이 사유화되지 않는다.

이상에서 언급된 두 가지 이유로 말미암아 개별 기업이 선택하는 기술개발투자 수준은 사회적으로 최적 투자 수준에 미치지 못하게 된다.

4-5 기술개발투자의 불가분성

기술개발투자의 불가분성으로 말미암아 시장실패가 초래될 수 있다. 그 이유로 다음의 두 가지를 들 수 있다.

첫째, 기술투자는 연구개발 단계와 시장 확보 단계에서 최소한 일정 규모의 투자를 필요로 한다. 그런데 이와 같은 투자규모가 시장참여를 어렵게 하고 경쟁을 제한하며, 이에 따라 시장의 효율성이 저해된다.

둘째, 투자를 여러 단계에 걸친 일련의 소규모 프로젝트로 나누어서 각각의 프로젝트별로 합당한 경로를 통해 자금을 조달하는 것이 바람직하다. 그러나 실제로 기술투자는 여러 단계의 프로젝트로 나누는 것이 불가능하고, 이에 따라 금융시장이 자금 공급의 기능을 제대로 하기가 곤란해진다.

4-6 기술개발투자 대상 선정에 있어서의 왜곡

기술개발과 관련된 금융시장의 실패는 기술개발투자 대상 선정과 관련해서도 발생한다. 금융시장에 의한 기술투자 대상의 선정은 사회적으로 필요한 기술개발 과제를 체계적으로 선정하지 못한다는 점에서 불완전하다. 그뿐 아니라 선정된 대상이 선정되지 않은 것보다 반드시 좋은 투자 대상은 아니라는 점에서 부분적이기도 하다.

종 • 합 • 정 • 리

1. 기술의 법률적 성격

본서에서는 「기술의 이전 및 사업화 촉진에 관한 법률」에서 정의한 기술의 개념을 따른다.

2. 기술의 유형

기술은 연구자의 목적에 따라 다양한 측면으로 분류되는데 기술평가에서는 요소기술(a technology)과 복합기술(technology portfolios), 원천기술과 응용기술, 핵심기술과 주변기술 등으로 분류할 수 있다.

3. 무형자산의 특징

무형자산은 식별 가능하고 제3자로부터 통제 가능하며 미래의 경제적 효익이 있어야 한다.

4. 산업재산권

산업재산권은 일반적으로 특허권(patent), 실용신안권(utility model), 디자인권(industrial design), 상표권(trade mark)을 총칭하는 단어이다. 산업 활동과 관련된 사람의 정신적 창작물이나 창작된 방법에 대해 인정하는 독점적 권리인 무체재산권이다. 즉, 산업재산권은 독점·배타적 지배권으로서 어떤 권리에 관하여 어떤 사람이 그 권리를 취득하면 다른 사람은 그것과 양립할 수 없다는 효과가 있다.

5. 발명의 특허 요건

발명의 특허 요건은 발명의 성립성, 산업상 이용 가능성, 발명의 신규성, 발명의 진보성, 선원주의 등이 있다.

6. 특허권의 소멸 사유

특허권의 소멸사유로는 특허권 존속 기간 만료, 특허료(연차료) 불납, 상속인 부존재, 특허권의 포기, 특허무효심판에 의한 무효 등이 있다.

7. 실시권(라이선스)제도

실시권(license)이란 특허권자 이외의 자가 업으로서 특허발명을 실시할 수 있는 권리를 말한다. 실시권은 전용특허권 및 통상실시권으로 나누어진다.

▣ 전용실시권: 업으로서 특허발명을 독점·배타적으로 실시할 수 있는 물권적 권리로 특허등록원부에 등록하여야 효력이 발생한다.

▣ 통상실시권: 독점·배타성이 없이 단순히 특허발명을 업으로서 실시할 수 있는 채권적 권리(동일한 권리를 다수자에게 허여 가능)로 설정등록 없이 효력이 발생한다, 단 제3자에 대항하기 위하여는 설정등록을 하여야 한다.

8. 실용신안권

실용신안권은 물품의 형상, 구조, 조합에 관한 고안에 대하여 부여되는 권리이다. 실용신안제도는 인간 생활에 유용한 새로운 물품을 창작하였지만 특허 부여에 필요한 기술적 진보 또는 발명의 고도성이라는 기준에 달하지 못한 소발명(小發明)을 짧은 기간 동안 간이·신속하게 보호하기 위하여 입법화한 것이다.

9. 디자인 성립 요건

디자인의 성립 요건으로는 물품성·형태성·시각성·심미성이 있으며, 산업발전에 이바지할 수 있어야 디자인권으로 보호받을 수 있다.

10. 상표의 주요 기능

상표의 주요 기능으로 자타상품 식별 기능, 출처표시 기능, 품질보증 기능, 광고선전 기능, 재산적 기능, 고객 흡인 기능 등이 있다.

11. 기술경영

기술경영이란 기술을 전략적으로 활용함으로써 새로운 사업 기회를 창출하고 혁신적 제품을 고안하는 등 공학과 경영학을 통합한 개념이다. 1980년대 미국 스탠퍼드대 윌리엄 밀러 교수가 기술경영 강좌를 개설한 것이 효시로 기술투자비용에 대해 최대 효과를 내는 것을 목표로 한다.

12. 기술혁신의 유형

기술혁신은 진행정도나 속도에 따라 급진적 혁신(radical innovation)과 점진적 혁신(incremental innovation)으로 구분된다. 또한 그 대상이 무엇이냐에 따라 공정혁신(process innovation)과 제품 혁신(product innovation)으로 구분되며 혁신의 범위나 규모의 정도에 따라서 구조혁신(structural innovation)과 부품혁신(component innovation)으로 구분한다.

13. 급진적 혁신과 점진적 혁신

급진적 혁신(radical innovation)은 기존의 기술시스템이 다른 시스템으로 전환되는 근본적인 변화를 의미한다. 이에 비해 기존의 것에 대한 분석이나 전문적 지식을 통해 그 연속선상에서 형성되는 변화를 점진적 혁신(incremental innovation)이라 한다. 급진적 혁신에서는 기존 형태의 산업에서는 사용되지 않았던 자원 및 속성들을 사용하여 기존 산업의 형태를 변화(disrupt)시키는 형태로 발생하며, 상대적으로 유연한 시장이나 새로이 산업에 진입하는 경쟁자들이 주로 채택한다.

14. 혁신제품의 수용자 집단의 특성

Everett M. Rogers(1966)는 고객의 분석을 통한 제품의 라이프사이클을 살펴볼 때 초기 2.5%를 innovators(혁신 수용자), 다음의 13.5%를 early adopters(선도 수용자 또는 조기 수용자), 다음의 34%를 early majority(전기 다수 수용자 또는 조기 다수 수용자), 절반 이후의 34%를 late majority(후기 다수 수용자), 마지막 16%를 laggards(지각 수용자 또는 최종 수용자)라 정의하였다.

15. 캐즘

일반적으로 첨단기술이나 어떤 상품이 개발되면 초기시장과 주류시장으로 진입하기까지 사이에는 일시적으로 수요가 정체되거나 후퇴하는 단절현상을 거치게 되는데, 이를 캐즘(chasm)이라 한다. 즉 신제품이 나오면 초반에는 혁신제품에 열망하는 혁신수용자와 선도수용자 층에 의해 어느 정도 퍼지다가 갑자기 소비가 툭 떨어지는 현상을 말한다. 특히 첨단기술 제품의 경우 혁신성을 중시하는 소비자가 주도하는 초기시장과 실용성을 중시하는 일반 소비자가 주도하는 주류시장으로 진입하기까지 일시적으로 수요가 정체되는 기간에 나타난다고 볼 수 있다.

기술사업화는 시장수용 단계가 early majority 그룹까지 도달할 때 성공한 것으로 인식되고 있다. 그러므로 캐즘이라는 단절현상을 극복하지 못하면 기술사업화에 성공하지 못하고 시장에서 퇴출될 것이다. 따라서 신기술 제품 시장과 소비자 속성을 파악한 마케팅 전략이 캐즘이론에 있다고 해도 과언이 아닐 것이다.

16. 기술사업화의 유형

기술사업화의 유형으로는 양도, 실시권 허락, 기술지도, 공동연구, 기술창업, 합작투자(joint venture) 또는 인수·합병(M&A), 스핀오프(spin-off), 상호실시(cross license), 특허풀(patent pool) 등이 있다. 단, 상호 간에 배타성이 성립하지 않음에 유의하여야 한다. 특히 기술 보유자가 공공연구기관인 경우에는 대부분의 경우 기술이전을 통해 간접사업화를 추진하나 최근에는 합작투자, 기술지주회사 설립 등 기술출자 방식을 통해 직접 사업화를 활성화하는 추세를 보인다.

17. 기술평가의 정의

기술평가라는 용어는 애초 1970년대 미국 기술평가국인 OTA에 의해 기본 개념이 정립되었다. 새로운 기술에 대한 경제성, 권리성, 대체성 및 기타 요인에 대한 기회요인과 위험요인을 종합적으로 분석한 결과로 정의할 수 있다. 크게 협의의 기술평가와 광의의 기술평가로 나뉘며, 협의의 기술평가는 다시 기술력평가와 기술가치평가로 구분할 수 있다.

18. 협의의 기술평가

협의의 기술평가는 개념상 기술력평가와 기술가치평가로 크게 구분할 수 있다.

▣ 기술력평가: 기술을 활용하는 주체의 인력, 조직, 지원서비스 등을 종합적으로 고려하여 그 주체의 기술개발, 흡수 및 혁신 능력을 평가하는 것을 말하며 등급, 점수 등 다양한 형태로 표시될 수 있다.

▣ 기술가치평가: 사업화하려는 기술이나 사업화된 기술이 그 사업을 통하여 창출하는 경제적 가치를 기술시장에서 일반적으로 인정된 가치평가 원칙과 방법론에 따라 평가하는 것을 말한다.

19. 기술력평가항목

기술력을 평가하기 위해서는 다양한 관점에서 대상 기술의 수익창출능력을 분석해야 한다. 기술력평가에서는 주로 평점모형 또는 등급모형을 이용하며 평가항목으로는 기술경영 및 연구개발능력, 기술성, 시장성, 사업성 등이 있다.

20. 기술가치평가 방법

기술가치평가는 기술이 사업을 통하여 창출하는 경제적 가치를 기술시장에서 일반적으로 인정된 가치평가 원칙과 방법론에 따라 평가하는 것을 말하며, 평가방법으로는 수익접근법과 로열티공제법이 많이 활용되고 있으며 그 외 시장접근법, 비용접근법 등이 있다.

21. 수익접근법에 의한 기술가치평가모형

$$\text{기술의 가치} = \sum_{t=1}^{n} \frac{FCF_t}{(1+r)^t} \times \text{기술기여도}$$

특정한 기술의 가치는 기술의 경제적 수명 기간 동안 미래의 여유현금흐름을 추정하여 얻을 수 있다. 여기서 t 는 년 수, n 은 기술의 경제적 수명, FCF 는 여유현금흐름, r 은 할인율을 의미한다. 따라서 특정한 기술의 가치는 ① 기술의 경제적 수명, ② 여유현금흐름, ③ 할인율, ④ 기술기여도 등의 합리적 추정으로 산출된다.

22. 기술금융의 개념

기술혁신, 기술사업화, 기술평가 등 정책적인 이슈와 기술력 보유기업에 대한 금융지원의 필요성이 대두되면서 '기술금융'이라는 용어가 폭넓게 사용되고 있다. 기존에 발표된 여러 연구보고서에서 언급된 '기술금융'의 개념은, 자금 지원의 목적이 기술혁신 및 기술사업화와 관련된다는 것과 기술평가를 통해서 자금 지원의 적정성을 판단한다는 것이다. 한편 OECD에서는 기술금융을 아이디어와 기술의 개발·사업화 등 기술혁신 전 과정에 필요한 자금을 지원하는 것으로 정의하였으며, 협의의 기술금융은 미래수익 창출이 기대되는 기술과 아이디어 등에 대해 가치평가에 근거하여 필요한 자금을 공급하는 행위라고 정의하고 있다.

23. 기술금융의 중요성

혁신형 기업은 기술력을 바탕으로 높은 경제적 부가가치를 창출할 수 있지만, 사업의 위험이 상대적으로 크다. 리스크관리를 중시하는 금융관행을 감안할 때, 이러한 점 때문에 민간 금융시장에서 자금조달이 원활하지 못하다. 기술의 불확실성, 정보비대칭성 등으로 자금조달에 애로를 겪고 있는 기업에 대하여 국가의 경쟁력 확보 및 성장 원동력 육성 차원에서 기술금융의 필요성이 중요하다. 일반적으로 연구개발투자 단계와 사업화 과정에서 이른바 '죽음의 계곡'이라고 불리는 자금조달의 불일치가 발생하게 되는데, 이때 객관적이고도 신뢰성 있는 기술평가를 통해 필요한 자금을 최적의 주체에게 투자하는 것이 기업의 기술사업화에서 핵심 성공 요인이라고 할 수 있다.

24. 기술금융 지원제도

기술담보대출, 기술평가보증, 기술평가인증서대출, 기술력평가대출, 벤처투자 등의 기술금융 제도가 추진되어 왔으며, 이를 바탕으로 2014년부터 TCB기반의 기술신용대출이 시행되었다.

25. 기술금융의 특성

기술금융의 특성으로는 다음과 같은 것들이 있다.

① 중소기업금융이 지니는 금융거래당사자 간 획득할 수 있는 정보의 양이 제한적이고 상이한 상태인 정보의 비대칭성(information asymmetry)

② 금융시장이 평가하고 관리할 수 없는 기술개발 과정의 불확실성

③ 기술개발 중심 벤처기업들의 대부분 자산이 지식, 특허 등 무형자산으로 구성되어 있어 기술개발 또는 사업화에 실패할 경우 투자자금을 회수가 어렵다는 점

④ 기술혁신으로 인한 사회적 편익은 사적인 이익을 초과하는 외부효과라는 점

⑤ 기술개발투자의 경우 여러 단계에 걸쳐 소규모 프로젝트별로 자금을 조합하는 것이 바람직하나 실제로 기술투자를 명확하게 프로젝트별로 나누는 것이 불가능하다는 점

⑥ 기술개발투자 대상으로 선정된 것이 반드시 선정되지 않는 것보다 좋은 투자대상은 아니라는 점

연・습・문・제

1. 기술은 원래 그리스어 "테크네(techne)"에서 유래된 말로 보통 생산기술의 뜻으로 사용되었으며, 보편적인 진리나 법칙의 발견을 목적으로 한 체계적인 지식으로 경제성이 중요하다. (○, ×)

2. 전용실시권이란 업(業)으로서 특허발명을 독점·배타적으로 실시할 수 있는 채권적 권리로, 효력발생 요건으로 설정등록하여야 한다. (○, ×)

3. 기술평가는 크게 협의의 기술평가와 광의의 기술평가로 나뉘며, 광의의 기술평가는 다시 기술력 평가와 기술가치 평가로 구분할 수 있다. (○, ×)

4. 기술평가인증서대출이란 기업이 보유하고 있는 기술에 대한 가치평가를 통하여 가치를 산정하고 그 기술을 담보로 자금을 대출하는 제도이다. (구)한국산업기술평가원에서 1997년부터 2001년까지 5년 동안 한시적으로 운영하였는데, 기업이 보유한 특허권, 실용신안권 등에 대하여 그 가치를 평가하고 이를 담보로 대출을 해주었다. (○, ×)

5. 지식재산권은 기술에 비해서 정보비대칭성과 불확실성이 완화되는 특징이 있다. (○, ×)

6. 다음 중 「기술의 이전 및 사업화 촉진에 관한 법률」에서 정한 기술의 범위에 해당하지 않는 것은? (   )
   ① 특허
   ② 실용신안
   ③ 상표
   ④ 디자인

7. 다음 중 무형자산의 특징에 해당하지 않는 것은? (   )
   ① 식별 가능성
   ② 형태성
   ③ 통제 가능성
   ④ 미래 경제적 효익성

연•습•문•제

8. 일반적으로 첨 단기술이나 어떤 상품이 개발되면 초기시장과 주류시장으로 진입 하기까지는 일시적으로 수요가 정체되거나 후퇴하는 단절현상을 거치게 된다. 이를 무엇이라 하는가? ( )

9. 다음 중 법률에서 정한 지식재산권의 존속기간에 대한 설명으로 바르지 않은 것은? ( )
   ① 특허권의 존속기간은 등록일 후 출원일로부터 20년까지이다.
   ② 실용신안권의 존속기간은 등록일 후 출원일로부터 20년까지이다.
   ③ 디자인권의 존속기간은 등록일 후 출원일로부터 20년까지이다.
   ④ 상표권의 존속기간은 등록일로부터 10년까지이다. 단, 10년마다 갱신이 가능하다.

10. 다음 중 점진적 혁신(incremental innovation)에 대한 설명으로 바르지 않은 것은? ( )
   ① 점진적 혁신의 특징은 기술이 과학적 지식에 바탕을 두면서 주로 기술주도(technology push)에 의하여 혁신된다는 점이다.
   ② 점진적 혁신은 기존의 것에 대한 분석이나 전문적 지식을 통해 그 연속선상에서 형성되는 변화를 의미한다.
   ③ 점진적 혁신은 급진적인 기술혁신 이후의 보완적인 혁신 등 많은 수의 작은 기술변화를 지칭한다.
   ④ 인텔 CPU가 286, 386, 486으로 발전하는 것은 점진적 혁신의 사례이다.

11. 다음 중 기술금융의 특성에 해당되지 않는 것은? ( )
   ① 불확실성
   ② 정보의 비대칭성
   ③ 내부효과
   ④ 기술개발투자의 불가분성

12. 다음 중 기술금융에 대한 설명으로 가장 적절하지 않은 것은? ( )
   ① 공적금융은 기술금융에 포함되지 않는다.
   ② 기술혁신 과정에 소요되는 자금을 지원하는 것이다.
   ③ 기술평가를 통해서 자금지원 타당성을 심사할 수 있다.
   ④ 투자, 융자, 보증 등의 형태로 지원된다.

연·습·문·제

13. 다음 중 기술금융에 해당하지 않는 것은? ( )

① 기술평가보증 제도

② 기술평가인증서 대출제도

③ 기술담보 대출제도

④ 부동산담보 대출제도

정 • 답 • 및 • 해 • 설

1. ×
보편적인 진리나 법칙의 발견을 목적으로 한 체계적인 지식은 과학에 대한 설명이다.

2. ×
전용실시권은 채권적 권리가 아니라 물권적 권리이다.

3. ×
기술력평가와 기술가치평가로 구분하는 것은 광의가 아니라 협의의 기술평가이다.

4. ×
기술평가인증서대출에 대한 설명이 아니라 기술담보대출제도에 대한 설명이다.

5. ○
기술금융과 지식재산금융의 특성을 비교해 보면, 지식재산권이 재산권적 성격을 지니고 있어 기술에 비해 정보의 비대칭성과 불확실성이 완화된다.

6. ③
「기술의 이전 및 사업화 촉진에 관한 법률」에서는 「특허법」 등 관련 법률에 의하여 등록된 특허, 실용신안, 디자인, 반도체배치설계, 기술이 집적된 자본재, 소프트웨어 등 지적재산인 기술 및 디자인, 기술정보 등 기타의 기술로 정의하고 있다. 즉, 상표는 해당하지 않는다.

7. ②
무형자산의 특징은 식별 가능성, 통제 가능성, 미래 경제적 효익성 등을 들 수 있다. 즉 무형자산은 형태를 갖고 있지 않으므로 형태성은 해당하지 않는다.

8. 캐즘(chasm)

9. ②
실용신안권의 존속기간은 등록일 후 출원일로부터 10년까지이다.

정 • 답 • 및 • 해 • 설

10. ①
보기 1번은 급진적 혁신에 대한 설명이다.

11. ③
내부효과가 아니라 외부효과이다.

12. ①
기술금융에는 민간금융 뿐만 아니라 기술보증기금, 산업은행, 중소벤처기업진흥공단 등의 공적금융도 포함된다.

13. ④
대표적인 기술금융제도로는 기술평가보증, 기술평가인증서 대출, 기술담보대출 등이 있다.

제1편

기술금융

제2장 기술금융정책

1 …… 정부의 기술금융정책에 대한 이해

2 …… 기술금융 실적평가(TECH평가)

3 …… 기술보증기금, TCB, TDB 이해

학습목표

1. 정부의 기술금융정책을 이해할 수 있다.
2. TCB, TDB, 은행 간 업무 추진체계를 설명할 수 있다.
3. 기술금융 실적평가의 도입 배경을 이해하고 평가항목 및 평가 방법을 설명할 수 있다.
4. TCB 및 TDB 시스템을 이해하고 각 기관의 특징과 역할을 설명할 수 있다.

학습개요

기술금융은 담보위주 금융관행과 기술개발 사업화의 높은 불확실성 등으로 인해 구현되기 어렵다. 특히 기술금융의 중요한 기반인 기술평가는 전문가, 정보, 비용 등의 여러 요소들이 구축되어야 한다.

이를 위해 2014년 정부에서는 '기술금융 활성화를 위한 기술평가시스템 구축 방안'을 발표하고 TCB(Technology Credit Bureau, 기술신용평가기관)와 TDB(Technology Data Base, 기술정보DB)를 신설·지정하였다. 한국평가데이터(KoDATA)와 NICE평가정보, 이크레더블, NICE 디앤비, SCI평가정보, 한국기술신용평가 등 6개 기관을 TCB기관으로 지정 운영하고 있으며, TDB는 한국신용정보원에서 운영하고 있다.

이 장에서는 기술금융의 주요 정책에 대해 이해하고 TCB, TDB, 은행 간 업무 추진체계와 협약 내용을 살펴보고자 한다. 더불어 원활한 업무 추진과 성과보상을 위해 도입한 기술금융 실적평가를 알아보고 평가결과에 대한 정책금융 인센티브를 살펴보고자 한다. 현재 TCB로 활동 중인 6개 기관의 조직과 평가체계 등에 대해서도 알아본다.

주요 용어

1. 기술금융 실적 평가(TECH)

기술금융 실적 평가지표인 TECH는 기술금융비중(Technology financing), 기술사업화지원(Entrepreneurship), 신용 지원비중(Credit financing), 전문인력(Human resources)을 말한다.

2. TCB

TCB는 Technology Credit Bureau의 약어로 기술신용평가기관을 의미한다. 정부는 한국평가데이터(KoDATA), NICE평가정보, 이크레더블, NICE 디앤비, SCI평가정보, 한국기술신용평가 등 6개 기관을 지정하여 기술신용평가 업무를 수행토록 하고 있다.

3. TDB

TDB는 Technology Data Base의 약칭으로 외부 협약기관으로부터 수집하거나 자체 생산한 기술정보 데이터베이스를 의미한다. 신용정보집중기관인 한국신용정보원에서 TDB 업무를 수행하고 있다.

01 정부의 기술금융 정책에 대한 이해

국내의 기술금융정책은 기술사업화와 금융이라는 두 가지 관점에서 추진되어왔다. 산업부나 과기정통부에서는 기술의 사업화를 지원하는 수단으로 기술금융을 인식하며, 금융위, 중기부에서는 금융산업의 변화에 대응하거나 중소기업금융의 관점으로 기술금융을 해석한다. 또한 특허청에서는 지식재산의 활용 측면에서 지식재산금융을 바라보고 있다. 그러나 통상적으로 기술금융 정책은 여러 부처가 협력하여 추진된다.

이번 절에서는 산업부의 기술이전 · 사업화 촉진계획, 금융위의 기술신용평가를 활용한 기술금융 정책, 특허청의 지식재산금융 정책 등을 살펴본다. 이 중 금융위의 기술금융 정책은 전체 은행권이 참여하고 있는 가장 대표적인 정책이다.

1. 기술이전 · 사업화 촉진계획

「기술이전·사업화 촉진계획」(이하 「촉진계획」)은 기술사업화와 관련된 대표적인 정책 방안으로, 「기술의 이전 및 사업화 촉진에 관한 법률」(이하 「기술이전법」) 제5조에 의거해서 수립된다. 「촉진계획」은 3년을 단위로 하는 중기 추진계획과 연간 추진계획으로 구성되는데, 주요 내용은 다음과 같다.

① 기술이전·사업화의 정책목표와 전략

② 「촉진계획」의 시행을 위한 예산에 관한 사항

③ 기술이전·사업화 촉진을 위한 사업의 추진 및 기반 확충

④ 기술평가의 활성화 방안

⑤ 사업화 촉진을 위한 금융 지원

「촉진계획」의 대상은 기술의 이전 및 사업화와 직접 관련된 사항으로 추가 개발(개량), 거래, 창업, 신사업 추진 등이 포함된다. 기술이전 분야에서는 기술자원의 성장동력화를 위해 공공연구기관 보유기술을 기업에 이전하거나 공동기술개발, M&A 등을 통해 기술을 전수하는 것에 대한 내용이 주를 이룬다. 기술사업화 분야는 개발한 기술을 직접 제조활동에 활용하여 경제적 이익을 창출하는 행위 및 이를 촉진하기 위한 지원활동에 관한 것이다. 광의로는 기술과 직간접으로 관련된 모든 경제활동이 해당되지만 「촉진계획」에서는 법에 정의된 기술평가, 사업화금융 지원, 기술자산 유동화 등으로 한정되어 있다.

〈표 Ⅱ-1〉「기술이전·사업화 촉진계획」의 주요 추진 내용

구분	추진 내용
제1차 계획(2000년)	「기술이전 촉진법」 제정, 기술거래소 설립, 기술정보망(NTB) 구축, TLO·RTTC 설립 등 기반 인프라 확보
제2차 계획(2005년)	기술사업화 부문이 추가되어 「기술이전 촉진법」이 「기술이전·사업화 촉진법」으로 명명되었으며, 관련 사업* 신설됨
제3차 계획(2009년)	신성장동력펀드 및 창의자본, 기술신탁제 등이 도입되어 기술개발 후 사업화에 필요한 자금 지원 강화
제4차 계획(2011년)	공공연구기관 기술이전·사업화 촉진 주체인 TLO조직의 전문성을 강화하고 기술금융 등을 통해 중소기업 지원 확대

제5차 계획(2014년)	기술거래시장의 작동을 원활화하고 공공연구기관의 기술마케팅역량을 증진하며 사업화 가능성이 높은 맞춤형 기술 공급 및 사업화 기업의 성장 여건 마련
제6차 계획(2017년)	기술·산업간 융합 및 혁신속도가 중요한 4차 산업혁명시대를 맞아 개방형 혁신 촉진 생태계 조성을 위해 「외부기술도입(Buy R&D) 활성화」를 핵심전략으로 제시
제7차 계획(2020년)	기술혁신이 체감 가능한 산업혁신이 될 수 있도록 기술 → 제품 → 시장의 간극 해소를 목표로 설정하였으며, 시장수요자 중심의 기술사업화 촉진을 위하여 Smart-up, Speed-up, Scale-up의 3대전략을 수립
제8차 계획(2022년)	「기업주도 산업대전환을 통한 역동적 혁신성장」을 비전으로, 공공연과 기업 등 기술혁신 주체에게 도전과 위험을 감수할 자율과 유인을 제공하기 위해 7개 중점 추진전략을 마련

* R&BD 사업 신설, 기술평가·기술금융 등을 통해 사업화 자금 지원 시작

기술금융 측면에서 평가하자면, 제4차까지의 「촉진계획」은 기술사업화 활성화를 위한 기술금융의 양적 저변을 넓히는 데는 기여했으나 기술금융의 다양화 측면에서는 다소 미흡하다는 평가를 받고 있다.

제1차 계획은 기술이전을 중심으로 계획이 수립되어 사업화에 대한 고려가 부족하였고, 제2차 계획에서는 기술현물출자 인정, 가치평가표준모형 개발·보급, 신성장동력펀드 조성, 기술평가보증 확대 등 기술금융·평가의 저변을 넓히는 정책이 등장하였다. 그리고 제3차 계획에서는 특허기술사업화 모델 개발 및 지원, 기술사업화 기업의 성장과 관련한 전 주기적 자금 공급 등 기술금융 공급 확대 및 시스템 공급을 위한 노력이 포함되었으며, 제4차 계획에서는 초기사업화를 위한 정부펀드 조성으로 기술투자 지원을 확대하고, 중간회수시장 기능을 강화하는 정책을 제시하였다.

제5차 계획은 '창조경제 구현을 위한 기술이전·사업화 생태계 조성'이라는 비전하에 R&D 성과물의 공유·확산과 이를 통한 기업의 성장 촉진을 도모하고자 수립되었는데, 기술금융 측면에서 정책금융 강화와 기술평가 시스템 개선 등이 포함되어 있다.

제6차 계획의 성과는 외부기술 도입(Buy R&D)의 제도적 기반을 마련하고 NTB를 통한 기술공급확대 및 부처별 연계를 통한 사업화 지원체계를 마련하였다. 그러나 시장수요를 반영하지 못하는 공급자 중심의 R&D와 기술이전제도의 경직성과 자금 지원의 어려움 등이 한계점으로 제기되었다.

제7차 계획은 기술혁신이 체감 가능한 산업혁신이 될 수 있도록 기술 → 제품 → 시장의 간극 해소를 목표로 설정하였으며, 시장수요자 중심의 기술사업화 촉진을 위하여 3대 전략을 수립하였다. 3대 전략은 ① (Smart-up 전략) 기획 단계에서부터 사업화 · 시장진출을 감안한

시장 수요자 중심의 우수 R&D 성과 창출, ② (Speed-up 전략) 기술 공급자-수요자 간 신속한 기술매칭 기반 조성, ③ (Scale-up 전략) 사업화 자금애로 해소를 위한 투자 확대와 시장진출·판로개척을 위한 규제·인증지원 및 공공조달 활용 확대 이다. 또한 이 전략을 바탕으로 10개 추진과제를 제시하였는데, 이 중 기술금융과 관련된 것은 연구실-시장의 간극을 매우는 Lab to Market 상용화 R&D 확대, 1.5조원규모의 기술사업화펀드 조성, 민간기술평가기관을 활용한 2천억 규모의 기술사업화 보증상품 신설 등이다.

제8차 계획은 「기업주도 산업대전환을 통한 역동적 혁신성장」을 비전으로 제시하고 있으며, 기업 기술혁신의 선순환 체계 구축과 자율-유인-협업 기반의 생태계 조성을 목표로 하고 있다. 이 계획에서는 기업은 공공기술을 자유롭게 대여하고 이전받으며. 도전적이고 성장성이 높은 프로젝트를 신속하게 사업화할 수 있도록 한다. 공공연구기관은 연구비·기술료를 활용해 기업의 사업화를 지원하고 그 성과를 기업과 공유하며 모험자본을 유치해 기술지주회사와 자회사의 창업과 성장을 촉진하도록 한다. 공공연구기관 연구자와 직원이 이해충돌 문제를 걱정하지 않고 과감하게 기술창업에 도전할 수 있도록 하며 개발한 기술을 기업에 이전하고 사업화를 지원해 기여한 만큼 정당한 보상을 받도록 한다. 또한 민간 전문기관은 종합사업화 지원을 할 수 있는 역량을 키워, 공공연·기업과 협업해 기술사업화 성공 가능성을 높일 수 있도록 지원한다.

2. 기술신용정보를 활용한 기술금융 정책[66)]

2014년 금융위는 기존의 금융관행을 타파하고 기술이나 아이디어 등의 창업 및 사업화에 금융 지원을 강화함으로써 창조경제를 구현하기 위한 '기술금융 활성화 정책'을 시행하였다. 과거 개인과 기업 신용평가체계 구축 사례를 벤치마킹하여 기술정보와 기술평가 시스템을 체계화함으로써, 기술금융 추진 기반을 조성하는 것이 주목적이었다. 이를 위해서 공신력 있는 기술신용평가기관(TCB: Technology Credit Bureau)을 지정하고, 이를 활용하여 은행에 기술신용정보를 제공하며 기술정보와 평가정보를 TDB(Technology Data Base)에 축적

66) 기술금융정책 발표자료, 금융위원회, 2013-2016

하는 방안이 핵심이다.

이 정책은 최근에 융자 중심에서 투자 중심으로 전환되고 있으며, 기존에 TCB 기관이 전적으로 담당하던 기술평가 기능을 은행이 자체적으로 수행할 수 있도록 로드맵을 제시하고 있다.

〈그림 Ⅱ-1〉 금융위의 기술평가체계 구축안

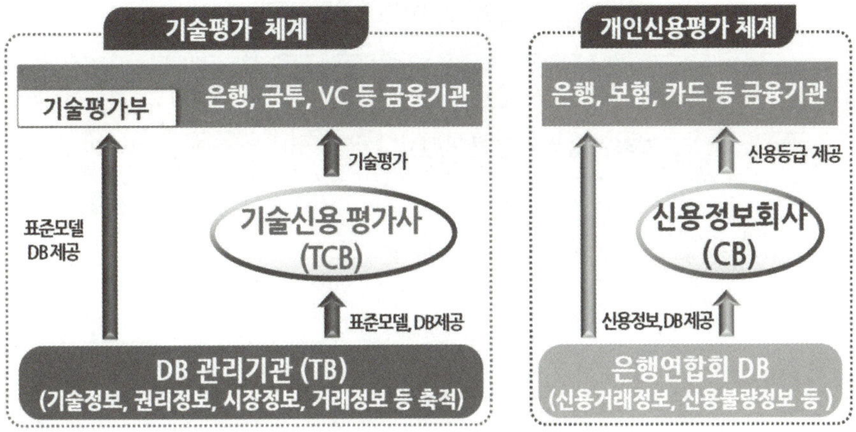

※ 기술평가체계 구축 시 개인 신용대출 활성화 사례 벤치마킹
1990년대 말까지 개인대출도 보증부대출 위주였으나, 2000년대 이후 신용정보회사(CB) 설립, 개인신용평가 활성화, 연대보증 축소 노력(예컨대, 2008년 개인대출 연대보증 폐지) 등을 거치면서 개인 신용대출이 활성화되었다.

이 정책에서 기술금융 활성화의 기반이 되는 기술평가 생태계를 조성하기 위해 ① 공공재적 성격의 기술정보DB 구축, ② 민간 기술신용평가기관(TCB) 활성화, ③ 금융권의 기술평가 역량 제고, ④ 기술평가정보의 활용도 제고를 추진과제로 제시하였다.

기술평가 강화를 통한 정보의 비대칭 해소와 이를 통한 기술금융시장의 시장실패 해결이라는 목표를 설정하고, 은행 등 민간 부문의 기술평가역량을 제고할 수 있는 세부 과제도 마련하였다.

〈그림 Ⅱ-2〉 금융위의 기술평가 생태계 조성 방안

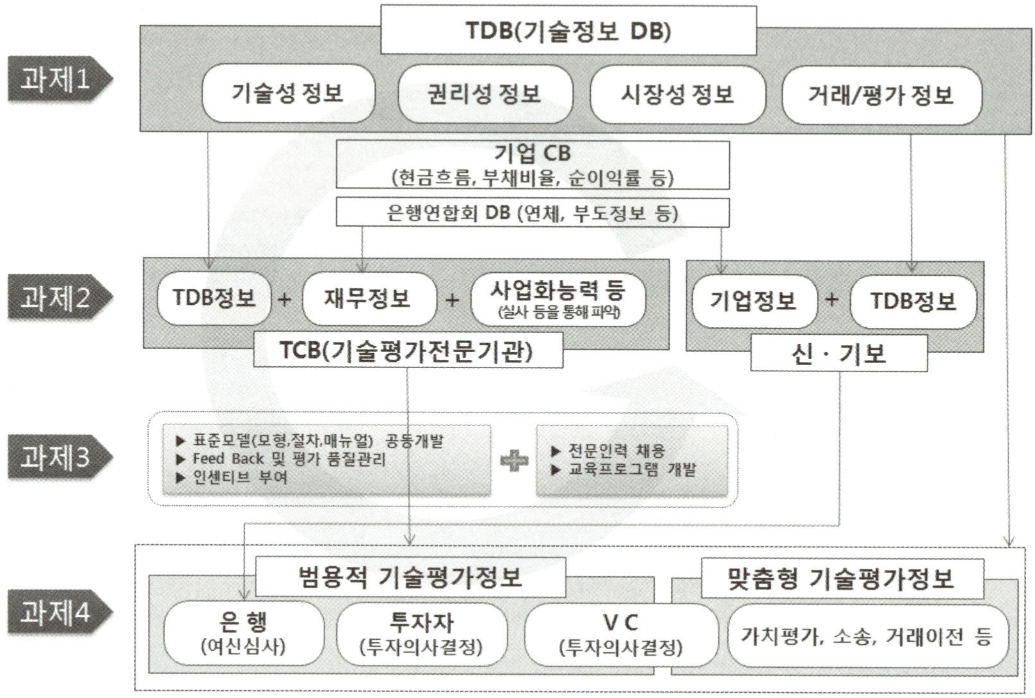

※ 기술평가 생태계는 금융회사 · 평가기관 · TDB 등이 끊임없이 상호작용하며, 기술정보 · 평가정보 등을 공유 · 환류해나가는 유연한 네트워크이다.

〈과제 1〉 공공재적 성격의 기술정보DB(TDB) 구축

기술평가에서 가장 어려운 일은 기술평가에 필요한 기술정보를 탐색하고 필요한 근거 자료를 검색하는 작업이다. 기술평가에 필수적인 기술의 특허정보·시장정보 등은 국내외 연구기관, 협회의 다양한 논문과 유명저널 등에 산재되어 있다. 통상적으로 기술평가를 위해 정보를 검색하고 사례 분석을 하는 데 전체 평가 시간의 70% 정도가 소요된다고 알려져 있는데, 기술평가 활성화를 위해서는 산재된 기술정보와 거래정보에 대한 접근 가능성을 높여줄 시스템이 우선적으로 필요하다.

효율적 DB 구축으로 기술정보에 대한 접근성이 높아질 경우 금융기관 등의 평가비용과 정보 검색의 어려움을 축소시킬 수 있다. 그런데 기술정보는 재무정보와 달리 변동성이 크고 최신성의 유지가 중요하기 때문에 집적·관리에 많은 비용과 인력이 소요된다. 기술정보DB는 정보의 유지·관리에 따른 비용과 정보집적에 따른 규모의 경제 효과를 감안할 때 매우 중

요한 공공재이다. 금융기관별·평가기관별로 기술정보 관련 DB를 구축할 경우 막대한 노력과 비용이 필요하고, 중복투자에 따른 비효율 문제도 발생된다. 비슷한 예로 DB의 공공재적 성격을 감안하여 개인과 기업 여신정보를 은행연합회에 집중하고 있는 것을 들 수 있다. DB의 기능은 기술정보의 단순한 축적보다는 금융회사 등의 눈높이와 평가 목적에 맞는 적절한 가공과 재분류를 하는 데 있다.

기술정보DB는 공공재적인 성격과 함께 독점에 따른 남용의 가능성이 있으므로 효율적 지배구조 설정 등이 중요하다. 기술정보DB의 운영에는 수요자 요구에 맞는 정보를 대응성 높게 생산할 수 있도록 전문성과 독립성 유지가 필요하다. 또한 기술정보의 독점적 사용을 방지하고 참여자 간 기술정보·거래정보의 공유를 유도하여 집적효과를 극대화하여야 한다. 따라서 정부에서는 개인 CB·기업 CB 구축 시 DB조직을 은행연합회에 설치한 사례를 감안하여 한국신용정보원에 TDB를 구축하였다.

기술정보DB는 기술평가에 필요한 기술정보, 권리정보, 시장정보 등을 중심으로 축적하고 평가·거래정보도 함께 관리하여야 한다. 이를 위해 기술정보를 생산하는 기관과 정보 공유를 위한 업무 협약을 추진하고 있다. 최근에는 「공공데이터의 제공 및 이용 활성화에 관한 법률」 등에서 공공기관이 수집한 정보의 공유와 활용을 장려하고 있으며, 정부 3.0의 개방 및 협업도 추진되고 있는데 이 취지에도 적합한 정책이 될 수 있다. 장기적으로 TDB의 운용비용은 DB 정보이용료를 통해 조달해야 한다.

〈과제 2〉 민간 기술신용평가기관(TCB) 활성화

기술평가 업무는 기술평가 관련 전문성과 복잡성 등으로 외부 전문기관에 평가를 의뢰하는 것이 보다 경제적이다. 은행 등 금융회사가 기술평가 업무를 내부화하는 경우 기술보증기금 수준의 많은 기술전문인력과 거대 조직이 필요하다. 그렇지만 평가 업무를 외부화할 경우 금융회사는 전문기관의 평가결과를 이해하고 의사결정에 반영할 수 있는 수준의 노력만 들이면 된다. 기술금융의 활성화를 위해서는 금융회사의 비전문성을 보완하여 정보격차(gap)를 축소해주는 평가기관의 역할이 필요하다. 평가의 신뢰성을 높이고 금융회사에게 유용한 정보를 제공할 수 있도록 다양한 민간 전문가의 참여가 활성화되어야 한다.

기술신용평가기관으로 기술 및 재무전문가 요건 등의 인적 요건과 기술평가모형, 전산설비 등의 물적 요건을 갖춘 다양한 민간기관이 참여할 수 있도록 계획하였으나, 현재는 신용평가모형을 구축하고 있는 일부 신용평가기관들만 기술신용평가 업무를 수행하고 있다.

〈과제 3〉 은행의 기술평가 관련 역량 제고

기술금융이 활성화되고 기술평가 시스템이 정착되기 위해서는 정보 수요자인 금융권의 기술평가역량 제고가 긴요하다. 평가기관의 평가결과를 이해하여 활용하고 TDB 이용도를 높이기 위해서는 금융회사 내부에 전문인력과 인프라가 갖춰져야 한다. 금융회사 자체 노력도 중요하지만 정책적으로 평가 인프라를 구축하도록 유도하는 적절한 유인장치 제공도 중요하다. 기술금융 인프라 구축 단계부터 금융회사 참여를 활성화하여 기술평가에 대한 이해도를 높여나가는 노력도 병행해야 한다.

이를 위해서 현재 은행의 심사역을 대상으로 금융연수원 및 기보 등의 기술평가 연수프로그램이 운영되고 있고 기술금융 실적과 평가 인프라 구축 정도 등을 감안하여 정책금융 관련 한도와 금리 등의 조정을 통해 인센티브를 부여하는 제도가 시행되고 있는 데, 세부적으로는 한은의 금융중개지원대출(구 총액 한도대출) 배분, 산업은행의 온렌딩(on-lending, 간접 지원정책금융) 제공 시 한도와 금리 조정, 신보와 기보의 출연금 차등화 등이다. 금융권의 기술평가 조직과 전문성 제고를 위해 기술 분야 전문인력을 적극 채용하고 평가조직 등을 갖춘 경우 은행권 기술금융 실적평가(TECH 평가)에서 우대하고 있다.

또한, 정부에서는 은행의 전문인력 수, 기술평가 수준, 모형 구축 등을 중심으로 여건을 심사하여 은행의 자체 기술신용평가 단계를 심사하고 있다.

〈과제 4〉 기술평가정보의 활용도 제고

정부에서는 기술평가 정보가 요구되는 분야를 중심으로 평가의 전문성과 투명성 제고 차원에서 평가정보의 활용도 제고가 무엇보다 필요하다고 판단하였다.

일반적으로 은행 등 금융기관의 여신심사에서 기술성 관련 항목을 평가하도록 되어 있으나 자의적 또는 형식적으로 평가되는 측면이 있었으며, 기술기업이 자본시장을 통한 자금조달이나 보유기술의 변동 등이 있는 경우 객관적인 평가나 정보 공시가 미미하여 기술평가정보의 활용도가 낮은 것으로 파악되었다.

이러한 기술평가정보의 활용도를 높이기 위한 방안으로 2가지를 제시하였다.

첫째, 은행은 평가기관의 평가 결과를 활용하여 신용평가와 여신 심사시 반영하도록 유도하는 것이다. 다만, 기술성에 대한 부도예측력이 검증되지 않은 상태이므로 기술성 반영 여부는 은행이 최종적으로 판단하도록 하였다.

이를 위해 정책성이 강조되는 정책금융인 금융중개지원대출, 온렌딩, 기보보증에서부터 평가기관의 평가 결과 활용을 의무화하고 활용성과를 감안하여 일반 대출로 점차 확산하는 전략을 채택하였다.

또한, 정책금융 이외에 일반 중소·중견기업 대출시 평가기관 평가 결과를 활용할 경우 인센티브를 부여하기로 하였으며 필요시 기술기업 평가에 적합한 신용평가모형 개발을 추진하기로 발표하였다.

둘째, 투자자 보호를 위해 상장·공시 등에 평가정보 활용을 적극 유도하기로 하였다. 상장 희망 기업이 평가기관으로부터 일정 등급 이상 획득한 기술평가서를 제출하면 기술성 항목을 충족한 것으로 인정하거나, 증권신고서 내용 중 사업내용, 사업위험 등 기업의 기술력과 관련된 항목은 TCB사의 평가결과를 참고하도록 유도하는 내용을 포함하고 있다.

2-1 기술신용정보를 활용한 기술금융 정책 관련 법

금융위에서는 「신용정보의 이용 및 보호에 관한 법률」을 기반으로 기술금융 정책을 시행하였다. 시행 당시, 이 법에 의해 신용조회회사의 겸업으로 기술신용조회업을 인가하였으며, 기술신용정보의 범위를 정의하고 한국신용정보원의 기술신용정보의 집중 등을 위해 「신용정보의 이용 및 보호에 관한 법률 시행령」 및 「신용정보업감독규정」을 개정하였다.

또한 「신용정보의 이용 및 보호에 관한 법률」을 개정하여 기업신용조회업을 정의하고 기업신용조회업의 업무로서 기술신용평가업을 규정하였다.

가. 기술신용정보

기술신용정보는 「신용정보의 이용 및 보호에 관한 법률」과 「신용정보의 이용 및 보호에 관한 법률 시행령」에서 다음과 같이 정의하고 있다.

[관계법령]「신용정보의 이용 및 보호에 관한 법률」제2조 1의6 사목

제2조(정의) 이 법에서 사용하는 용어의 뜻은 다음과 같다(제2조1부터 1의6바목까지 생략)
사. 기업 및 법인의 신용을 판단하기 위하여 정보(기업 및 법인의 기술과 관련된 기술성 · 시장성 · 사업성 등을 대통령령으로 정하는 바에 따라 평가한 결과를 포함한다)를 처리함으로써 새로이 만들어지는 정보로서 대통령령으로 정하는 정보(이하 "기술신용정보"라 한다). 다만,「자본시장과 금융투자업에 관한 법률」제9조제26항에 따른 신용등급은 제외한다.(개정 2020. 2. 4.)

[관계법령]「신용정보의 이용 및 보호에 관한 법률 시행령」제2조16항

제2조(정의) ①「신용정보의 이용 및 보호에 관한 법률」(이하 "법"이라 한다) 제2조제1호의2가목1)에서 "대통령령으로 정하는 정보"란 다음 각 호의 정보를 말한다.(개정 2020. 8. 4.)(제2조1항부터 15항까지 생략)
⑯ 법 제2조제1호의6사목 본문에서 "대통령령으로 정하는 정보"란 기업 및 법인인 신용정보주체의 신용을 판단하기 위하여 기술평가(「기술보증기금법」제28조제1항제6호의 기술평가를 말한다)를 하고 신용정보와 해당 기업 및 법인의 기술에 관한 정보를 활용함으로써 그 판단의 결과를 기호, 숫자 등을 사용하여 평점 또는 등급으로 표시한 정보, 그 기술의 가액 또는 평가의견 등(이하 "기술신용정보"라 한다)을 말한다. (신설 2020. 8. 4.)

나. 기술신용평가업무

기술신용평가업무는「신용정보의 이용 및 보호에 관한 법률」에서 "기업신용조회업"의 한 업무로 정의하고 있다

[관계법령] 「신용정보의 이용 및 보호에 관한 법률」 제2조 8의3

제2조(정의) 8의3.
"기업신용조회업"이란 다음 각 목에 따른 업무를 영업으로 하는 것을 말한다. 다만, 「자본시장과 금융투자업에 관한 법률」 제9조제26항에 따른 신용평가업은 제외한다.
가. 기업정보조회업무: 기업 및 법인인 신용정보주체의 거래내용, 신용거래능력 등을 나타내기 위하여 대통령령으로 정하는 정보를 제외한 신용정보를 수집하고, 대통령령으로 정하는 방법으로 통합 · 분석 또는 가공하여 제공하는 행위
나. 기업신용등급제공업무: 기업 및 법인인 신용정보주체의 신용상태를 평가하여 기업신용등급을 생성하고, 해당 신용정보주체 및 그 신용정보주체의 거래상대방 등 이해관계를 가지는 자에게 제공하는 행위
다. 기술신용평가업무: 기업 및 법인인 신용정보주체의 신용상태 및 기술에 관한 가치를 평가하여 기술신용정보를 생성한 다음 해당 신용정보주체 및 그 신용정보주체의 거래상대방 등 이해관계를 가지는 자에게 제공하는 행위

다. 종합신용정보집중기관(한국신용정보원)

한국신용정보원에서 TDB 기능을 수행하고 있는 데, 한국신용정보원의 정보집중 근거는 「신용정보의 이용 및 보호에 관한 법률」에서 명시하고 있으며, 여기서 집중관리 및 활용하는 정보의 대상은 「신용정보의 이용 및 보호에 관한 법률 시행령」에 명시하고 있다.

[관계법령] 「신용정보의 이용 및 보호에 관한 법률」 제25조의2

제25조의2(종합신용정보집중기관의 업무) 종합신용정보집중기관은 다음 각 호의 업무를 수행한다. 〈개정. 2020. 2. 4.〉
1. 제25조제2항제1호에 따른 금융기관 전체로부터의 신용정보 집중관리·활용
1의2. 제23조제2항에 따라 공공기관으로부터 수집한 신용정보의 집중관리·활용
1의3. 제39조의2에 따라 신용정보주체에게 채권자변동정보를 교부하거나 열람하게 하는 업무
2. 공공목적의 조사 및 분석업무
3. 신용정보의 가공 · 분석 및 제공 등과 관련하여 대통령령으로 정하는 업무
3-2. 제26조의3에 따른 개인신용평가체계 검증위원회의 운영
4. 삭제〈2020. 2. 4.〉
5. 이법 및 다른 법률에서 종합신용정보집중기관이 할 수 있도록 정한 업무
6. 그 밖에 제1호부터 제5호까지에 준하는 업무로서 대통령령으로 정하는 업무
[본조신설 2015. 3. 11]

[관계법령] 「신용정보의 이용 및 보호에 관한 법률 시행령」 제21조의2

제21조의2(종합신용정보집중기관의 업무) ① 법 제25조의2제3호에서 "대통령령으로 정하는 업무"란 다음 각 호의 업무를 말한다.〈개정. 2020. 8. 4.〉

1. 신용정보를 활용하여 통계작성, 연구, 공익적 기록보존 등의 목적을 위하여 가명처리 또는 익명처리한 정보로 제공하는 업무
2. 제21조제9항에 따른 교환 대상자로부터 위탁받은 조사 및 분석 업무
3. 신용정보의 이용에 관한 컨설팅 업무

② 법 제25조의2제6호에서 "대통령령으로 정하는 업무"란 다음 각 호의 업무를 말한다.〈개정. 2020. 8. 4.〉

1. 신용정보와 관련한 교육·홍보·출판업무
2. 기술신용정보를 만들어 내는 데에 필요한 기술에 관한 정보의 수집·조사 및 처리

2의2. 신용정보주체가 동의내력 등을 관리할 수 있도록 지원하는 업무

2의3. 신용정보주체 식별, 전송요구 권리행사 현황 관리, 제28조4 각 호에 따른 업무 등 개인신용정보의 전송요구가 원활히 운영될 수 있도록 지원하는 업무

3. 그 밖에 금융위원회가 정하여 고시하는 업무

[본조신설 2015.9.11.]

라. 기술신용평가기관(TCB회사)

금융위에서는 「신용정보의 이용 및 보호에 관한 법률」 제7조에 따라 기술신용평가업을 인가하였다. 전문성 요건으로 평가시스템 갖추고 있고 기술사, 기술거래사, 변리사 등 자격증 보유자 또는 3년 이상 국공립연구소 근무 또는 기술평가 업무 경력자 등을 보유하고 있어야 한다. 2024년 12월 기준 TCB 회사는 6개이며, 한국평가데이터, 나이스평가정보, 이크레더블, 나이스디앤비, SCI평가정보, 한국기술신용평가 이다.

마. 은행의 기술신용정보 활용

은행의 기술신용정보 활용을 독려하기 위해서 「은행업감독규정」의 여신운용 원칙을 개정하여 신용리스크의 평가시 기술신용정보를 반영하여야 한다는 내용을 명시하였다.

[관계법령] 「은행업감독규정」 제78조 제6항

> **제78조(여신운용 원칙)** ⑥ 은행은 중소기업(「중소기업기본법」 제2조 제1항에 따른 중소기업을 말한다)에 대한 여신 운용시 제1항 제1호에 따른 신용리스크의 평가에 있어 「신용정보의 이용 및 보호에 관한 법률」 제2조제1호의6사목에 따른 기술신용정보를 합리적으로 반영하여야 한다. 〈개정 2021. 9. 30.〉

3. 지식재산(IP) 금융 정책[67)]

2018년 12월 특허청과 금융위는 부동산이나 신용도가 부족해 금융권의 높은 문턱을 넘기 어려웠던 기술집약형 중소기업들이 지식재산(IP)을 통해 금융권으로부터 보다 쉽게 자금을 마련할 수 있도록 하기 위하여「지식재산(IP) 금융 활성화 종합대책」을 공동으로 발표했다. 여기서는 IP 금융을 특허권, 상표권, 디자인권 등 지식재산의 가치를 평가받아 그 결과를 토대로 금융기관으로부터 자금을 융통하는 일련의 금융활동으로 정의하였다.

이 정책에서는 향후 5년간 9천여 개 중소기업을 지원하여 600억 원의 이자비용을 절감하도록 하며, IP담보대출 회수지원시스템 도입, IP투자 펀드 조성 확대하는 등 IP 금융을 2022년까지 2조 원 규모로 키우는 것을 목표로 하였다.

〈그림 II-3〉 지식재산(IP) 금융 활성화 종합대책

목 표

■ '22년 IP금융 2조 원 규모로 성장(9,400여개 신규 일자리 창출)

▸ IP금융 지원기업: ('17) 654개 → ('22) 2,960개

▸ 특허담보활용률: ('17) 1.4% → ('22) 8%

❶ 혁신기업의 은행 접근성 강화를 위한 IP담보·보증 대출 활성화

❷ 스타트업의 혁신적·모험적 창업과 성장을 지원하는 IP투자 확대

❸ 금융권의 신뢰도 제고를 위한 수요맞춤형 IP가치평가체계 구축

❹ P금융을 제도권 금융으로 확산하기 위한 인프라 혁신

---

67) 지식재산(IP) 금융 활성화 종합대책, 특허청, 금융위, 2018

지식재산(IP)금융은 지식재산(IP)을 활용하여 자금을 융통하는 일련의 금융 활동으로, 기업이 보유한 지식재산(IP)에 대한 가액 · 등급을 평가하고 금융기관이 IP를 기반으로 담보대출 · 투자 · 보증을 실행하는 것이다. 기술금융과 지식재산금융의 특징 비교는 앞의 기술금융 개론에서 설명하였으며. IP담보대출, IP투자, IP보증 등의 IP금융 유형은 아래와 같다.

IP 담보대출	기업이 보유한 IP에 대한 가치평가에 기반하여 은행이 기업에 IP를 담보로 대출을 실행
IP 투자	투자기관이 우수 IP 보유 기업에 대해 지분투자를 하거나 특허 수익화 프로젝트 등에 투자 실시
IP 보증	보증기관이 기업이 보유한 IP의 가치를 기반으로 보증서를 발급하고, 은행은 보증기관의 보증서에 기초하여 대출 실행

2024년 특허청 발표[주] 에 의하면, IP금융 규모는 〈표 II-2〉에서와 같다. 2023년 지식재산 금융 잔액은 96,100억원이며, 2023년에 신규로 공급된 IP담보대출, IP투자, IP보증는 각각 9천억원, 1조3천억원, 1조원 정도 규모이다.

〈표 II - 2〉 IP 금융 규모

구분	2019	2020	2021	2022	2023
IP담보대출	4,331	10,930	10,508 (19,315)	9,156 (21,929)	9,119 (23,226)
IP투자	1,933	2,621	6,088 (8,628)	12,968 (19,330)	13,365 (31,943)
IP보증	7,240	7,089	8,445 (32,147)	8,781 (36,575)	9,922 (40,931)
합계	13,504	20,640	25,041 (60,090)	30,905 (77,835)	32,406 (96,100)

* 신규공급 기준수치이며, '21년~'23년 괄호 부분은 잔액 기준 IP금융 규모
주) '혁신마중물' 지식재산 금융 잔액 8조원 눈앞, 특허청, 2023년 4월

주) '23년 지식재산금융 규모 조사결과 발표, 특허청, 2024년 3월

02 기술금융 실적평가 (TECH 평가)

1. 추진 배경

정부는 금융업 경쟁력 강화 방안(2013.11)에 기초하여 시대가 요구하는 은행의 자금중개 기능 혁신, 신성장 기회 창출, 사회적 책임 이행을 위해 2014.10월 '은행 혁신성평가 방안'을 도입하였다. 이후 제도 개선을 위한 기술금융 실태조사 등을 거쳐 은행 혁신성평가[68]는 폐지되고 지속적인 기술금융의 활성화와 기술력이 우수한 중소기업이 국가의 성장동력으로 성장할 수 있도록 금융지원 강화를 위해 2016년 1월부터 은행 혁신성평가 지표 중 일부를 제외하고 기술금융 실적평가(TECH평가)로 개편하였다.

이는 기술금융 정책목적을 달성하고 은행 간 합리적인 경쟁으로 기술금융 확대의 지속적인 추진동력을 확보하기 위함이다.

---

68) 은행 혁신성 평가는 2014년 기술금융정책이 도입되면서 시행된 은행 평가제도로서, 2015년까지 시행되다가 2016년 기술금융 실적평가(TECH)로 개편되었다.

2. 은행권 기술금융 실적평가(TECH[69]평가)

2-1 평가요소

TECH평가는 기술금융의 내실화, 은행권 경쟁유인 제고 및 기술금융 정착 유도를 위해 평가체계를 개편하여 운용하고 있다. 평가요소로는 기술금융 대출공급규모, 질적 구성(기술기업지원 항목), 기술기반 투자확대를 정량적으로 평가하고 기술금융의 은행별 내재화 정도(지원역량, 기술금융품질제고 등)를 정성적으로 평가한다.

〈표 Ⅱ-3〉 평가지표 요약

	평가 항목		평가 요소
	평가 지표	(배점)	
정량평가 (85점)	1. 기술신용대출 공급규모	(33)	• 기술신용대출 총잔액 · 증가율, 우대금리제공정도, 차주 수 증가 등
	2. 기술대출 기업지원	(42)	• 신용대출 비중, IP 담보대출, 창업기업 지원 등
	3. 기술기반 투자 확대	(10)	• 기술평가 기반 투자 증가
정성평가 (15점)	4. 지원역량 품질제고 등	(15)	• 기술금융역량강화, 기술금융품질제고, 통합여신모형 도입노력
	계	100	

이를 통해 기술금융이 양적으로 지속적인 증가추세에 있고, 기술금융대출이 일반 중기대출과 비교하여 금리가 인하하는 등 질적으로 지속 성장하여 은행권의 새로운 여신관행으로 확고히 자리매김 중에 있다.

69) TECH는 기술금융 비중(Technology Financing), 기술사업화 지원(Entrepreneurship), 신용지원 비중(Credit Financing), 전문인력(Human Resources)을 의미한다.

2-2 추진방향

가. 기술금융 확대를 위한 은행간 자율경쟁체계를 확립

은행별 기술금융 확대 여건을 고려한 리그 재편성을 통해 기술금융 활성화를 위한 효율적인 경쟁체계 수립하였다.

은행별 리그를 중기대출 규모에 따라 ① 대형은행, ② 소형은행, 중기대출이 주업무가 아니거나 곤란한 ③ 기타은행 리그로 구분함으로써, 시중은행 대비 외국계 은행(씨티은행, SC제일은행), 지방은행 대비 제주은행의 중기금융 기반이 상대적으로 열악하여 TECH 평가순위 상승에 한계가 있었음을 고려하여 합리적으로 반영하였다.

① 대형은행 : 국민은행, 신한은행, 우리은행, KEB하나은행, 농협은행, 기업은행

② 소형은행 : 부산은행, 대구은행, 경남은행, 광주은행, 전북은행, 수협은행, 씨티은행, SC제일은행

③ 기타은행 : 산업은행, 수출입은행, 제주은행

〈그림 Ⅱ- 4〉 기술금융 리그별 실적평가대상 은행

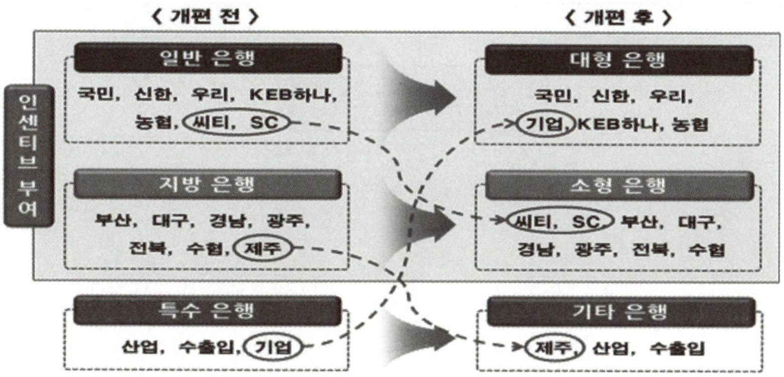

나. 합리적인 기술금융 확대 유인 제공

① 신·기보 출연료 인센티브

대형·소형은행으로 리그를 나누어 평가하고 상위은행에는 출연료를 감면하고 하위은행은 출연료 가산한다.

	상위 1위	상위 2위	하위 3위	하위 2위	하위 1위
대형은행	△(A x 10%)	△(A x 5%)	+(A x 3%)	+(A x 5%)	+(A x 7%)
소형은행	△7%	△3%	+2%	+3%	+5%

* A = 리그 내 평균출연료 / 은행 출연금 = 기업대출 평잔 x 법정 출연료율 (신보 0.225, 기보 0.135)

다. 신뢰성 있는 평가체계를 마련

은행 혁신성 평가를 주관하던 '금융혁신성평가센터'가 기능을 종료함에 따라 TECH 평가 결과를 심의하는 평가위원회를 구성하였다.

평가위원회는 위원장은 금융연구원 부원장, 위원은 금융위원회 산업금융과장, 금융감독원 중기지원팀장, TDB 기술정보부장, 기보 기술평가부장, 금융연구원 박사 인력으로 구성된다.

TECH 평가체계는 효율적인 평가업무 수행을 위해 정성평가와 정량평가를 위한 2개의 실무반을 아래 그림과 같이 설치한다.

〈그림 II- 5〉 TECH 평가 체계

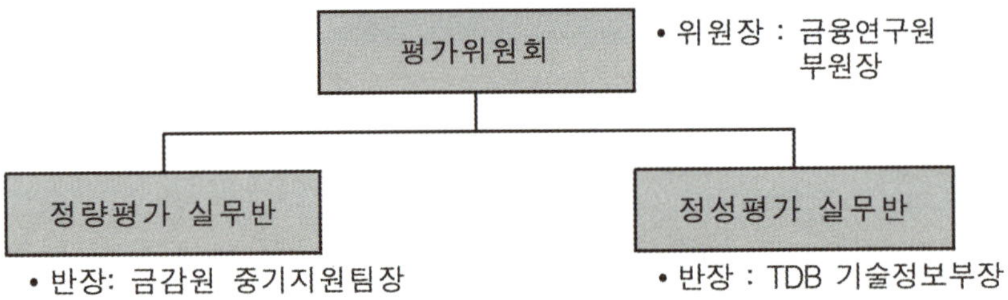

3. TECH평가 세부내용

3-1 TECH 평가 일정

TECH 평가위원회는 매년 상·하반기를 구분하여 2회 TECH 평가 결과를 발표하고 있다.

〈표 Ⅱ- 4〉 TECH 평가 절차

	[자료작성]		[자료집계]		[평가]		[확정·발표]		[인센티브]
	은행	→	금감원	→	각 실무반	→	평가위원회	→	기보·신보 산은
상반기	~12월		~1월 말		2월 중순		2월 말		3월~8월
하반기	~6월		~7월 말		8월 중순		8월 말		9월~2월

3-2 TECH 평가지표

〈표 Ⅱ- 5〉 TECH 세부 평가지표 개선사항

구분	내용(현행)	배점	내용(변경지표)	배점	구분
기술금융 공급규모 (26점→ 33점)	기술신용대출 평가액 순증액	5	기술신용대출 총 잔액	5	변경
	기술신용대출 평가액 증가율	8	기술신용대출 총 잔액 증가율	8	
	기술신용대출 차주수 순증분	5	기술신용대출 차주수 순증분	2	배점 축소
	기술신용대출 차주수 증가율	8	기술신용대출 차주수 증가율	2	
			기술금융 우대금리 제공 대출 총 잔액	3	신설
			기술금융 우대금리 제공 대출 총 잔액 증가율	5	
			기술금융 우대금리 제공 정도	5	
			일반 중기여신 대비 기술금융 금리 할인폭	3	
기술대출 기업지원 (50점→ 42점)	기술신용대출 중 신용대출 잔액 비중	10	기술신용대출 중 신용대출 잔액 비중 (신규·증액)	12	배점 확대
	기술신용대출 중 신용대출 잔액 증가율	10	기술신용대출 중 신용대출 잔액 증가율 (신규·증액)	12	
	IP등 담보대출 잔액	4	IP담보대출 잔액(신규·증액)	3	배점 조정
	IP등 담보대출 잔액 증가율	4	IP담보대출 잔액 증가율(신규·증액)	5	
	기술신용대출 중 기술개발역량보유 기업 잔액	2			삭제
	기술신용대출 중 기술개발역량보유 기업 잔액 증가율	2			
	기술신용대출 중 유망기술분야 기업 잔액	3			
	기술신용대출 중 유망기술분야 기업 잔액 증가율	3			
	기술신용대출 차주 중 기술개발역량 및 유망기술분야 기업 차주수 비중	2			
	기술신용대출 중 창업기업 잔액 비중	5	기술금융대출 중 창업기업 잔액(신규·증액)	4	배점 조정
	기술신용대출 중 창업기업 잔액 증가율	5	기술신용대출 중 창업기업 잔액 증가율(신규·증액)	6	
기술기반 투자 (12점→ 10점)	기술평가 기반 투자 순증액	6	기술평가 기반 투자 순증액	4	대상, 배점 축소
	기술평가 기반 투자 증가율	6	기술평가 기반 투자 증가율	6	
정성평가 (12점→ 15점)	기술금융 역량강화 및 관리체계 구축	4	기술금융 역량강화 및 관리체계 구축 정도	5	배점 확대
	기술금융 품질강화	4	기술금융 품질제고	6	
	통합여신모형 도입 강화	4	통합여신모형 도입 노력	4	

〈용어정리〉 TECH 평가지표 세부항목에 대한 용어

가. 실적 인정 중소기업의 범위

- 「중소기업기본법」 제2조에 따른 중소기업과 사업자대출을 받은 개인사업자를 기술금융 실적 인정 대상으로 포함
  - 중소기업은 규모 기준과 독립성 기준을 충족하는 영리기업 또는 비영리 사회적 기업을 의미

중소기업 범위기준(주)

1. 규모 기준(기준 충족 시 중소기업에 포함)
- 업종별 규모 기준 : 주된 업종의 3년 평균 매출액 기준 충족(중소기업기본법 시행령 별표 1,3 참고)
- 상한 기준 : 업종에 관계없이 자산총액 5,000억원 미만

2. 독립성 기준(아래 항목에 1개 이상 해당될 경우 기준 미충족)
- 공시대상기업집단에 속하는 기업
- 자산총액 5,000억원 이상인 법인(외국법인 포함, 비영리법인 등 제외)이 주식 등의 30% 이상을 직접적 또는 간접적으로 소유하면서 최다출자자인 기업
- 관계기업에 속하는 기업의 경우에는 출자비율에 해당하는 평균매출액 등을 합산하여 업종별 규모 기준을 미충족하는 기업

(주) 중속업 범위해설(2022. 중소벤처기업부) 참고

  - 동일인이 사업자번호가 다른 2개 이상의 사업체를 운영하는 경우 각각의 사업체를 별개의 기업으로 간주
  - 평가기간 내 중소기업에 해당하여 대출을 취급하였으나, 평가기간말 중소기업의 범위를 벗어난 경우 해당 평가기간에는 실적으로 인정(단, 다음 평가기간부터는 실적 제외)

나. 창업 기업 : 「중소기업창업 지원법」제2조에 따라 업력이 7년 이내인 기업

- 업력은 기준일로부터 해당 TECH평가 평가기간의 시작일까지 경과한 기간을 의미
  - 기준일은 법인기업의 경우 법인설립등기일로, 개인기업은 사업자등록증에 기재된 개업일로 함
  - 개인이 사업자번호가 다른 2개 이상의 사업체를 운영하는 경우 각각의 사업체에 대한 창업기업 여부(업력 7년 이내)를 판단

- 개인사업자에서 법인사업자로 전환된 경우 법인사업자의 업력만을 기준으로 창업기업 여부(업력 7년 이내)를 판단

다. 기술신용대출 : ①TCB평가 기반 대출 + ②IP 담보대출

❶ **TCB평가 기반 대출** : 기술신용평가기관의 "기술신용(TCB)평가서"에서 기술등급이 T6-등급(창업기업인 경우 T7등급) 이상으로 평가받고 이를 참고하여 실행된 대출(단순 연장 건 제외)

- 기술신용평가기관은 TCB평가를 수행하는 평가기관으로, 기술신용평가회사와 「기술신용대출 정착로드맵」에 따른 자체 TCB평가 실시 은행(레벨2 이상)이 해당
- 구매자금대출 및 무역금융(무역어음대출) 外 결제성 자금대출 (차주에 대한 신용평가 없이 매출증서에 따라 실행되는 외상매출채권 담보대출 등)은 제외
- 평가서 유효기일 이내에 실행된 대출에 한해 인정

❷ **IP 담보대출** : 지식재산권(IP)에 대해 (기술)평가기관의 "기술가치평가서"를 발급받고, 은행 또는 보증기관이 담보권(법상 등록(등기))을 취득한 대출

- (기술)평가기관은 「기술의 이전 및 사업화 촉진에 관한 법률」 제35조에 따른 기술평가기관 또는 「발명진흥법」 제28조에 따른 평가기관이 해당
- 해당 지식재산권을 규율하는 개별 법률에 따른 등록원부에 질권설정한 대출을 의미 (동일 채권에 대해 2개 이상의 지식재산권을 「동산·채권 등의 담보에 관한 법률」에 따라 취득한 경우를 포함)
- 대출 실행 전 담보권을 취득하고 평가서 발급일로부터 1년 이내에 제공된 대출에 한해 인정

라. 대출잔액 : 중소기업[가] 차주에 대해 기술신용대출[다]을 통해 제공된 대출액(보증가액 포함)

- 한도성 여신은 실제 사용금액을 대출 잔액으로 인정

마. 신규 · 증액잔액 : 평가기간 중 <u>신규 개설되거나 증액된 계좌</u>의 평가기간 말 대출 잔액[라]

- 신규 개설되거나 증액된 계좌단위를 기준으로 실적을 산정하며, 대환 및 단순연장은

실적에서 제외

- 평가기간 내 기술신용대출로 지원되었으나, 평가기간 말 만기상환 등으로 대출계약이 유지되고 있지 않은 경우 제외

신규 · 증액 잔액 실적 산정 기준

1. **(개별(건별)대출)**
   개별(건별)대출은 추가 대출시 신규계좌가 개설되는 개념으로 평가기간 중 취급이 발생한 신규 계좌의 대출 잔액을 실적으로 인정

2. **(한도대출)** 평가기간 중에 취급(신규 또는 증액)된 계좌의 평가기간말 사용 금액에 대해 실적으로 인정
   (예1) 직전 평가기간 중 10억 한도대출을 개설했으나, 이번 평가기간 중 취급(신규 또는 증액)이 없는 경우 사용무관하게 실적은 “0”
   (예2) 직전 평가기간 중 10억 한도대출을 개설하여, 평가기간 중 15억으로 5억 증액 후 15억 사용했다면 잔액은 “15억”
   (예3) 평가기간 중 10억 한도대출을 신규 개설하여, 5억 사용했다면 잔액은 “5억”

4. 은행 자체 기술신용평가 역량 고도화

4-1 추진배경

외부 TCB의 기술신용평가를 의무 활용하는 기술금융이 안착됨에 따라 은행 자체 기술신용평가를 통한 기술금융 대출 유도하기 위하여 기술금융 역량이 준비된 은행이 자체 기술신용평가를 체계적으로 실시할 수 있도록 「기술금융 대출 정착 로드맵」 마련('15.8월)하였다. 은행 자체 기술신용평가 역량평가는 은행의 전문인력, 자체 평가서 수준, 실적요건 등을 평가하여 은행 자체 기술금융 대출 수준을 단계적으로 상향토록하기 위해 실시되고 있다. 따라서 자체 기술금융 실시 단계가 상향될수록 자체평가에 기반한 기술신용대출 가능 금액이 증가하는 구조이다.

4-2 단계별 자체 기술신용평가 실시요건

단계별 자체 기술신용평가 실시요건을 구분하면 다음과 같다.

가. 예비실시 단계(레벨1)

① 전문인력 수 : TCB 승인기준에 따른 전문인력 5인 이상(단, 소형은행의 경우 3인 이상)

② 평가서 수준 : 자체 제출한 평가서 10건 중 70점 이상 60%(단, 소형은행의 경우 70점이상 70%)

③ 직전 실시기간 : 해당 없음

④ 물적 요건 : 독립된 평가조직, 자체 평가모형 개발, 전산화 실시, 평가결과 집중체계 마련

나. 정식실시 단계(레벨2/레벨3)

① 전문인력 수 : TCB 승인기준에 따른 전문인력 10인/15인 이상(단, 소형은행의 경우 5인/7인 이상)

② 평가서 수준 : 직전 반기에 작성한 자체 평가서 중 10건을 임의추출하여 70점 이상 70%/80%(단, 소형은행의 경우 70점 이상 80%/80점 이상 80%)

③ 직전 실시기간 : 6개월

④ 물적 요건 : 예비실시 단계와 동일

다. 전면실시 단계(레벨4)

① 전문인력 수 : TCB 승인기준에 따른 전문인력 20인 이상(단, 소형은행의 경우 10명 이상)

② 평가서 수준 : 직전 반기에 작성한 자체 평가서 중 10건을 임의추출하여 80점 이상 80%(소형은행과 동일)

③ 직전 실시기간 : 1년

④ 물적 요건 : 예비실시 단계와 동일

4-3 은행 자체 기술신용평가 역량 평가

가. 평가요소

은행의 기술신용평가 역량은 전문인력 수, 평가서 수준, 실적요건(직전 단계 실시기간), 물적 요건으로 자체평가 실시 여부 및 단계를 결정하며, 자체 TCB평가 실시단계(레벨)가 상향될수록 자체평가에 기반한 기술신용대출 가능 금액이 증가한다.

〈표 Ⅱ-6〉 평가요소 및 단계별 인센티브

항목	예비실시	정식실시		전면실시
	Level 1	Level 2	Level 3	Level 4
전문인력 수	5명 이상	10명 이상	15명 이상	20명 이상
(소형은행)	(3명 이상)	(5명 이상)	(7명 이상)	(10명 이상)
평가서 수준	70점이상 60%	70점이상 70%	70점이상 80%	80점이상 80%
(소형은행)	(70점이상 70%)	(70점이상 80%)	(80점이상 80%)	(80점이상 80%)
직전레벨 실시기간	-	6개월	6개월	1년
물적 요건	별도 조직 마련, 자체 모형 구축, 전산화 등			
자체 TCB대출 가능금액*	-	20%	50%	제한없음

* 직전반기 TCB 대출 총액 대비 비율

나. 은행의 평가역량

은행권은 전문인력과 전담부서를 갖추고 차주 특성을 고려한 독자적 평가모형을 개발하는 등 기술금융 시스템이 고도화되고 있다.

〈표 II-7〉 은행의 기술평가역량

레벨	레벨4									레벨3
은행	산업	신한	우리	하나	기업	국민	부산	대구	농협	경남
평가모형	은행별 독자 기술평가모형 운영(업종·업력에 따라 세분화)									
전산시스템	기술금융 프로세스 전반에 적용									

레벨 4등급에 진입한 9개 은행은 전문기관 수준의 기술금융역량을 바탕으로 기업지원을 확대하고 있으며, 경남은행도 레벨3에 진입하여 총 10개은행이 자체 기술금융을 실시하게 되는 등 기술금융 시스템의 은행권 내재화가 가속화되고 있다. 이외에도 기술평가 전문인력이 여신·투자 의사결정 뿐만 아니라, 창업·R&D·IP 등 업무에 광범위하게 참여하여 컨설팅을 실시하는 등 기술평가 역량을 적극 활용하고 있다.

다. 평가서 품질

평가서 품질 수준은 비교적 안정적 궤도에 정착한 것으로 평가되고 있다. 대부분의 레벨 4 은행은 평가조직과 검수조직을 분리하는 등 자체 TCB평가 품질 제고 노력을 지속하고 있다.

라. 향후 발전방향

현재 외부 평가기관에 의존하고 있는 투자용 TCB평가, IP가치평가 등을 기술평가역량을 갖춘 은행이 자체적으로 실시할 수 있도록 관련 제도 정비가 요구된다. 이로써 은행이 자체 기술평가 역량을 여신용 TCB금융 외 투자·IP금융 등 다양한 분야에 활용할 수 있을 것으로 기대된다. 이외에도 선진적 기술금융 관행이 보다 효과적으로 확산될 수 있도록 TECH 평가 세부지표 등도 지속적으로 개편될 예정이다.

03 TCB, TDB 이해

TCB(Technology Credit Bureau)는 기업이 보유한 기술정보와 신용정보를 결합·평가하여 기술신용등급을 산출·조회·제공하는 것을 말하며, TDB(Technology DataBase) 기술신용평가에 필요한 기술·시장·기업 정보를 제공하는 데이터베이스를 의미한다.

정부(금융위원회)는 기술금융 활성화를 위해 '금융업 경쟁력 강화 방안' 및 '기술금융 활성화를 위한 기술평가 시스템 구축 방안'에 대한 수행과제로 TCB와 TDB를 신설·지정하였다. TDB는 한국신용정보원에서 담당하고 있고 TCB는 2021년 10월말 현재 한국평가데이터(KoDATA), NICE평가정보, 이크레더블, NICE디앤비, SCI평가정보, 한국기술신용평가 등 6개 기관을 지정하여 운영하고 있다. 기술금융 정책의 수립과정에서 기술보증기금[70]의 기술평가 표준모형을 기반으로 한 기술평가시스템을 벤치마킹하여 도입하였다. 다음은 TCB 6개기관 및 TDB의 현황을 살펴보고자 한다.

---

70) 기술보증기금은 기술금융 정책 초기부터 TCB기관으로 참여하였으나, 2018년 하반기부터 해당업무를 중단하였다.

1. 한국평가데이터(KoDATA)[71)]

한국평가데이터(주)(KoDATA)는 정부의 '중소기업 경쟁력 강화 종합대책('04년 7월)'에 의거 국내 기업신용정보 인프라 구축을 위해 국책기관과 민간 금융기관이 공동으로 설립한 국내 중소기업 신용평가전문 기업CB(Credit Bureau)이다. 기업 관련 각종 방대한 정보의 수집 및 가공, 그리고 전국 평가지사망을 통한 정확한 기업신용평가 업무를 수행하고 있으며 민간 TCB 사업자로 기술신용평가 업무를 수행하고 있다.

〈표 Ⅱ-10〉 주요 연혁

구분	주요연혁
2004년 7월	중소기업 경쟁력 강화 종합대책의 일환으로 기업CB 설립 추진
2005년 2월	법인 설립 등기 및 KoDATA 출범(설립일 2005.2.22)
2008년 7월	기업정보협의회 출범(금융기관 간 DB풀링협의체)
2012년 2월	금융위, KoDATA에 대한 중소기업 전담 신용정보회사 육성 방침 발표
2012년 9월	민영화를 위한 주주기관 간 지분조정 완료
2014년 7월	TCB 기술평가 업무 개시(민간 1호 TCB 겸업 승인 취득)
2022년 2월	한국평가데이터(KoDATA)로 사명 및 CI변경

〈표 Ⅱ-11〉 주주 구성

구분	주주기관
최대 주주	신보(15.0%)
2대 주주	기은/기보/산업/국민/농협/신한/우리/하나·외환(각8.96%)
기타 주주	중진공(4.62%), 수협/은행연(각2.17%), 대구/부산/전북(각1.45%)

71) 한국평가데이터 홈페이지를 참고하여 정리하였다.

2. NICE평가정보[72)]

NICE평가정보(주)는 금융 인프라 그룹인 NICE그룹에 소속되어 있으며, NICE 그룹은 신용정보, 금융서비스 등에 특화된 계열사를 보유하고 있다. 신용정보 부문의 주력회사인 NICE평가정보(주)는 기업, 개인(CB)신용정보 및 컨설팅, 기술신용평가(TCB) 부문에 특화된 회사로 2014년 7월 15일에 정부로부터 TCB 기술신용평가 겸업 승인을 얻어 기술금융 지원을 위한 평가업무를 시작하였다. 또한 '15년에는 기술성장기업 상장특례제도의 기술성평가기관으로 지정되어 코스닥 상장용 평가를 수행하고 있으며 2016년에 민간기업 최초로 '기술이전 및 사업화 촉진에 관한 법률'상의 기술평가기관에 지정되고, 2017년 발명의 평가기관(특허청)에 지정되는 등 여신, 투자, 기술거래 등 기술경영 전반의 평가 지원이 가능한 업무지원 체계를 구축하고 있다.

〈표 Ⅱ-12〉 주요 연혁

구분	주요연혁
1985년 2월	설립
2000년 10월	코스닥(KOSDAQ) 상장
2010년 11월	한국신용정보와 한국신용평가정보의 분할, 합병으로 NICE신용평가정보㈜ 출범
2103년 8월	NICE신용평가정보㈜에서 NICE평가정보㈜로 상호변경
2014년 4월	베트남사무소 설립
2014년 7월	TCB 기술신용평가 서비스 개시
2015년 9월	NICE지니데이타 설립
2019년 6월	'제56회 무역의 날' 백만불 수출의 탑 수상

72) NICE평가정보 홈페이지를 참고하여 정리하였다.

3. 이크레더블[73)]

이크레더블은 국내 3대 신용평가기관인 한국기업평가의 자회사로, 기업간 거래에 신용평가등급을 활용하여 거래위험을 최소화 할 수 있는 기업신용인증 서비스를 제공하고 있다. 2001년 설립이후, 2007년 세계 주요 신용평가기관인 Fitch Group에 편입되었고, 2015년 4월에 금융위로부터 기술신용평가기관(TCB) 겸업 승인을 받아 기술신용정보 생성 및 제공 업무를 개시하였다. 주요업무로는 기업신용평가외 기술상장특례 기술평가, 조달청 입찰 기술평가, 투자용 기술평가 업무를 하고 있다.

〈표 Ⅱ-13〉 주요연혁

구분	주요연혁
2001	신용인증사업을 목적으로 설립
2005	한국기업평가 계열 편입
2006	영남 평가사무소 개소 (영남, 호남평가사무소 운영)
2007	Fitch Group 편입
2008	코스닥 상장
2009	중국 신용평가 서비스 시작
2010	신용조회업 인가(금융위원회)
	인도 신용평가 서비스 확대
2012	이크레더블네트웍스 설립 (B2B 사업부 분사)
2015	기술신용평가(TCB) 업무개시 (금융위 승인)
2017	발명의 평가기관 지정 (특허청)
2018	기술평가기관 지정 (산업통상자원부)
2019	기업부실예측 솔루션 (CREDEX) 출시
2023	기술가치평가본부 설치

73) 이크레더블 홈페이지를 참고하여 정리하였다.

4. NICE디앤비[74)]

NICE디앤비는 금융인프라 기업인 NICE홀딩스(구. 한국신용정보)와 기업정보 전문기업인 D&B Corporation, 그리고 일본 신용조사 기관인 Tokyo Shoko Research(TSR)의 합작법인으로서 2002년 10월 설립된 기업신용정보 제공업체(Commercial Credit Bureau)이다. 2017년 1월 정관 사업목적에 기술신용정보 업무를 추가함으로써 대출용·투자용·상장특례용 기술신용평가 사업의 본격 수행 하고 있다. 이외에도 공공기관 제출용·민간기업 등록용 기업신용평가와 기업정보의 수집·가공·솔루션을 제공하고 있다.

〈표 Ⅱ-14〉 주요연혁

구분	주요연혁
2002년 10월	(주)디앤비코리아 설립 (한국신용정보, Dun & Bradstreet International(미), 동경상공리서치(일) 3개사 기업 CB(Credit Bureau) 설립 제휴)
2005년 7월	금융감독위원회로부터 신용정보업(신용조회, 신용조사) 허가 취득
2005년 9월	한국신용정보 기업신용정보 사업부문 양수
2006년 11월	글로벌 기업정보조회서비스 Hoover's Online 출시
2008년 5월	(주)나이스디앤비로 상호 변경
2011년 12월	나이스디앤비 코스닥시장 상장
2017년 2월	기술신용평가 서비스(TCB) 개시
2018년 12월	산업통상자원부로부터 "기술신용평가 기관"으로 신규지정
2023년 3월	과학기술정보통신부로부터 "데이터가치 평가기관"으로 신규지정

74) NICE디앤비 홈페이지를 참고하여 정리하였다.

5. SCI평가정보[75)]

SCI평가정보(SCI)는 고객과 함께하는 최고의 종합 신용평가 정보를 제공하는 기업으로 선진 신용사회와 밝고 건강한 신용문화 정착을 목표로 2015.12월 현재 사명으로 변경되었다. 더욱 공정하고 정확한 신용평가정보 서비스로 21세기 신용사회의 밝은 미래를 선도하는 기업으로 고객의 가치창조와 선진 신용문화 창달을 위해 2017.4월 민간 TCB 사업을 추가, 정부로부터 승인을 받아 기술신용평가를 수행하고 있다.

〈표 Ⅱ-15〉 주요연혁

구분	주요연혁
1992년 4월	서울신용조사(주) 설립
1995년 8월	신용정보업 허가 취득(재정경제원)
1999년 12월	코스닥(KOSDAQ) 상장
2000년 4월	서울신용평가정보㈜로 상호 변경
2006년 11월	주민번호 대체수단 "SIREN24 아이핀" 서비스 개시
2015년 12월	사명 변경 (서울신용평가정보㈜ → SCI평가정보㈜)
2016년 1월	신용평가사업부문 분할(서울신용평가㈜)
2017년 4월	기술신용평가(TCB) 서비스 개시
2017년 7월	AMC 사업 개시

6. 한국기술신용평가(K-TCB)

한국기술신용평가는 2020년 7월에 설립되었으며, 타 기술신용평가기관들의 경우 겸업 승인을 통해 해당 인허가를 획득한 반면, 한국기술신용평가는 개정된 법률에 의거하여 기술신용평가업무에 대한 허가를 2021년 9월에 획득하였다.

75) SCI평가정보 홈페이지를 참고하여 정리하였다.

한국기술신용평가는 지식재산 전문기업인 위즈도메인이 대주주로 참여하여 출자한 회사로 전세계 130여개국의 장기 시계열 기술특허 빅데이터와 20여년간 축적된 데이터 클랜징 및 분석 방법론을 활용하여 기술기업의 기술금융 지원업무를 수행하고 있다. 특허정보 빅데이터를 활용한 컨텐츠 차별화와 더불어 더 높은 전문성을 요구하는 분야에 집중하고 있다. 기술가치평가, 기술실사, 기술가치에 근거한 기업가치평가 등을 통하여, 시중은행을 중심으로 한 여신 의사결정 뿐만 아니라 딥 테크(deep tech) 기업들에 활발히 투자하고 있는 VC, AC들의 투자의사결정을 지원하기 위한 맞춤형 기술평가 및 신용평가 서비스를 확대하고 있다.

〈표 II-16〉 주요연혁

구분	주요연혁
2020년 7월	기술신용평가업을 목적으로 설립
2021년 9월	금융위원회 기술신용평가업 본허가 결정
2022년 1월	기술신용평가 서비스 개시
2022년 5월	한국거래소(KRX) '전문평가기관' 지정
2022년 12월	산자부 기술거래기관 지정
2023년 12월	특허청 '발명 등의 평가기관' 지정 한국거래소(KRX) 우수 전문평가기관 선정

7. TDB(Tech Database)[76]

7-1 TDB의 법률적 근거

TDB는 기술금융 활성화를 목적으로 2014년 7월 설립되었으며, 「신용정보의 이용 및 보호에 관한 법률」(이하 「신용정보법」) 및 「신용정보업감독규정」에 따라 한국신용정보원(종합신용정보집중기관)에서 그 기능을 수행하고 있다.

76) 당초 전국은행연합회에 설치('14.7.)되었으나 한국신용정보원 설립('16.1.)시 관련업무가 이전되었다(홈페이지 www.tdb.or.kr).

7-2 한국신용정보원

한국신용정보원은 「신용정보의 이용 및 보호에 관한 법률」에 따라 기존에 은행연합회 등 5개 금융협회의 신용정보집중기관 기능을 하나로 통합하여 2016.1월 설립된 기관으로 은행, 증권, 보험, 저축은행, 여신전문업, 대부업 등 모든 업권의 신용정보가 집중된다. 이외에도 신용정보법상 통합대상은 아니지만, 신용정보의 안전한 보호를 위하여 보험개발원의 일부 정보, 우체국 보험 등 4대 공제 정보도 한국신용정보원으로 통합되어 관리된다.

기대효과로는 각 협회 등에 분산 관리되던 신용정보가 한국신용정보원으로 통합되어 관리됨에 따라 신용정보의 보안 관리가 강화되며 기존 협회에 비해 강화된 내부통제, 진화된 보안체계, 금융보안원의 보안관제·취약점분석평가 등을 통해 신용정보가 안전하게 관리될 것으로 기대된다.

〈표 Ⅱ-17〉 한국신용정보원 통합정보 내역

구분	항목	세부항목	비고
은행연합회	기술신용정보	기술신용평가정보 등	기술신용
	신용거래정보	대출, 보증, 신용공여 등	일반신용
	신용도판단정보	연체 등	
	신용능력정보	기업 재무정보 등	
	공공정보	체납정보 등	
금투협회	미수발생 등	발생일자 등	
여신협회	복수카드 정보	2개 이상 복수카드소지자	
	보상회원 등	사고발생에 관한 회원 등	
보험협회	보험여신 정보	신용거래정보(대출, 연체) 등	
	보험사기 방지	생보 계약·사고, 손보 계약	보험신용
	실손보험가입확인	생·손보 개인실손	
보험개발원	보험사기 방지	생·손보 사고, 공제계약·사고	
	실손보험가입확인	생·손보 단체실손, 공제 실손	

7-3 TDB 업무 개요

가. TDB(Tech Data Base) 개요

TDB에는 다수의 협약기관으로부터 수집한 기술정보 및 시장정보뿐 아니라 자체 생산한 TDB보고서, 해외 보고서 등 약 1천만여 건의 자료가 구축되어 있다. 이 기술정보 데이터베이스는 은행, 기술보증기금, 신용보증기금과 기술신용평가기관(TCB) 및 자율이용기관 등에서 활용하고 있다.

나. 수행 업무

TDB는 은행과 TCB로부터 기업 및 법인의 기술신용정보와 이에 근거한 기술신용대출 잔액 및 연체 정보 등을 집중하고 있다. 또한 기술평가에 필요한 기술·시장정보 등 다양한 정보를 생산·수집·가공하여 고품질의 맞춤형 DB를 기술신용평가기관 및 금융회사 등에 제공한다. 이를 통해 은행 및 기술신용평가기관은 평가모형 개선 등에 활용되도록 한다.

〈그림 Ⅱ-6〉 기술신용정보 업무 흐름도

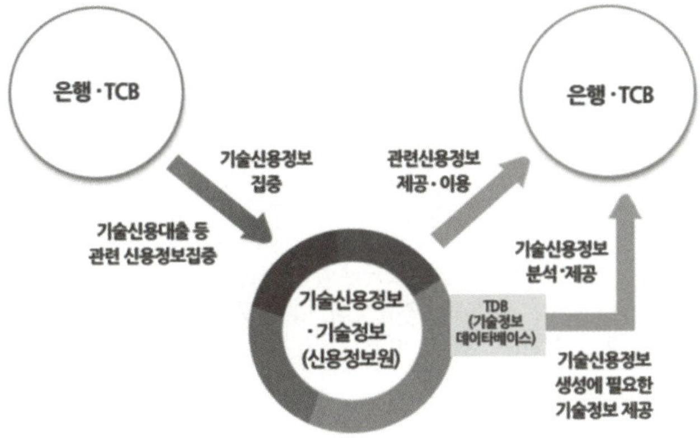

7-4 TDB 제공정보

TDB는 자체 생산 보고서, 외부 수집정보 등 금융기관의 투·융자 심사와 기술신용평가 등에 필요한 기업·기술·시장정보를 One-Stop으로 제공하고 있다 (TDB 포털 : www.tdb.or.kr)

TDB 홈페이지에서 조회할 수 있는 기술신용정보 구성은 다음과 같다.

〈표 Ⅱ-18〉 기술신용정보의 구성

신용거래정보		신용판단정보
전체대출 관련	기술신용대출 관련	
대출잔액 담보잔액 운전자금대출잔액 시설자금대출잔액	대출잔액 담보잔액 운전자금대출잔액 시설자금대출잔액	원금/이자연체여부 원금 연체금액

또한 은행 및 TCB평가기관은 한국신용정보원의 〈표 Ⅱ-19〉 TDB 제공정보를 활용하여 TCB평가 및 여신심사시 적극 활용토록 하고 있다.

〈표 Ⅱ-19〉 TDB 제공정보

구분		주요 정보
TDB 제공정보	기업정보	- (제공방식) 기술신용정보 및 외부기관 네트워크(협약) 활용 - (주요제공정보) 기업의 기술력 현황 정보 및 연계 정보, 우수 기술기업 리스트 등 기술금융 지원 대상 기업 관련 정보 제공
	기술정보	- (제공방식) 기술신용정보, 국내외 전문 기술자료, 외부기관 네트워크(협약) 활용 - (주요제공정보) 기술평가·여신심사에 활용하기 위한 기술(제품)의 개요, 기술동향, 핵심기술, 기술경쟁력, 업체현황, 심층분석의견 등의 기술 분석정보 제공
	시장정보	- (제공방식) 기술신용정보, 국내외 전문 시장자료, 외부기관 네트워크(협약) 활용 - (주요제공정보) 기술평가·여신심사에 활용하기 위한 기술(제품)의 시장개요, 산업특징, 시장규모 및 전망, 주요업체, 심층분석의견 등 시장 분석정보 제공
	통계분석 정보	- (제공방식) 기술신용정보 및 외부수집정보 활용 - (주요제공정보) 기술금융지원 의사결정을 위한 기술금융 현황 및 효과 분석, 산업 분석 등의 정량(통계) 분석정보 제공

종 • 합 • 정 • 리

1. 기술금융정책 추진 배경

국내의 기술금융정책은 기술사업화와 금융정책이라는 두 가지 측면에서 추진되어 왔다고 할 수 있다. 산업부 등에서는 기업의 기술사업화를 지원하는 수단으로 기술금융을 고려해왔으며, 금융위 등에서는 금융산업의 변화와 중소기업금융 관점에서 정책을 입안하고 있다. 그렇더라도 기술금융정책은 여러 관계부처가 협력하여 정책안을 추진하는 것이 일반적이다.

2. 금융위 기술금융시스템 구축

금융위에서는 기존의 금융관행을 타파하고 기술이나 아이디어 등의 창업 및 사업화에 금융 지원을 강화함으로써 창조경제를 구현하기 위한 '기술금융 활성화 정책'을 추진하였다. 과거 개인과 기업 신용평가체계 구축 사례를 벤치마킹하여 기술정보와 기술평가 시스템을 체계화함으로써, 기술금융 추진 기반을 조성하는 것이 주목적이다. 이를 위해서 공신력 있는 기술신용평가기관(TCB: Technology Credit Bureau)을 지정하고, 이를 활용하여 은행에 기술신용정보를 제공하며 기술정보와 평가정보를 TDB(Technology Data Base)에 축적하는 방안이 핵심이다.

3. 기술금융 생태계 조성을 위한 추진과제

기술금융 활성화의 기반이 되는 기술평가 생태계를 조성하기 위해 ① 공공재적 성격의 기술정보DB 구축, ② 민간 기술신용평가기관(TCB) 활성화, ③ 금융권의 기술평가역량 제고, ④ 기술평가정보의 활용도 제고를 추진과제로 제시하였다.

4. 특허청, 금융위의 지식재산금융 활성화 정책

2018년 12월 특허청과 금융위는 부동산이나 신용도가 부족해 금융권의 높은 문턱을 넘기 어려웠던 기술집약형 중소기업들이 지식재산(IP)을 통해 금융권으로부터 보다 쉽게 자금을 마련할 수 있도록 하기 위하여「지식재산(IP) 금융 활성화 종합대책」을 공동으로 발표했다. 이 정책을 통해 향후 5년간, 9천여 개 중소기업 지원하여 600억 원의 이자비용을 절감하도록 하며, IP담보대출 회수지원시스템 도입, IP 투자 펀드 조성 확대 등 IP 금융을 2022년까지 2조 원 규모로 키우는 것을 목표로 하고 있다.

5. 기술금융 실적 평가(TECH평가)

TECH평가는 기술금융 비중(Technology Financing), 기술사업화 지원(Enterpreneurship), 신용지원 비중(Credit Financing), 전문인력(Human Resources)을 의미한다

6. 기술금융 실적 평가(TECH평가)지표 구성

평가지표의 구성은 기술신용대출 공급규모 30점, 기술대출 기업지원 42점, 기술기반 투자확대 10점, 지원역량, 품질제고 등 15점(정성평가)으로 구성되었다.

7. TCB, TDB 지정 현황

정부는 기술금융 활성화를 위해 '금융업 경쟁력 강화 방안' 및 '기술금융 활성화를 위한 기술평가 시스템 구축 방안'에 대한 수행과제로 TCB(Technology Credit Bureau, 기술신용평가기관)와 TDB(Technology Data Base, 기술정보DB)를 신설·지정하였다. TCB기관은 한국평가데이터와 NICE평가정보, 이크레더블, NICE디앤비, SCI평가정보, 한국기술신용평가 등 6개 기관을 지정 운영하고 있으며, TDB는 한국신용정보원에서 집중관리하고 있다.

8. 기술보증기금

기술보증기금은 특별법인 「기술보증기금법」을 근거로 1989년 4월 설립되었으며, 설립목적은 기술보증제도의 정착·발전으로 기술중소기업에 대한 자금 공급을 원활히 하고, 나아가 국민경제 발전에 이바지하며, 기술보증과 기술평가를 통한 기술금융 활성화로 기술혁신기업의 기술개발 촉진과 사업화 및 성장을 지원하는 데 있다.

9. TCB(NICE평가정보)

NICE평가정보(주)는 금융 인프라 그룹인 NICE그룹에 소속되어 있으며, NICE 그룹은 신용정보, 금융서비스 등에 특화된 계열사를 보유하고 있다. 신용정보 부문의 주력회사인 NICE평가정보㈜는 기업, 개인(CB)신용정보 및 컨설팅, 기술신용평가(TCB) 부문에 특화된 회사로 2014년 7월 15일에 정부로부터 TCB 기술신용평가 승인을 얻어 업무를 확장하였다.

10. 한국평가데이터(KoDATA)

한국평가데이터(주)(KoDATA)는 정부의 '중소기업 경쟁력 강화 종합대책('04년 7월)'에 의거 국내 기업신용정보 인프라 구축을 위해 국책기관과 민간 금융기관이 공동으로 설립한 중소기업 신용평가전문 기업CB(Credit Bureau)이다. 기업 관련 각종 방대한 정보의 수집 및 가공, 그리고 전국 평가지사망을 통한 정확한 기업신용평가 업무를 수행하고 있으며 민간 TCB 사업자로 기술신용평가 업무를 수행하고 있다.

11. TCB(이크레더블)

이크레더블은 한국기업평가 자회사로 기업 간 거래에 신용평가등급을 활용하여 거래위험을 최소화 할 수 있는 기업신용인증 서비스를 실시하고 있다. 2001년 설립이후 2007년 세계 신용평가기관인 Fitch Group에 편입되었고 2015년 4월 8일 국내 4번째로 기술신용평가기관(TCB)으로 금융위로부터 승인을 받아 기술신용정보 생성 및 제공업무를 개시하였다.

12. TCB(NICE디앤비)

NICE디앤비는 금융인프라 기업인 NICE홀딩스(구. 한국신용정보)와 기업정보 전문기업인 D&B Corporation, 그리고 일본 신용조사 기관인 Tokyo Shoko Research(TSR)의 합작법인으로서 2002년10월 설립된 기업신용정보 제공업체(Commercial Credit Bureau)이다. 2017년 1월 정관 사업목적에 기술신용정보 업무를 추가함으로써 TCB기관으로 역할을 수행하고 있다.

13. SCI평가정보

SCI평가정보(SCI)는 고객과 함께하는 최고의 종합 신용평가 정보를 제공하는 기업으로 선진 신용사회와 밝고 건강한 신용문화 정착을 목표로 2015.12월 현재 사명으로 변경되었다. 더욱 공정하고 정확한 신용평가정보 서비스로 21세기 신용사회의 밝은 미래를 선도하는 기업으로 고객의 가치창조와 선진 신용문화 창달을 위해 2017.4월 민간 TCB 사업을 추가, 정부로부터 승인을 받아 기술신용평가를 수행하고 있다.

14. 한국기술신용평가

한국기술신용평가는 2020년 7월 기술신용평가 업무를 전문으로 하는 기술신용평가기관으로 설립되었다. 2021.10월 금융위원회로부터 기술신용평가업을 허가받음으로써 민간 기술신용평가기관으로 TCB 업무를 수행하고 있다.

15. TDB(한국신용정보원)

한국신용정보원은 「신용정보의 이용 및 보호에 관한 법률」에 따라 기존에 은행연합회 등 5개 금융협회의 신용정보집중기관 기능을 하나로 통합하여 2016.1월 설립된 기관으로 은행, 증권, 보험, 저축은행, 여신전문업, 대부업 등 모든 업권의 신용정보가 집중된다. 이외에도 신용정보법상 통합대상은 아니지만, 신용정보의 안전한 보호를 위하여 보험개발원의 일부 정보, 우체국 보험 등 4대 공제 정보도 한국신용정보원으로 통합되어 운영된다.

연•습•문•제

1. TCB는 기업이 보유한 기술정보와 신용정보를 결합·평가하여 기술신용등급을 산출·조회·제공하는 것을 말하며, TDB는 기술신용평가에 필요한 기술·시장·기업 정보를 제공하는 데이터베이스를 의미한다(○, ×)

2. 은행 자체 기술신용평가 실시요건에 대한 구분으로 예비실시 단계의 경우에는 레벨1, 정식실시 단계의 경우에는 레벨2, 전면실시 단계의 경우에는 레벨3에 해당되어야 한다(○, ×)

3. 기술금융 실적 평가인 TECH평가는 기술금융 비중(Technology Financing), 기술사업화 지원(Enterpreneurship), 신용지원 비중(Credit Financing), 전문인력(Human Resources)을 의미한다.(○, ×)

4. 지식재산(IP)금융은 산업부가 주도적으로 추진하는 정책으로, 기업의 기술사업역량을 평가하여 지원하는 제도이다. (○,×)

5. 기술신용평가기관(TCB: Technology Credit Bureau)이란 기업의 기술신용정보를 산출하여 금융기관에 제공하는 기관을 말한다. 다음 중 현재 TCB 평가기관에 해당하지 않는 곳은? (   )
   ① 이크레더블
   ② NICE평가정보
   ③ 한국기술신용평가
   ④ 코리아크레딧뷰로(KCB)

6. 다음 중 「신용정보의 이용 및 보호에 관한 법률 시행령」에서 정한 기술신용정보의 범위에 해당하지 않는 것은? (   )
   ① 기술신용평점
   ② 기술신용등급
   ③ 기술신용 한도액
   ④ 기술신용평가액

연•습•문•제

7. 「신용정보의 이용 및 보호에 관한 법률」에 따라 기존에 은행연합회 등 5개 금융협회의 신용정보집중기관 기능을 하나로 통합하여 2016.1월 설립된 기관으로 은행, 증권, 보험, 저축은행, 여신전문업, 대부업 등 모든 업권의 신용정보를 관리하는 TDB 기능을 수행하고 있는 기관은? (　　　　　)

8. 투자기업에 출자하여 지분을 확보하고 이의 매각 등을 통해 이익을 실현하는 대표적 위험 금융(risk financing)으로, 고 기술을 보유하거나 혁신적인 기업이 사업화 과정에서 필요한 자금을 공급하는 기술금융을 무엇이라고 하는가? (　)
   ① 기술평가보증 제도
   ② 기술담보대출 제도
   ③ 벤처캐피탈 투자
   ④ 기술평가인증 제도

9. 다음 중 TECH 평가에 대한 설명으로 바르지 못한 것은? (　)
   ① 평가결과에 따른 인센티브로 온랜딩 공급한도 등을 차등 배분하고 있다.
   ② 은행 리그별로 나누어 평가하고 평가결과에 대하여 신·기보 출연료를 상위은행은 감면하고, 하위은행은 가산한다.
   ③ 효율적인 평가수행을 위하여 정성평가와 정량평가로 2개 실무반으로 나누어 평가한다.
   ④ 매년말 1회 평가한다.

10. 기술신용평가를 활용한 기술금융 정책의 기반이 된 법률은? ( )
   ① 기술의 이전 및 사업화촉진에 관한 법률
   ② 신용정보의 이용 및 보호에 관한 법률
   ③ 자본시장과 금융투자업에 관한 법률
   ④ 발명진흥법

11. 다음 중 기술금융, 지식재산(IP)금융과 관련된 설명으로 부적절한 것은? ( )
   ① 기술금융에 대한 인식은 부처에 따라 다르나, 여러 부처가 협력하여 추진하는 것이 일반적이다.

연•습•문•제

② 기술이전 · 사업화 촉진계획에서는 기술 사업화를 촉진하는 수단으로 기술금융을 활용한다

③ 특허청의 IP금융은 담보대출, 보증, 투자로 그 유형이 구분된다

④ 지식재산권의 재산권적 성격이 정보비대칭성과 불확실성을 증가시킨다.

정 • 답 • 및 • 해 • 설

1. ○
TCB, TDB에 대한 올바른 표현이다.

2. ×
정식실시 단계의 경우에는 레벨2, 레벨3가 해당된다.

3. ○
TECH평가는 기술금융 비중(Technology Financing), 기술사업화 지원(Enterpreneurship), 신용지원 비중(Credit Financing), 전문인력(Human Resources)을 의미하므로 올바른 설명이다.

4. ×
지식재산(IP)금융은 특허청과 금융위가 추진하고 있는 정책으로, 기업이 보유한 지식재산(IP)에 대한 가액 · 등급을 평가하고 금융기관이 IP를 기반으로 담보대출 · 투자 · 보증을 실행하는 것이다.

5. ④
정부는 TCB로 현재 한국평가데이터(KoDATA), NICE평가정보 및 이크레더블 등 6개 기관을 지정 운영하고 있다. 따라서 코리아크레딧뷰로(KCB)는 해당하지 않는다.

6. ③
「신용정보의 이용 및 보호에 관한 법률 시행령」 제2조에서 정한 기술신용정보의 범위는 기술신용평점, 기술신용등급, 기술신용평가액, 평가의견 등이다.

7. 한국신용정보원
한국신용정보원은 「신용정보의 이용 및 보호에 관한 법률」에 따라 기존에 은행연합회 등 5개 금융협회의 신용정보집중기관 기능을 하나로 통합하여 2016.1월 설립된 기관으로 은행, 증권, 보험, 저축은행, 여신전문업, 대부업 등 모든 업권의 신용정보를 관리하고 있다.

정 • 답 • 및 • 해 • 설

8. ③
벤처캐피탈 투자에 대한 설명이다.

9. ④
매년 반기별로 2회 평가한다.

10. ②
금융위는 「신용정보의 이용 및 보호에 관한 법률」을 기반으로 기술신용평가를 활용한 기술금융 정책을 시행하였다

11. ④
지식재산권의 재산권적 성격이 정보비대칭성과 불확실성을 완화시킨다.

제1편

기술금융

제3장 기술신용평가 시스템

1 기술신용평가의 세부 업무처리 절차

2 기술신용등급 정의 및 이해

3 기술신용평가모형과 평가서 구성

학습목표

1. 기술등급, 신용등급과 기술신용등급의 개념과 관련성을 이해하고 설명할 수 있다.
2. 기술신용평가 시스템을 이해하고 은행 여신 업무에 적용할 수 있다.
3. 기술신용평가 대상을 사전에 판단할 수 있다.
4. 기술신용평가 절차를 이해하고 설명할 수 있다.

학습개요

본 장에서는 은행과 TCB 기관 간의 기술신용평가 업무처리 절차와 TCB 평가서의 개략적인 구성에 대하여 살펴보고, 대출 신청기업이 기술평가의 대상이 되는지에 대한 사전 판단 기준과 기술평가 절차에 대해서 학습한다. 신용등급, 기술등급과 기술신용등급의 개념과 서로 간의 관련성을 이해하고 여신심사에 반영할 수 있는 역량을 갖추도록 한다. 또한 기술보증기금의 기술평가모형을 비롯하여 TCB 기관들의 기술신용평가 시스템에 대하여 전반적으로 이해한다.

주요 용어

1. 약식 기술신용평가서

기술등급, 신용등급, 기술신용등급 및 총괄적인 평가의견이 표함된 표지, 기업 현황, 항목별 평가결과, 요약 평가의견 등 기술신용평가의 핵심적인 평가 내용이 기술된 평가서

2. 표준 기술신용평가서

약식 기술신용평가서 내용에 기술적 우수성과 시장 경쟁력에 대한 세부 평가의견 및 평가등급 부여에 대한 근거 등이 추가로 기술된 표준평가서

3. 기술신용등급

기술신용평가서의 최종등급으로, 기술등급과 신용등급을 각각 산출한 후 각 등급별 평점의 가중결합으로 결정되며, 기업의 미래 성장 가능성을 반영한 채무불이행위험을 나타내는 등급으로 정의된다. 즉, 과거지향적인 신용등급에 기술 기반의 미래 성장가능성을 의미하는 기술등급을 결합하여 산출된 등급이 기술신용등급이다.

4. 기술등급

기업의 기술경쟁력과 기술사업화역량 등을 평가하여 미래 성장 가능성을 나타내는 등급

5. 신용등급

기업의 재무상황 등을 평가하여 미래의 채무불이행위험을 나타내는 등급

01 기술신용 평가의 세부 업무처리 절차

기술금융 정책시행 초기에는 은행의 기술신용평가는 모두 외부 TCB 기관에서 수행하였으나, 현재는 금융위에서 은행의 자체 기술금융 역량을 심사하고 레벨 2 이상의 은행인 경우는 일정부분 자체적으로 기술신용평가가 가능하도록 하고 있다. 〈그림 Ⅲ-1〉에서는 은행이 TCB기관에 기술신용평가를 의뢰하는 경우의 업무추진체계를 나타내었다.

① 단계는 기업이 금융기관에 대출을 신청하는 단계이다.

② 단계에서는, 은행에서 신청기업의 평가대상 여부를 판단하고 기존의 유효 평가서 보유 여부 등을 감안하여, 필요시 TCB 기관에 평가를 의뢰한다.

③ 단계에서는 TCB 기관에서 평가에 필요한 서류를 신청기업에 요청하고 접수한다.

④ 단계에서는 TCB 기관이 신청기업에 대한 현장 실사와 기술신용평가를 수행한다.

⑤ 단계에서는 TCB 기관에서 기술신용평가서를 은행에 회신한다.

⑥ 단계에서는 은행에서 평가서를 활용하여 여신심사하고 대출을 시행한다.

〈그림 Ⅲ- 1〉 기술신용평가 업무 추진체계

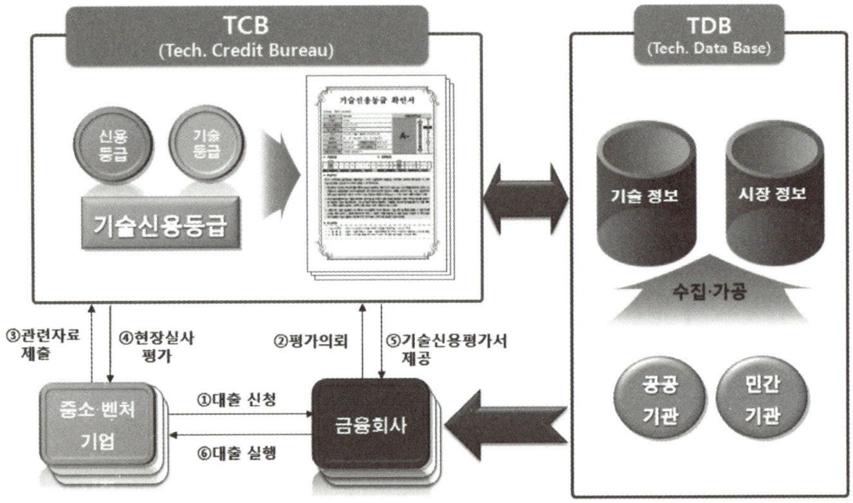

1. 기술금융의 대상

기업에서 기술금융지원을 목적으로 신청하는 사업이 기술신용평가 대상으로 적절한지에 대하여 은행에서 사전 검토를 하게 되는 데, 이는 은행에서 부담하는 TCB 평가수수료와 업무처리의 효율성 때문이다. 정부에서는 시행 초기에 모든 평가건을 기술금융 실적으로 인정하였으나, 현재는 기술등급 T6(상위 6등급)이상인 건만 실적으로 인정하고 있다.

평가대상 여부를 특정기술이나 특정업종으로 단순하게 분류하기는 어려우며. 또한 특허권 등의 지식재산권 보유여부를 기준으로 하는 것도 불합리한데, 이는 노하우 또는 영업비밀 형태로 기술을 보유하고 있는 기업들도 있기 때문이다.

한편 금융위원회(신용정보원)에서는 2020년 기술금융의 영역을 분명히 하고 실효성 있는 기술금융 지원을 위해 기술금융 가이드라인을 마련하고 기술금융 대상 기업규모, 적합업종, 관련 대출 과목 등에 관한 사항 및 기준을 명시하였다. 〈표 III-1〉에서는 기술금융 대상 업종을 나타내고 있다.

〈표 Ⅲ-1〉 기술금융 대상 업종[77)]

① 기술금융 대상 업종은 한국표준산업분류(10차)(이하 "KSIC"라 한다)에 따른 여신취급업종을 기준으로 하여 다음 각 호의 업종으로 한다.

1. KSIC 상 제조업(C10-34), 환경업(E36-39), 건설업(F41-42)
2. 「산업발전법 시행령」제3조제1항별표2의 지식서비스 산업 중 기술 연관성이 높은 것으로 이 가이드라인에서 정한 업종 〈표III-2〉
3. 통계청 콘텐츠산업특수분류 연계표에 따른 문화콘텐츠 산업 중 기술 연관성이 높은 것으로 이 가이드라인에서 정한 업종 〈표III-3〉

② 제1항에 따른 기술금융 대상 업종이 아닌 경우 기술 연관성이 객관적으로 입증되어 다음 각 호의 어느 하나에 해당하는 경우에 기술금융 대상으로 본다.

1. 「신에너지및재생에너지개발·이용·보급촉진법」에서 정하는 신·재생에너지 산업 영위 기업

> ※ 신·재생에너지 관련 산업의 범위
> - 신·재생에너지를 생산·이용하는 기술 개발
> - 신·재생에너지설비의 개발 및 제조
> - 신·재생에너지설비 등을 설치·이용하여 에너지 생산
>
> * 신·재생에너지는 「신에너지 및 재생에너지 개발·이용·보급 촉진법」 제2조 제1호와 제2호에서 정의하는 에너지원을 말함

2. 「벤처기업육성에관한특별조치법」에 따른 벤처기업
3. 「중소기업기술혁신촉진법」에 의한 기술혁신형중소기업(이노비즈기업)
4. 한국산업기술진흥협회가 인정한 '기업부설연구소' 및 '연구개발전담부서(산업디자인 및 지식기반서비스 포함)' 보유기업
5. 한국연구개발서비스협회가 연구개발업으로 인정한 기업
6. 한국디자인진흥원이 산업디자인전문회사로 인정한 기업
7. 국가연구개발사업 수행기업(국가과학기술지식정보서비스(NTIS) 확인 등)
8. 당기 연구개발비를 지출하고 있는 기업 (재무제표 확인)
9. 기술관련 정부 포상 기업(IR52장영실상(한국산업기술진흥협회), 대한민국 기술대상(산업통상자원부), 특허기술상(특허청) 등 정부연계포상 (지자체, 민간 단독 포상은 제외))
10. 기술관련 정부 인증 보유기업(중소기업우수제품마크(중소벤처기업부), NET/NEP(산업통상자원부 등), 세계일류상품(산업통상자원부) 등의 인증(지자체, 민간 단독 인증은 제외))
11. 평가대상기술관련 개별 법률에 따라 등록된 지식재산권 보유기업
12. 외국/국공립연구소, 정부출연 연구기관, 대학(전문대학 포함)의 연구소 등과 기술이전 계약을 맺고 사업화하는 기업(기술이전계약 확인)
13. 평가대상기술 분야 기술전문인력(박사 및 국가기술자격 중 기술사·기사·기능장에 한정)을 보유한 기술 기업 (단, 국가전문자격은 제외)
14. 「산업교육진흥 및 산학협력촉진에 관한 법률」에 근거한 산학협력기술지주회사
15. 기술이전법에 근거한 연구첨단기술지주회사
16. 「벤처기업육성에 관한 특별조치법」에 근거한 신기술창업전문회사
17. 「대덕연구개발특구등의 육성에 관한 특별법」에 근거한 연구소기업
18. 「농림축산식품부 스마트팜 확산사업」에 선정되거나 영농기술과 ICT기술을 융복합하여 사업화하는 기업
19. 평가대상기술 관련 업종이 제1항에 해당하며 해당 사업의 당기매출이 확인되는 기업 (재무제표로 확인)
20. 그 밖에 평가대상기술의 차별성 및 혁신성이 객관적으로 입증되어 은행 내부기준에 따라 본점의 심사역협의회 또는 그에 준하는 의사결정기구의 의결 절차를 거쳐 승인된 기업

③ 제1항과 제2항에 따라 기술금융 대상 업종 및 기술 연관성 판단 시 [별표 3의 2]와 [별표 3의 3]을 준수하여야 한다. 〈신설 2022.8.1〉

④ 제1항과 제2항에도 불구하고 사업을 개시하지 않은 사업자의 부동산(공장, 사무실 등) 거래 (분양, 매매, 임대 등)와 관련된 여신은 기술금융으로 취급할 수 없다. 〈신설 2022.8.1〉

77) 기술금융 가이드라인 제16조

[별표 3의 2]

기술금융 대상 업종 판단 시 유의사항(제16조제3항 관련) 〈신설 2022.8.1〉

업종	취급 유의
전자상거래 소매 중개업(47911) 및 전자상거래 소매업 (47912)	가. 전산시스템은 평가대상기업이 자체적으로 운영 중인 홈페이지, 서버 등을 의미하며, 다음의 해당하는 경우에는 전산시스템으로 불인정 1) 오픈마켓(쇼핑몰), 사업자용 통합쇼핑몰, 블로그 등을 이용하는 경우 2) 대출 및 평가시점에 임시 개설한 경우. 단, 대출 및 평가시점은 대출 상담일부터 여신 실행일까지를 의미한다. 3) 해당 전산시스템을 통해 실제 상거래 행위가 발생하지 않는 경우 나. 개발/유지보수 인력은 평가대상기업의 전산시스템(홈페이지, 서버 등)을 개발하거나 디자인 변경(UI/UX) 등의 유지·보수 업무를 수행하는 인력을 의미하며, 다음에 해당하는 인력은 개발/유지보수 인력으로 불인정 1) 판매상품의 정보를 등록 및 수정하는 업무를 수행하는 인력 2) 단순히 전산시스템을 활용 또는 운용하는 인력 다. 다음의 경우에는 전자상거래 소매 중개업 또는 전자상거래 소매업으로 업종 분류 불가 1) 기업이 제품을 직접 제조한 후 전자상거래 방식으로 판매하는 경우 2) 기업이 전자상거래 방식으로 제품을 판매하고 있으나 오프라인 판매처(매장 등)를 동시에 운용하는 경우 3) 자동차(중고차 포함) 및 자동차 부분품을 최종 소비자에게 판매하는 경우 4) 그 밖에 통계청 한국표준산업분류 업종분류 기준에 따라 전자상거래 소매 중개업 또는 전자상거래 소매업으로 분류가 불가능한 경우
온라인 교육 학원 (85503)	가. 다음의 기준을 모두 충족하는 경우 기술금융을 대상으로 취급 가능 1) 강의 내용물을 제작/보유하고 있을 것 2) '학원의 설립·운영 및 과외교습에 관한 법률 시행령(별표 2)의 학원의 교습과정〈참고〉' 중 평생직업 교육학원(독서실 제외)으로 통신 및 인터넷 플랫폼을 통해 교육하는 기업일 것. 다만, 온라인 교육과 오프라인 직접 교육을 병행하는 경우, 온라인 교육 매출 비중이 50% 이상인 기업에 한해 취급 가능하다.
병의원 (861~862)	가. 차별성 있는 의료 기술을 개발·도입·활용하는 경우에 한하여 취급 가능 나. 기술연관성이 낮은 다음의 경우 취급 불가 1) 일반 외래 진료와 관련된 경우 2) 의료기술 개발·도입·활용 목적이 아닌 병·의원 운영 등을 위한 의료정보 및 시스템 활용 및 운용과 관련된 경우
한의원 (86203)	가, 한의원 및 한방병원은 한의약품 제조업(21220)으로 분류 및 평가 불가 (통계청 한국표준산업분류 업종분류 해설서 참고)

[별표 3의 3]

기술연관성 확인 시 유의사항(제16조제3항 관련) 〈신설 2022.8.1〉

구분	취급 유의
제16조제2항 제10호	가. 지자체, 민간 단독 인증 제외 나. 보건복지부 발급 '의료기관 인증서' 제외(병·의원 업종 취급 시)
제16조제2항 제11호	가. 다음의 지식재산권에 한하여 인정 1) 특허법·실용신안법 · 디자인보호법·상표법에 따라 특허청에 등록된 특허권, 실용신안권, 디자인권, 상표권(출원중인 경우 미해당) 2) 저작권법에 따라 한국저작권위원회에 등록된 저작재산권(프로그램, 데이터베이스 포함) 3) 반도체집적회로의 배치설계에 관한 법률에 따라 특허청에 등록된 반도체 배치설계권 4) 식물신품종보호법에 따라 국립종자원(농업용), 산림청(산림용), 국립수산과학원(해조류)에 등록된 품종보호권 ※ 평가일 현재 분쟁 및 권리침해사실 등이 있는 지식재산권도 인정하나, 평가서에 관련 의견 반드시 기재 나. 다음의 경우는 제11호로 취급 불가 1) 논문(학회 발표논문, 학술지 게재논문, 학위 논문 등) 2) 영업권 3) 도메인 4) 그 밖에 광의의 지식재산권에는 해당되나, 개별 법률에 따라 등록되지 않거나 기술연관성이 낮은 지식재산권
제16조제2항 제12호	가. 외국/국공립연구소, 정부출연 연구기관, 대학(전문대학 포함)의 연구소 등에서 개발된 기술을 이전받아 사업화한 경우를 지칭하는 것으로, 기술이전·거래 계약이 확인되는 경우에 한해 취급 가능 ※ 기술이전·거래를 수반하지 않는 기술협력(R&D) 및 기술사업화는 제12호 적용 불가
제16조제2항 제13호	가. 평가대상기술 분야 기술전문인력이 1인 이상 재직 중인 경우 취급 가능 ※ 평가대상기술 분야가 아닌 기술전문인력은 취급 불가 (예시, 일반의원(86201)에서 정보처리기사 인력을 보유하고 있더라도, 평가대상기술 분야 전문인력으로 볼 수 없기 때문에 취급 불가) 나. 박사 학위자의 경우, 학술연구정보서비스(RISS)에서 확인되는 박사학위 논문 또는 박사학위 증명서로 증빙할 수 있는 경우에 한정하며, 평가서에 반드시 기재(제17조 제3항) 다. M.D. 및 Pharm.D.는 박사 학위자 불인정 (병·의원 업종 취급 시) ※ M.D.(의무박사) : Medical Doctor, 미국 소재 의대 또는 의학전문대학원 졸업 후 의사국가시험 합격 시 수여받는 전문박사학위로, 국내에서는 일반의를 지칭 ※ Pharm D: Doctor of Pharmacy, 6년제 약학대학 졸업생의 영문학위 명칭

〈표 Ⅲ-2〉 지식서비스 산업의 범위

해당업종	한국표준산업분류 (10차)
환경 정화 및 복원업	39
전자상거래 소매 중개업	47911
전자상거래 소매업	47912
소프트웨어 개발 및 공급업	582
영화, 비디오물 및 방송프로그램 제작업	5911
영화, 비디오물 및 방송프로그램 제작 관련 서비스업	5912
음악 및 기타 오디오물 출판업	59201
전기 통신업	612
컴퓨터 프로그래밍, 시스템 통합 및 관리업	62
정보서비스업	63
연구개발업	70
광고업	713
시장 조사 및 여론 조사업	714
건축 기술, 엔지니어링 및 기타 과학기술 서비스업	72
전문 디자인업	732
사업 및 무형 재산권 중개업	73903
물품 감정, 계량 및 견본 추출업	73904
그 외 기타 분류 안된 전문, 과학 및 기술 서비스업	73909
보안 시스템 서비스업	75320
전시, 컨벤션 및 행사 대행업	75992
신용 조사 및 추심 대행업 (신용정보를 수집 · 제공하는 사업만 해당한다)	75993
온라인 교육 학원 (기술 및 직업훈련 교육을 제공하는 경우에만 해당한다)	85503

〈표 Ⅲ-3〉 문화콘텐츠 산업의 범위

해당업종	한국표준산업분류 (10차)
인쇄업	1811
제판 및 조판업	18121
기록매체 복제업	18200
모조 귀금속 및 모조 장신용품 제조업	33120
인형 및 장난감 제조업	33401
기타 오락용품 제조업	33409
전자상거래 소매 중개업	47911
전자상거래 소매업	47912
서적, 잡지 및 기타 인쇄물 출판업	581
게임 소프트웨어 개발 및 공급업	5821
응용 소프트웨어 개발 및 공급업	58222
영화, 비디오물 및 방송프로그램 제작업	5911
영화, 비디오물 및 방송프로그램 제작 관련 서비스업	59120
영화, 비디오물 및 방송프로그램 배급업	59130
오디오물 출판 및 원판 녹음업	592
방송업	60
전기 통신업	612
컴퓨터 프로그래밍 서비스업	62010
컴퓨터시설 관리업	62022
기타정보기술및컴퓨터운영관련서비스업	62090
포털 및 기타 인터넷 정보매개 서비스업	63120
기타 정보 서비스업	639
광고 대행업	71310
광고물 작성업	71393
시장조사 및 여론조사업	71400
시각 디자인업	73203
상업용 사진 촬영업	73302
전시, 컨벤션 및 행사 대행업	75992
공연단체	9012
공연 기획업	90191
그외 기타 창작 및 예술관련 서비스업	90199

2. 신청서류

각 TCB 기관별로 평가 신청서류를 달리 운영 중이나, 기본적인 서류는 〈표 Ⅲ-4〉에 정리한 바와 같다.

기술신용평가를 위한 서류 중 가장 중요한 것은 기술사업계획서(기관에 따라서'기술신용조사서'라고도 함)이다. 기술사업계획서에는 평가대상 기업의 전반적인 현황과 기술사업계획에 대한 내용이 포함된다. 기술사업계획서의 세부내용은 기술신용평가를 위해 필요한 사항들로 기업에서는 회사의 현황에 맞게 작성하여야 하며, 평가기관에서는 이를 기반으로 기술신용평가를 수행하게 된다.

〈표 Ⅲ-4〉 기술신용평가 신청서류

번호	서류 목록	작성방법
1	기술사업계획서 (기술신용조사서)	각 TCB 기관 홈페이지에서 신청서식 다운로드 후 작성
2	법인등기사항증명서 (구 법인등기부등본)	1개월 이내 발급분(법인기업만 해당)
3	4대보험 가입자명부	상시근로자 수 확인을 위한 서류
4	기업부설연구소인정서	한국산업기술진흥협회에서 발급한 인정서 사본
5	연구개발인력 현황	엑셀 또는 한글로 정리 - 직위, 성명, 생년월일, 최종학교·전공, 학위, 졸업 연월, 동 업종경력 연수 기입 * 부설연구소 보유 시 한국산업기술진흥협회에 보고된 인력 현황표로 갈음
6	기술개발 실적 리스트	기술사업계획서상 상용화, 개발, 수상, 인증 실적 확인 - 관련 리스트 정리자료 제출
7	지식재산권 리스트	지식재산권(특허, 실용신안, 의장, 상표 등) 리스트 및 지식재산권 사본
8	수주 현황 리스트	당해연도 수주 현황 자료
9	회사소개서	자유양식(별도로 준비된 자료가 있는 경우에 한함)
10	결산재무제표	재무제표(세무서 신고용)

3. 평가

평가 업무는 신청서류 접수 후 예비평가 단계와 현장실사 및 본평가 단계로 구분된다. 예비평가 시에는 기업에서 작성한 기술사업계획서를 기준으로 동 업종 현황·시장 현황·보유기술의 현황 등을 개략적으로 조사하여야 하며, 이는 현장실사 단계에서 면담을 할 때 중요한 자료로 활용된다. 현장실사 후 추가로 필요한 서류를 징구하고, 현장실사 결과와 2차 자료조사 등의 단계를 거쳐 평가서를 작성하게 된다.

〈표 Ⅲ-5〉 예비평가 절차

구분	내용
신청 기술의 권리파악	• 신청 기술이 산업재산권에 등록되어 있는 경우 반드시 등록원부를 접수하거나 특허청에서 등록원부를 발급하여 확인 – 산업재산권의 출원인, 발명인, 권리이전, 통상(전용)실시권 허용 여부, 질권사항 등을 파악함 – 신청일 기준 최근 기술권리에 대한 양수·양도와 관련하여 상세히 검토하고 본평가 시 기술권리 양수·양도 관련 비용 지급을 확인하거나 전 권리자의 신용도를 검토함 – 산업재산권을 검색(www.kipris.or.kr)하여 산업재산권리의 청구항을 검색함
신청 기술의 내용검토	• 신청 기술의 개요와 내용 • 유사기술의 출현 여부 – TDB, 인터넷 검색 등 • 신청 기술의 독창성, 차별화된 내용에 대하여 개략적으로 파악 • 신청 기술의 진행 정도, 완성도에 대하여 파악 – 양산 중, 양산준비 단계, 시제품 제작 단계, 개발 예정 단계 등
신청 기업의 기술경영능력 파악	• 경영자의 기술지식, 경험 수준을 대표자의 이력을 통해 연관하여 파악 • 기업의 기술개발인력 구성, 기술인증, 기술개발 실적을 토대로 기술개발능력 파악
경영일반사항 검토	• 매출 현황, 최근 영업 현황 등 사전조사 • 대표자, 경영실권자, 핵심 개발자의 신용 관련 정보 조회 • 신청 기술 개발을 위한 소요자금의 용도와 적정성 확인 • 기존 평가서 참조

자료: 기술보증기금

〈표 Ⅲ-6〉 현장실사 및 본평가

구분	내용
신청 기술의 권리파악	- 신청 기술의 개요를 파악하고 경영자·기술개발자와 질의응답을 통해 내용을 확인하며, 개발제품이 있을 경우 제품에 대한 설명을 듣고 기술적 사항 평가 - 핵심기술의 내용을 파악하고 그 기술의 독창성, 차별성, 모방 가능 여부 확인 - 신청 기술이 기존의 사업(기술)과 연계성, 전략적 부합성을 갖췄는지 파악 - 생산설비의 보유 및 가동 현황, 제조시스템을 확인하고 신청기술의 개발 및 제품화 가능성, 제품생산능력(시설, 인력, 원자재 조달) 파악
신청 기술의 내용검토	- 신청 기술을 제품화할 경우 해당 제품의 시장 규모 - 기존에 수입되고 있거나 유사·동일 제품의 생산업체와 시장 현황 그리고 시장 지배자 존재 유무를 파악하여 전반적 시장구조 확인 - 기업이 가지고 있는 영업·마케팅 능력을 파악하여 해당 기술을 사업화할 경우 시장에서 기술경쟁력을 확보하여 시장진입이 가능한지 파악 - 신청 기술과 관련된 해당산업의 시장성장 가능성과 시장진입 시 선결과제(인·허가, 인증, 제도적 규제)가 무엇인지 확인
신청 기업의 기술경영능력 파악	- 경영자의 기술 경험, 해당 기술에 대한 정확한 인식과 기술적 대처 능력 파악 - 기업이 신청 기술을 개발하기 위한 기술개발조직, 인력, 설비 등 기술개발능력 확인 - 기업이 가지고 있는 기술력(기술인증, 산업재산권, 제품 상용화 및 개발 실적)을 객관적으로 확인하고 필요할 경우 자료 획득
경영일반사항 검토	- 현재 진행되고 있는 기업의 사업 현황(매출, 수주 현황 등) 확인 - 신청 기술의 사업화를 위한 전략에 타당성이 있는지, 사업화 성공 가능성 확인 - 사업화 성공 시 기업에 미치는 영향(재무구조 개선, 매출, 시장 선점, 기존 사업의 수주 증가 등)을 종합적으로 파악
재무상황, 영업현황, 금융거래 현황 등 경영일반사항	- 주요 거래처 현황, 최근 영업 현황, 재무제표 및 부속명세서 등 확인 - 기타 대표자, 기술개발자, 경영일반에 대한 전반적 사항 검토
자금조달계획의 적정성평가	- 사업 소요자금의 규모와 내용을 확인 - 기업의 자금집행 규모와 향후 소요될 자금에 대한 기업의 자금조달 방안(자체 자금, 증자, 금융차입, 회사채 발행 등) 확인 - 기술개발을 위해 투입되는 연구인력, 개발비용, 시험설비에 대해 파악

자료: 기술보증기금

02 기술신용등급 정의 및 이해

1. 기술신용등급의 정의

기술신용평가서의 최종 등급인 기술신용등급은 기술등급과 신용등급을 각각 산출한 후 각 등급별 평점의 가중합으로 산출된다. 기술등급은 기업의 기술경쟁력과 기술사업화역량 등을 평가하여 미래 성장 가능성을 나타내는 등급이고, 신용등급은 기업의 재무상황 등을 평가하여 미래의 채무불이행위험을 나타내는 등급이다. 따라서 기술등급과 신용등급을 결합한 기술신용등급은 기업의 미래 성장 가능성을 반영한 채무불이행위험을 나타내는 등급으로 정의된다. 즉, 과거지향적인 신용등급에 기술 기반의 미래 성장 가능성을 의미하는 기술등급을 결합하여 산출된 등급이 기술신용등급이다.

〈그림 Ⅲ- 2〉 기술등급, 신용등급, 기술신용등급의 개념

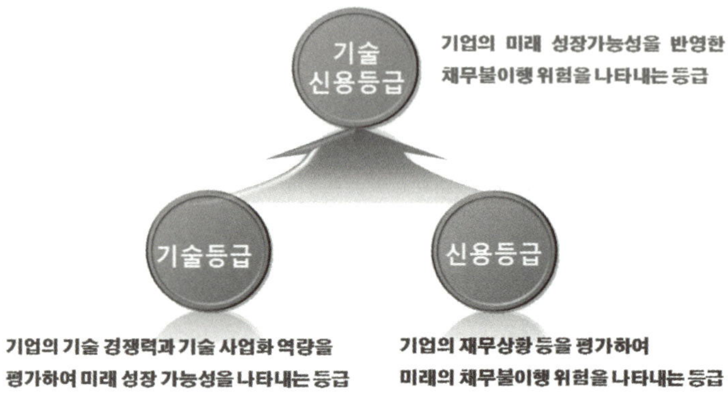

기술신용등급과 신용등급은 동일한 평가등급체계(전체 등급 개수, 등급명, 등급별 목표부도율 등)로 되어 있어 부도율 관점에서 기업의 신용도 변동폭을 쉽게 파악할 수 있다.

〈그림 Ⅲ-3〉 등급표현 예시

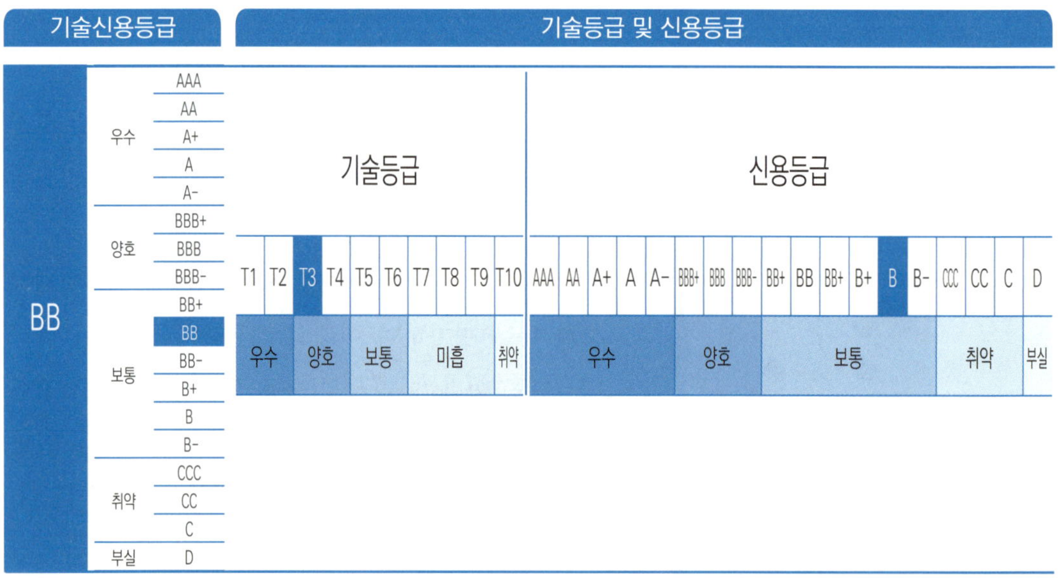

2. 기술신용등급의 이해

기술보증기금의 기술평가보증 실증데이터를 분석하여 기술신용등급의 유의성을 확인하였다.

기술평점과 신용평점의 결합가중치를 3:7로 분석하였으며, 2008년 8월부터 2013년 3월까지 기술보증기금이 평가한 22,451건을 대상으로 하였다. 실증분석 결과 기술신용등급의 부도와의 유의성(performance)이 신용등급이나 기술등급보다 향상된다는 것을 확인할 수 있었다.

이 결과에 따르면, 은행이 기술신용등급을 이용할 경우 신용등급만 고려할 때보다 정교한 리스크관리가 가능한 것으로 예상된다.

〈그림 Ⅲ- 4〉 기술신용등급의 유의성

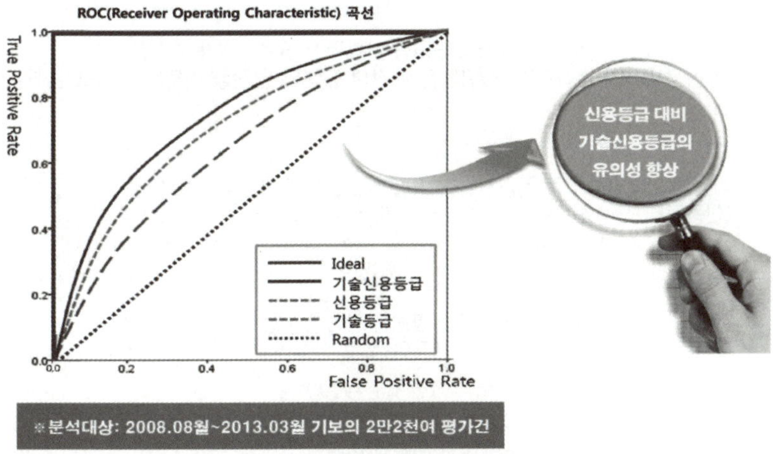

ROC(Receiver Operating Characteristic) 곡선은 이진(binary: 신용평가모형에서는 부도, 정상) 분류시스템의 성능(performance)을 평가하는 가장 보편적인 방법이다. 성능이 우수한 시스템은 부도 난 기업을 정상으로 잘못 판단하는 비율(X축, false positive rate)이 낮고, 정상 기업을 정상이라고 올바로 판단하는 비율(Y축, true positive rate)이 높게 나타난다. 즉, ROC 곡선이 왼쪽 상단에 위치할수록 성능이 우수하다고 판단한다.

3. 기술신용등급의 구성

각 TCB 기관의 등급체계는 기본적으로 10개 등급으로 구성되어 있다. 기술등급은 공통적으로 T1~T10의 10개 등급이며, 신용등급과 기술신용등급 역시 대표등급은 AAA~D로 10개 등급이고 일부 대표등급에 +, -로 세분화 하여 18개 등급으로 공통되게 운영하고 있다.

제도 시행 초기에는 TCB기관들 마다 신용등급과 기술신용등급 기준을 달리하였으나, 2015년 11월부터 신용등급과 기술신용등급 체계를 일원화하였다.

TCB기관들에서 공통으로 운영하고 있는 기술신용등급의 구분과 등급별 예상부도율(PD값), 등급별 정의는 〈표 Ⅲ-7〉와 같다. 다만, 평가등급별 정의는 TCB기관별로 일부 상이할 수 있다.

〈표 Ⅲ-7〉 TCB기관의 기술신용등급 체계

등급		PD값 (Mean)	등급의 정의
AAA		0.02%	기업의 기술경쟁력과 기술사업화 역량을 반영한 신용상태가 최상급임 (신용상태가 최상급임)
AA		0.04%	기업의 기술경쟁력과 기술사업화 역량을 반영한 신용상태가 매우 우수함 (신용상태가 매우 우수하지만, AAA등급에 비해 다소 열위임)
A	A+	0.08%	기업의 기술경쟁력과 기술사업화 역량을 반영한 신용상태가 우수함 (신용상태가 우수하지만, 상위등급에 비해 장래의 안전성 측면에서 다소 불확실한 요소가 있음)
	A	0.18%	
	A-	0.30%	
BBB	BBB+	0.43%	기업의 기술경쟁력과 기술사업화 역량을 반영한 신용상태가 양호함 (신용상태가 양호하지만, 상위등급에 비해 경제여건 및 환경변화에 따른 영향을 받을 가능성 있음)
	BBB	0.63%	
	BBB-	1.05%	
BB	BB+	1.20%	기업의 기술경쟁력과 기술사업화 역량을 반영한 신용상태가 보통이상임 (신용상태가 보통 이상이지만, 경제여건 및 환경변화에 따라 신용상태가 악화될 가능성이 있음)
	BB	1.60%	
	BB-	2.18%	
B	B+	3.25%	기업의 기술경쟁력과 기술사업화 역량을 반영한 신용상태가 보통임 (현재시점에서 원리금 지급에 문제는 없으나, 미래에는 채무불이행 위험이 다소 존재함)
	B	4.75%	
	B-	6.35%	
CCC		8.60%	기업의 기술경쟁력과 기술사업화 역량을 반영한 신용상태 보통 이하임 (현재와 미래시점에 채부불이행 시점에서 원리금 지급에 문제는 없으나, 미래에는 채무불이행 위험이 다소 존재함)
CC		15.00%	기업의 기술경쟁력과 기술사업화 역량을 반영한 신용상태가 미흡함 (현재와 미래시점에 채무불이행 가능성이 존재함)
C		60.00%	기업의 기술경쟁력과 기술사업화 역량을 반영한 신용상태가 불량함 (채무불이행 가능성이 높아 심층검토가 필요하며, 취급시 주의를 요함)
D		default	기업의 기술경쟁력과 기술사업화 역량을 반영한 신용상태 매우 불량함 (채무불이행 등으로 사고상태인 기업)

03 기술신용평가 모형과 평가서 구성

기술평가모형이란 기술의 가치 또는 기술의 사업타당성 등을 측정하기 위한 일종의 평가지침, 평가기준, 평가수단 등으로 정형화된 기법을 의미한다. 반면, 기술신용평가모형은 기술금융의 목적으로 대상기업의 미래성장가능성을 반영한 채무불이행위험을 기술신용등급으로 산출하는 평가모형을 말한다.

TCB기관들의 기술평가모형은 정책 수립 과정에서 기술보증기금의 기술평가모형을 근간으로 은행 실무회의 과정 등을 통해서 세부 기술평가항목 및 가중치 등이 결정되었다.

2023년 5월 한국신용정보원에서는 TCB사와 자체평가은행 공동적용을 위한 표준기술평가모형 매뉴얼을 마련하였다. 여기에는 부도변별력 및 기술력 평가 관점에서 평가항목과 평가기준을 표준화하고 평가결과의 일관성 확보 등을 고려하여 업력・업종별 특화모형, 가중치, 등급구간, 등급분포 요건을 포함하고 있다.

TCB 기관별로 일부 차이는 있으나 공통적으로 평가서는 구성과 내용의 깊이 등에 따라서 표준평가서와 약식평가서로 나뉜다. 본 절에서는 기술등급을 산출하는 기보의 기술평가모형을 먼저 살펴보고, TCB 기관들의 기술신용평가모형의 체계와 평가서의 구성에 대하여 설명한다. 기술평가를 위한 지표에 대한 설명은 제4장 제1절에서 설명한다.

1. 기술보증기금의 기술등급평가모형[78)]

기술보증기금의 기술평가는 기술등급평가모형과 기술가치평가모형을 기반으로 운영되고 있다. 기술성과 사업성 등을 평점 또는 등급으로 산출하는 기술등급평가모형은 기술보증, 벤처인증 등 기보의 주요사업에 활용되고 있으며, 기술가치평가모형은 기술이전 및 현물출자 등의 목적으로 활용되고 있다. KTRS(KIBO Technology Rating System)는 기보가 기술평가 업무를 수행하면서 축적된 다양한 경험과 데이터를 바탕으로 개발된 기보의 대표적인 평가모형이다.

〈그림 Ⅲ-5〉 기술보증기금의 기술평가체계

	기술사업타당성평가	기술가치평가	종합기술평가
평가 용도	-기술평가보증 -벤처기업확인, 이노비즈기업 선정 -특허권의 사업성평가 -여신심사용 기술평가인증 -R&D평가 -기술이전, 거래 평가 등	-현물출자 산업재산권 평가 -기술담보가치 평가 -기술이전, 거래용 평가 등	-투자용 평가 -벤처기업 코스닥시장 상장평가 -주식가치평가
	기술등급평가모형	기술가치평가모형	종합평가
기술 평가 모형	KTRS KTRS-SM KTRS-BM R&D평가모형 청년창업기업 1인창조기업 혁신형지식서비스업 문화콘텐츠 녹색기술 예비창업자	수익접근법 비용접근법 시장접근법 기타방법	기술성 시장성 사업성 기타 경영환경
평가 결과	기술성, 사업성 등을 평점 또는 등급으로 산출하여 평가	기술의 가치를 금액으로 평가	평가의견, 평점 또는 등급으로 평가 가치금액으로 평가

78) 기보에서는 기술평가모형을 등급평가모형과 가치평가모형으로 구분하며, 등급평가모형의 최종등급을 기술사업평가등급으로 정의하고 있다.

기술보증기금은 1997년부터 전국적인 기술평가조직을 갖추고 기술평가업무와 기술보증업무를 시작하였으며, 축적된 실증적 데이터를 기반으로 2005년에 체계화된 기술평가모형인 KTRS를 구축하였다. KTRS는 신용보증, 투·융자, 기술이전 거래 등 기술금융 지원과 기술사업의 타당성평가 등에 활용되었으며, 기술 또는 기술을 보유한 기업의 기술경영능력, 기술성, 시장성, 사업성 및 기타 경영환경에 대해 평가한 결과를 점수화 또는 등급화하는 모형이다.

애초에는 모든 기업에 일반적으로 적용되는 기술평가모형으로 KTRS가 개발되었으나 창업기업 및 특수 정책목적용 모형으로 점차 개발 범위가 확대되었다. 일반기업에 적용되는 KTRS를 근간으로 창업기업에 적용되는 KTRS-SM 모형과 녹색기술평가모형 등의 정책표준모형, R&D평가모형 등의 독립정책모형으로 구분하여 운영하고 있다.

〈그림 Ⅲ- 6〉 기술등급평가모형의 종류

〈표 Ⅲ-8〉에는 기술평가모형과 신용평가모형의 주요 사항에 대한 차이점을 정리하였다. 기보에서는 KTRS 등급을 기반으로 기술보증지원 여부를 결정하기 때문에 기술력평가 뿐만 아니라 기술사업화의 부실위험(위험수준)도 측정한다는 점이 특징이다.

〈표 Ⅲ-8〉 기술평가모형(KTRS)과 신용평가모형의 구분

구분	기술평가모형(KTRS)	신용평가모형
평가목적	기술력평가 및 기술사업화 부실위험 측정	채무불이행위험 측정
평가결과	기술등급	기업 신용등급
평가항목	- 경영주 평가, 기술성, 시장성, 사업성 등 - 외부환경 변수 등	- 재무정보, 금융거래정보, 대표자 신용정보, 기타 부실징후 요인 - 표준화, 계량화된 평가 요소 및 기준 적용
적용모형	통계모형(로지스틱회귀모형) +가중평점모형(전문가평점)	통계모형(로지스틱회귀모형, 인공지능모형 등) +평점모형+전문가 판단모형
용도	- R&D사업 - 기술보증 - 투·융자 - 기술금융	- 여신심사 - 투자 - 채권 발행

자료: 기술보증기금(2013) 재정리

〈그림 Ⅲ- 7〉 KTRS 계열모형(기술등급평가모형)의 기술사업평가등급 산출방법

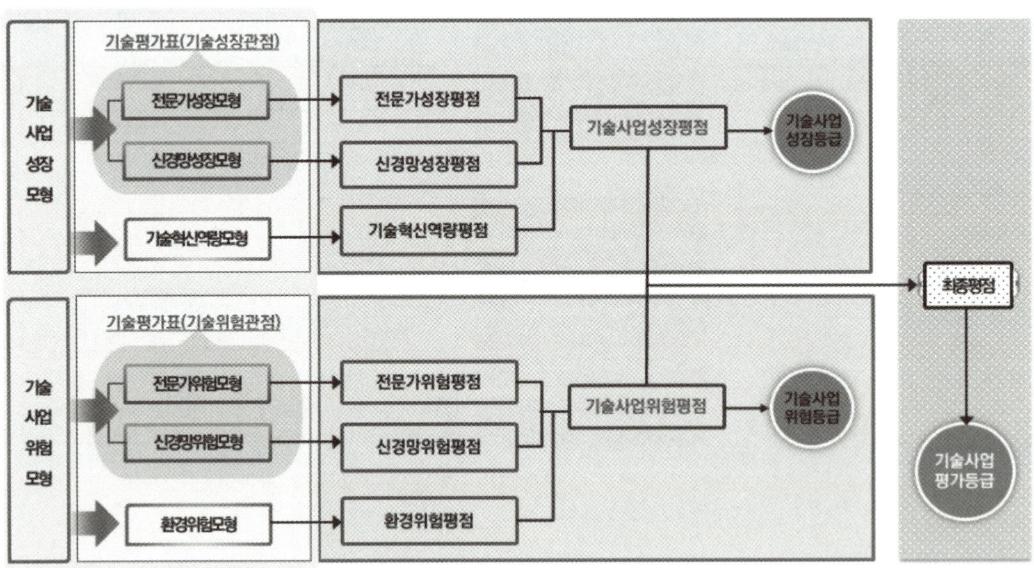

기보의 KTRS 계열모형에서는 기술성장관점의 기술사업성장평점과 기술위험관점의 기술사업위험평점이 산출되며 이를 결합하여 기술사업평가등급이 산출된다. KTRS 계열모형은 일반기업에 적용하는 KTRS와 창업기업에 적용하는 KTRS-SM(Start-up Model)으로 구분된다.

〈표 Ⅲ-9〉 KTRS 계열모형(기술등급평가모형)의 기술사업평가등급 산출체계

구분	KTRS	KTRS-SM
적용대상	모든 기업	창업기업(창업 후 5년 이내)
평가지표	31개	21개
평가표 구분	제조군 6개, 서비스군 4개	
등급구성	14등급(AAA~D)	
등급산출체계	기술사업성장평점과 기술사업위험평점을 가중합하여 기술사업평점을 통해 기술사업평가등급의 산출	

구분	산출방법
기술사업성장평점	미래성장가능성평점과 기술혁신역량평점을 조정합하여 산출한 평점
미래성장가능성평점	전문가성장평점과 신경망성장평점을 인공신경망 기법으로 가중합하여 산출한 평점
기술혁신역량평점	기술혁신역량의 대표성이 높은 6개의 독립 변수를 지속가능성장의 관점에서 인공신경망 기법으로 산출한 평점
전문가성장평점	평가자에 의해 평가된 소항목의 각 평점을 가중평점모형(AHP모형)에 의해 산출한 평점
신경망성장평점	평가자에 의해 평가된 소항목의 각 평점을 인공신경망 기법으로 산출한 평점

구분	산출방법
기술사업위험평점	위험가능성평점과 환경위험평점을 조정합하여 산출한 평점
위험가능성평점	전문가위험평점과 신경망위험평점을 인공신경망 기법으로 가중합하여 산출한 평점
환경위험평점	기업내외부환경변수를 기술사업위험 관점에서인공신경망 기법으로 산출한 평점
전문가위험평점	평가자에 의해 평가된 소항목의 각 평점을 가중평점모형(AHP모형)에 의해 산출한 평점
신경망위험평점	평가자에 의해 평가된 소항목의 각 평점을 인공신경망 기법으로 산출한 평점

〈그림 Ⅲ-8〉은 KTRS를 활용한 신규 평가건의 1년 이내 등급별 사고율을 나타내고 있는데, 등급이 낮아질수록 사고율이 높아지는 형태를 보이고 있다. 기보에서는 이 결과를 매반기마다 홈페이지에 공시하고 있다.

〈그림 Ⅲ- 8〉 KTRS 등급별 사고율

기술사업평가등급	AAA	AA	A	BBB	BB	B	전체
연간 사고율	0.00%	1.66%	1.97%	2.67%	3.03%	3.91%	2.89%

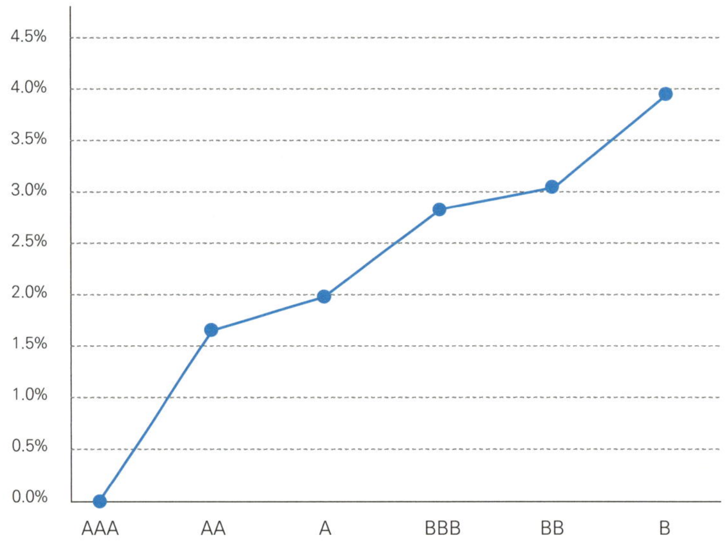

산출방법

등급별 연간 사고율 = 연중 등급별 사고발생평가건수 / 연초 등급별 정상평가건수

2. 기술신용평가서의 종류와 유형[79)]

기술금융 가이드라인에서는 TCB 평가를 평가 심도 및 범위, 현장실사 실시여부 등에 따라 표준평가, 약식평가, 간이평가, 심층평가로 구분하고 있다. 실무에서는 평가서의 구성항목과 내용의 깊이 등에 따라 표준평가서와 약식평가서로 구분하여 운용되고 있다.

통상적으로 약식평가서에 표지와 기업 현황, 항목별 평가결과, 요약 평가의견을 제시하며 참고자료로 등급 정의와 Peer Group 및 재무제표 분석 등을 포함하고 있다. 표준평가서는 약식평가서의 내용에 기술사업에 대한 세부 분석의견과 세부 평가항목의 등급 부여에 대한 평가의견이 추가된다.

〈표 Ⅲ-10〉 기술신용평가서의 유형

평가 유형	평가서 주요 항목	평가서 주요 내용
표준평가	기업 및 기술현황	- 기업 개요: 기업·대표자명, 법인·사업자번호, 설립일, 업종 등 - 기술 현황: 핵심(평가대상)기술명 및 산업기술분류 등
	평가결과	- 평가등급(T등급, CB등급, TCB등급) 및 총괄의견 등
	평가요약	- 평가 세부항목별 평가등급 및 요약 평가의견
	세부평가의견	- 평가 세부항목별 등급산출 근거의견 - 평가대상기술 관련 기술성, 시장·사업성 세부 의견
	기타	- 등급정의, 기업분석, Peer 분석 등
약식평가	표준평가서에서 세부평가의견이 제외된 형태 등	
간이평가	약식평가와 동일하나, 현장실사를 생략하는 경우	
심층평가	표준평가서에서 세부평가의견이 강화된 형태 등	

또한 기술신용평가서는 기존 거래·평가 여부, 유효기간 등에 따라 신규평가와 재평가로 구분한다.

79) 기술금융 가이드라인

〈표 Ⅲ-11〉 기술신용평가의 종류

평가 종류	기준	평가 유형*
신규평가	최초 기술금융거래 기업 등 기존 평가이력이 없는 기업에 대한 평가 (은행 또는 TCB평가기관 기준 어느 한 기관만 해당하더라도 신규평가로 본다.) - 기존 평가서의 유효기간 만료 후 3개월 이상 경과된 기업은 평가이력이 없는 것으로 본다.	표준평가 약식평가 심층평가
재평가	은행을 기준으로, 평가서 유효기간 만료 등의 사유로 유효기간 경과 후 3개월 이내에 전차와 동일한 TCB 평가기관에 다시 의뢰하는 평가	약식평가 간이평가

*평가종류에 따른 평가 유형의 주요 사례로, 은행 및 TCB평가기관의 내규 및 필요에 따라 변경 가능함

기술신용평가서의 유효기간은 평가서 발급일로부터 1년을 원칙으로 한다. 다만, 자체 TCB 은행은 내규에 따라 기준시점을 결재(검수)완료일로 운용할 수 있다. 자체 TCB은행은 기술의 진부화 속도 등을 감안하여 기술별로 유효기간을 단축 운용할 수 있다.

3. 주요 TCB기관들의 평가모형과 평가서 구성

3-1 한국평가데이터(KoDATA)의 평가모형과 평가서 구성

KoDATA의 평가모형에서도 기술신용등급은 기술등급과 신용등급의 가중합으로 산출되는데, 기업 규모에 따라 외감, 비외감, 소기업, 신설기업으로 구분하고 있다.(〈표 Ⅲ-10〉) 기술신용등급 산출시 기술등급의 비중을 20~45%로 하되 기업 규모가 작을수록 기술등급의 비중을 확대하여 구성하였다.

평가서는 표준과 약식으로 구분되며, 약식평가서에 기술 시장 분석의견과 세부항목 산출의견을 추가하여 표준평가서를 구성하고 있다.

〈그림 Ⅲ- 9〉기술신용등급 산출 프로세스

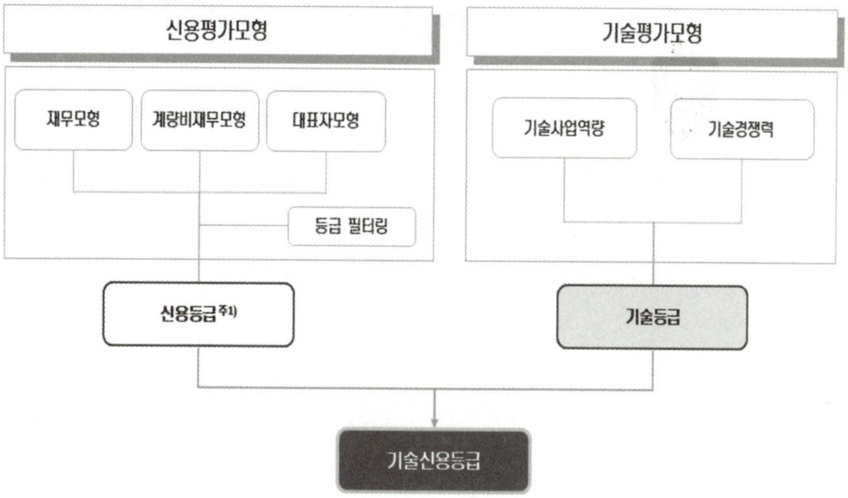

주) 신용등급: 재무모형, 계량비재무모형, 대표자모형의 결합으로 산출되는 시스템등급에 필터링을 적용한 계량모형등급을 의미함
- 기술신용등급 : 기업의 미래성장가능성을 반영한 채무불이행위험을 나타내는 등급 (18등급체계)
- 기술등급: 기술경쟁력과 기술사업역량을 평가하여 미래 성장 가능성을 나타내는 등급(10등급체계)

〈표 Ⅲ-12〉 기술등급 vs. 신용등급 결합가중치

구분	외감	비외감	소기업	신설기업
결합가중치 (신용 vs. 기술)	80:20	70:30	60:40	55:45

* 외감: 감사의견 有이고 총자산 70억 원 이상 기업(개인기업 제외)
* 비외감: 총자산 10억 원 이상이고 외감기업으로 분류되지 않은 기업(개인기업 포함)
* 소기업: 총자산 10억 미만 기업(개인기업 포함)
* 신설기업: 설립 기간 3년 미만이고 결산 재무제표(full) 2개년 미만 보유한 기업(개인기업 포함)

〈표 Ⅲ-13〉 KoDATA의 기술신용평가서 구성

구분		주요 구성	내용
표준 기술신용 평가서 (25페이지 내외)	약식 기술신용 평가서 (10페이지 내외)	등급정보	- 기술등급, 신용등급, 기술신용등급
		기업현황	- 기업체 및 사업개요, 보유기술 현황
		항목별 평가결과	- 세부항목별 평가등급리스트
		요약 평가의견	- 중항목별 기술평가 요약의견
		분석 및 참고자료	- 등급정의 등
		기술, 시장분석 의견	- 기술적 우수성과 기장경쟁력, 시장현황 등에 대한 분석의견
		세부항목 산출의견	- 세부 평가항목의 등급부여에 대한 평가의견

3-2 나이스평가정보의 평가모형과 평가서 구성

나이스평가정보에서도 금융기관 등을 대상으로 한 AHP분석과 기술보증기금의 기술평가 모형을 기반으로 평가지표 및 가중치를 기본적으로 구성하였으며, 자체적으로 평가지표를 변형하여 운영하고 있다.

나이스평가정보의 기술신용등급 산출체계를 〈그림 Ⅲ-10〉에 나타내었는데, 외감기업, 비외감기업, 소기업에 따라서 신용등급과 기술등급의 결합가중치를 달리 운영하고 있다.

기술신용평가서는 〈표 Ⅲ-14〉과 같이 구성되어 있으며, 표준평가서 중 기술평가 상세근거 자료와 기술·시장동향 등을 제외한 내용으로 약식평가서가 구성된다.

〈그림 Ⅲ- 10〉 나이스평가정보의 기술신용등급 산출체계

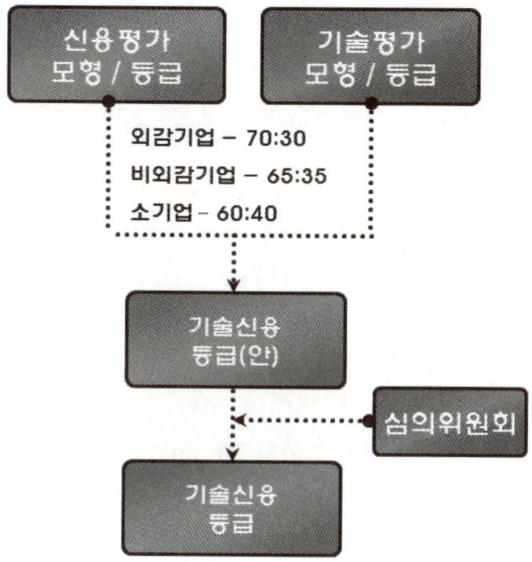

〈표 Ⅲ-14〉 나이스평가정보의 기술신용평가서 구성

항목명	항목상세	비고
1. 기술신용등급종합	- 기업명/대표자명/발급일자 - 기술평가등급, 기업평가등급, 기술신용등급 - 종합평가의견 요약	- 기술평가등급: 기술사업화 역량 등 미래성장 가능성을 평가한 등급 - 기업평가등급: 신용위험을 평가한 등급
2. 세부평가결과	- 기술평가모형 대/중/소항목별 평가결과 제시	
3. 기업 및 기술현황	- 업체 상세개요 및 설명 - 주요 연혁 - 사업분야별 주요기술 현황 - 복수기술의 평가비중	
4. 요약평가의견	- 기술평가 항목별 요약의견	
5. 세부평가의견	- 기술평가 상세근거자료 - 기술/시장 동향 및 피평가사 기술 경쟁력 분석	- 약식평가서는 생략
6. 주요경쟁사정보	- 동종업계 경쟁기업 정보	
7. 기업평가결과	- 신용위험 평가결과 제시	
8. 경영진단결과	- 재무평점, 시계열 분석 - 산업연관분석	- 재무정보 중심의 분석
9. 등급체계 및 정의		

3-3 한국기술신용평가(K-TCB)의 평가모형과 평가서 구성

한국기술신용평가의 평가모형도 〈그림 III-11〉과 같이 크게 신용평가와 기술평가로 구분되어 있다. 과거 모호하게 중첩되어 평가가 이루어지던 것을 명확히 구분하여 독립적으로 평가가 이루어지도록 설계되었다.

〈그림 Ⅲ- 11〉 K-TCB의 기술신용등급 산출 체계

TCB 표준 평가 시스템 체계

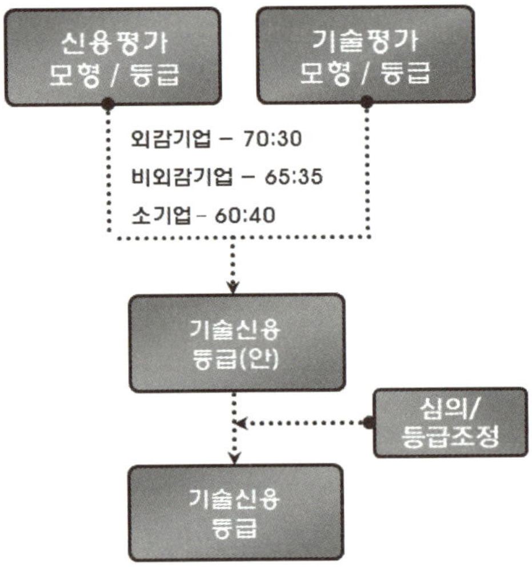

신용평가모형은 주로 재무모형 중심으로 이루어져 있으며, 규모가 작은 영세 소기업들의 경우에는 대표자모형을 함께 활용하여 신용등급을 산출하게 된다. 이러한 신용평가모형은 부도확률을 대표하는 신용평가등급으로 표현되며 동시에 스코어값으로 산출된다. 각 TCB사들의 신용평가모형은 서로 상이하나 동일한 마스터스케일(Master scale; 통일된 공통의 신용등급 및 부도확률 구간)을 사용한다. 기술평가모형은 한국신용정보원에서 마련한 표준모형을 기반으로 구성되어 있다.

한국기술신용평가에서는 등급구간의 분포 집중도와 전체 마스터스케일상 등급집중도(HHI), 등급분포의 일관성 수준(PSI)을 고려하여 최종 모형 구성 및 및 등급구간 값 정의를 선정하였다. 평가보고서에서는 기술금융 적합 대상 기업의 판정을 명확히 하기 위하여 TCB

사 최초로 기술금융가이드라인에 의한 적합성 Check list를 추가적으로 담고 있으며, 다른 TCB사들과의 컨텐츠 차별화를 위하여 기술특허 빅데이터 정보 및 내부 고유 특허 모형을 활용한 정보들을 함께 서비스하고 있다.

〈표 Ⅲ-15〉 한국기술신용평가의 기술신용평가서 구성

보고서 항목	주요 내용	비고
Ⅰ. Overview		
0. 기술금융 대상 업종 적합성 Check list	- 기술금융 가이드라인 제 16조에 따른 기술금융 대상 업종을 검토한 결과를 일목요연하게 check list 방식으로 제공	- 복수 항목에 해당하는 경우, 모두 표시
1.기술신용평가 종합	- 기업 주요 개요 정보 - T등급(기술평가등급), CB등급(신용평가등급), TCB등급(기술신용평가등급) - 종합평가의견 - 기술평가결과 요약 상세 - 신용평가결과 요약 상세 - 특허 경쟁력 평가	- 표준산업분류, 산업기술분류, 혁신성장 품목코드, 평가대상 핵심기술 정보 제공 - TECH 실적 요약 정보 제공(연구소, 벤처 및 이노비즈, R&D투자비율 등급, 국가 R&D 수행과제, 유망기술분야기업 해당 여부) - 기술금융 대상 조건 - 특허 경쟁력 평가는 특허를 보유한 기업의 경우 해당 주요 특허에 대한 Quality를 확인할 수 있는 K-IP Score(특허평가 스코어 및 등급)와 K-IP Value(기술 가치평가 금액을 등급화)를 제공
Ⅱ. 기술평가		
1. 기업 및 기술현황	- 기업 개요 및 주요 연혁 - 주요 지식재산권 보유현황 - 주요 기술 분야 내 특허출원 동향	- 보유 주요 특허들에 대한 Quality 정보 제공
2. 요약 평가의견	- 기술평가 항목별 요약 의견	
3. 세부 평가의견	- 기술평가 항목별 평가 근거 및 상세 평가 의견 - 평가 대상 핵심기술에 대한 기술 정의 및 개요, 동사의 기술력, 산업 및 시장 현황	- 금융기관 자체 판단에 따른 중요여신
Ⅲ. 신용평가	- 안정성, 부채상환능력, 유동성, 수익성, 성장성에 따른 신용평가 결과 상세 - 각 신용평가 항목별 비율값 및 신용도 - 신용평가 유의항목 - 최근 3개년 주요재무현황 및 주요 재무비율	- 다양한 재무 정보들을 info-graphic 형태로 제공

보고서 항목	주요 내용	비고
Ⅳ. 기술특허 빅데이터 분석	- 정제된 장기 시계열 기술특허 빅데이터를 활용한 차별화된 정보 제공	- 특허들에 대한 Quality 정보 제공
1. 기술특허 빅데이터 분석	- 기술성장율 동향 - 기술 트랜드 파악을 위한 워드 클라우드 - 기술집중도 - 기술주기 - 신규 진입 기업수 - 주요 기업 기술 포지셔닝 - 주요 기업 특허 보유현황 - 유사 기술 현황 - 사업화 대상 후보 제안	
2. Peer Tech 분석	- 평가대상기업이 속한 주요 기술 분야에 대한 포괄적 분석 정보 제공 - 유사 기술 보유 경쟁 기업 및 대표특허 분석	
Ⅴ. Annex	- 기술등급 및 신용평가등급, 기술신용등급 정의 - 보고서상 주요 용어들에 대한 정의	

종 • 합 • 정 • 리

1. 기술신용평가 업무처리 절차

기술신용평가 업무는 다음과 같은 여섯 단계로 이루어진다.

① 1단계: 기업이 금융기관에 대출을 신청하는 단계

② 2단계: 은행에서 신청기업의 평가대상 여부를 판단하고 기존의 유효 평가서 보유 여부 등을 감안하여, 필요시 TCB 기관에 평가를 의뢰하는 단계

③ 3단계: TCB 기관에서 평가에 필요한 서류를 신청 기업에 요청하고 접수하는 단계

④ 4단계: TCB 기관이 신청 기업에 대한 현장실사와 TDB 등의 기술시장정보 및 각종 관련 자료를 활용하여 기술신용평가를 수행하는 단계

⑤ 5단계: TCB 기관에서 기술신용평가서를 신청 은행에 회신하는 단계

⑥ 6단계: 은행에서 평가서를 활용하여 여신심사를 하고 대출을 시행하는 단계

2. 기술신용평가모형

기술평가모형에 의해 산출되는 기술등급과 신용평가모형에 의해 산출되는 신용등급을 결합하여 기술신용등급을 산출하는 평가모형을 말한다.

3. 기술등급, 신용등급, 기술신용등급의 정의

▣ 기술등급: 기업의 기술경쟁력과 기술사업화 역량을 평가하여 미래 성장 가능성을 나타내는 등급

▣ 신용등급: 기업의 재무상황 등을 평가하여 미래의 채무불이행 위험을 나타내는 등급

▣ 기술신용등급: 기업의 미래성장가능성을 반영한 채무불이행 위험을 나타내는 등급

4. 평가등급 체계

TCB 등급체계는 기본적으로 10개 등급으로 구성되어 있다. 기술등급은 T1~T10의 10개등급이고, 신용등급과 기술신용등급은 AAA~D의 10개 대표등급으로 구분되며 일부 등급을 세분화하여 18개 등급으로 운영되고 있다.

5. 기술신용평가서의 유형과 종류

기술신용평가서는 평가심도, 범위, 현장실사 실시여부 등에 따라 표준평가, 약식평가, 간이평가, 심층평가로 구분하고 있다. 표준평가서는 약식평가서 내용에 기술사업에 대한 세부 분석의견, 세부 평가항목의 등급부여에 대한 평가의견이 추가되어 있다. 또한 기술신용평가서는 기존 거래 · 평가 여부, 유효기간 등에 따라 신규평가와 재평가로 구분된다.

연·습·문·제

1. 기술신용등급의 등급체계는 기술등급과 동일하다.(○,×)

2. 기술신용등급은 기술등급(평점)과 신용등급(평점)의 결합으로 산출되는 데, 통상적으로 기술등급의 비중이 더 높다.(○, ×)

3. 다음 중 기술신용평가등급에 대하여 바르게 설명한 것은? ( )
   ① 기술신용등급은 기술등급(평점)과 신용등급(평점)의 평균으로 산출된다.
   ② 기술신용등급과 신용등급의 등급체계는 동일하다.
   ③ TCB기관들은 기술신용등급 개수를 각각 달리 운영하고 있다.
   ④ 기술신용등급은 신용등급보다 같거나 높게 산출된다.

4. 기술신용평가 실무에서는 평가서의 구성항목과 내용의 깊이 등에 따라 표준평가서와 (   )로 구분하여 운용되고 있다.

5. 기술신용평가서의 유형과 종류에 대한 설명으로 부적절한 것은? ( )
   ① 평가심도, 범위, 현장실사 실시여부 등에 따라 표준평가, 약식평가, 간이평가, 심층평가로 구분하고 있다.
   ② 표준평가서는 약식평가서 내용에 기술사업에 대한 세부 분석의견, 세부 평가항목의 등급부여에 대한 평가의견이 추가되어 있다.
   ③ 약식평가는 간이평가와 동일하나 현장실사를 생략할 수 있다
   ④ 기존 거래 · 평가 여부, 유효기간 등에 따라 신규평가와 재평가로 구분된다.

정 • 답 • 및 • 해 • 설

1. ×

기술신용등급의 등급체계는 기술등급이 아니라 신용등급과 동일하다.

2. ×

기술신용등급 산출시 기술등급보다 신용등급 비중이 더 높다. 통상적으로 기술신용등급 산출을 위한 기술평점 : 신용평점 비중은 30 : 70 또는 40 : 60 정도이다.

3. ②

기술신용등급은 기술등급(평점)과 신용등급(평점)의 가중결합으로 산출된다.

모든 TCB기관들의 기술신용등급과 신용등급의 등급체계는 18개로 동일하다.

4. 약식평가서

기술신용평가 실무에서는 평가서의 구성항목과 내용의 깊이 등에 따라 표준평가서와 약식평가서로 구분하고 있다.

5. ③

간이평가는 약식평가와 동일하나 현장실사를 생략한 경우이다

제1편

기술금융

제4장 기술신용평가의 활용

학습목표

1. TCB 평가에서 기술평가지표의 대항목, 중항목, 소항목의 구성을 이해한다.
2. 각 기술평가항목들의 평가 주안점에 대하여 설명할 수 있다.
3. TCB 평가결과를 은행 여신심사에 활용하는 방안을 이해한다.

학습개요

TCB 기관들의 기술평가항목은 기본적으로 대항목과 중항목은 비슷하게 구성되어 있으나, 기관마다 소항목을 달리 운영하고 있다. 평가항목은 크게 기업의 기술사업역량과 기술경쟁력으로 구성되어 있는데, 이는 기술사업의 성공 가능성을 판단하는 핵심 요소이기 때문이다. 평가항목의 구성과 평가 시 주안점을 파악하여, TCB 평가서를 여신심사에 적절하게 활용할 수 있는 방안을 학습한다.

주요 용어

1. 기업의 기술사업역량

기업의 기술사업역량은 기업의 내부적인 평가항목들로 구성되어 있으며 경영주, 관리능력, 기술개발능력, 제품화역량, 수익전망 등의 중항목들로 이루어진다.

2. 기술경쟁력

'기술경쟁력'이라는 대항목에서는 기술의 우수성과 시장 경쟁력 등을 평가한다. 기술혁신성, 시장 현황, 제품우위성 등의 중항목들로 이루어져 있다. TCB 평가는 기업이 보유한 기술 전체를 대상으로 하므로, 여러 기술사업을 추진하는 기업에 대해서는 해당 기술사업 분야에 대한 평가결과를 종합적으로 평가하여야 한다.

01 기술 평가지표 및 평가항목별 주안점

기술신용평가의 기본 취지는 금융활용을 목적으로 기업 기술력을 종합적으로 반영하여 리스크를 평가하는 것이다. 계량적인 재무 또는 비재무 요소를 통해 산출되는 신용평가 시스템과 달리 기술평가 시스템에는 주관적인 요소들이 다수 포함될 수밖에 없다. 따라서 동일한 평가모형을 활용하더라도 평가자의 판단에 따라 평가등급에 차이가 날 가능성이 높다.

2014년 기술금융정책 도입시점에서는, 이미 기술평가시스템을 구축하고 있는 기보의 평가지표를 기반으로 TCB 기관들의 평가지표가 구성되었다. 그 이후 TDB를 운영하는 한국신용정보원에서 지속적으로 평가정보를 구축하였으며, 2023년 5월 한국신용정보원에서는 TCB사와 자체평가은행 공동적용을 위한 표준기술평가모형 매뉴얼을 마련하였다. 여기에는 부도변별력 및 기술력 평가관점에서 평가항목과 평가기준을 표준화하고 평가결과의 일관성 확보 등을 고려하여 업력 · 업종별 특화모형, 가중치, 등급구간, 등급분포 요건을 포함하고 있다.

초기의 기술평가지표와 마찬가지로 표준기술평가모형의 평가지표에서도 기술사업역량과 기술경쟁력을 대항목으로 구분하고 있다. 중항목과 소항목에서 일부 차이는 있으나, 전체적으로 그 구성과 내용이 비슷하다.

본 절에서는 초기 기술평가지표를 기준으로 평가항목과 평가주안점을 살펴보기로 한다. 신용등급을 산출하는 모형은 은행이나 TCB기관들마다 자체의 고유모형을 활용하고 있는바, 여기서는 기술등급을 산출하는 모형의 평가지표에 대하여 설명한다.

기술신용평가에서 기술평가모형은 기술을 기반으로 기업을 평가하는 모형이다. 신용평가모형과의 중복성을 배제하며, 기업의 사업 분야별 핵심기술에 대한 평가결과를 결합하여 종합적인 기술등급을 산출하는 방안으로 구성되었다. 기술평가지표는 사업 주체의 기술사업역량과 기술경쟁력이라는 2개 대항목으로 나뉘어져 있는데, 이는 기업 내부적인 사업역량 요소와 기업 외부적인 기술·시장 요소로 평가지표를 구성하였기 때문이다.

기술사업역량 대항목에는 기술사업을 추진하기 위한 기업의 역량(내부 인프라)을 평가하는 항목들이 포함되어 있다.

〈표 Ⅳ-1〉「기업의 기술사업역량」 대항목의 평가 내용

대항목	중항목	주요 평가 내용
기술사업역량 (기업 인프라)	경영주	- 동 업종 경험 및 기술지식 수준 - 기술 이해도 - 경영관리능력 및 기술경영전략
	관리능력	-기술인력관리 -경영진의 전문지식수준 및 자본참여도 -경영주와의 관계 및 팀워크
	기술개발역량	- 기술개발 전담조직 및 인력 - 기술개발 및 수상(인증) 실적 - 지식재산권 등 보유 현황 - 연구개발투자
	제품화역량	- 생산역량 - 투자규모의 적정성 - 자금조달능력
	수익전망	-마케팅역량 -판매처의 다양성 및 안정성 -투자 대비 회수 가능성

기술경쟁력 대항목에서는 기업이 보유하고 있는 전체 기술에 대한 우수성과 시장 경쟁력 등을 종합적으로 평가하는 항목으로 구성하였다. 또한 복수의 기술사업 분야를 영위하는 경우는 개별 부문의 평가결과를 가중결합하여 점수가 산출되도록 하였다. 이때 기술사업 분야별로 가중치를 산출하고 이를 적용하여 평가한다.

〈표 Ⅳ-2〉「기술경쟁력」 대항목의 평가 내용

대항목	중항목	주요 평가 내용
기술 경쟁력	기술혁신성	- 기술의 차별성 및 모방난이도 - 기술의 수명주기상 위치 - 기술의 완성도 및 자립도 - 기술적 파급효과
	시장 현황	- 목표시장의 규모 - 시장의 성장성 - 경쟁상황 - 법, 규제 등 제약/장려 요인
	제품우위성	- 인지도 - 시장점유율 - 경쟁제품과의 비교우위성

1. 기업의 기술사업역량(대항목)

기업의 기술사업역량은 기업의 내부적인 평가항목들로 구성되어 있으며 중항목으로 경영주, 관리능력, 기술개발능력, 제품화역량, 수익전망 등이 있다.

1-1 경영주(중항목)

경영주 중항목에서는 경영주의 역량을 평가한다. 해당 소항목은 동 업종 경험 수준, 기술지식 수준, 기술 이해도, 경영관리능력과 기술경영전략 등으로 이루어져 있다.

동 업종 경험 수준 및 기술지식 수준 항목은 경영주의 근무경력과 기술전공 분야 및 기술자격증 등을 감안하여 정량적으로 평가하는 지표이며, 기술 이해도 항목은 현장실사와 면담을 통해서 경영주가 대상 기술에 대하여 어느 정도 이해하고 있는지를 평가하는 정성적인 항목이다. 경영관리능력 항목에서는 경영주가 사업 수행을 위하여 일반적으로 갖추어야 하는 사업화의지 및 사업수완에 대해 해당되는 항목을 체크하여 평가한다. 또한 기술경영전략 항목은 경영주의 기술혁신 및 이를 기반으로 한 마케팅, 개발관리, 제품화 기획 등의 항목을 체크하여 평가한다.

〈표 Ⅳ-3〉「경영주」 중항목의 구성

중항목	소항목	평가 내용
경영주	동 업종 경험 수준	경영주의 동 업종 근무경력을 정량적으로 평가한다.
	기술지식 수준	경영주의 전공 분야 및 자격증 등을 별도의 '기술지식 수준 판단표'에서 정한 바에 따라 검토한다.
	기술 이해도	경영주가 기술에 대해 어느 정도 정확하게 이해하고 있는지를 종합적으로 평가한다.
	경영관리능력	경영주의 대외정보 수집 능력, 재무회계지식, 사업화의지 및 사업수완 등을 기반으로 평가한다.
	기술경영전략	경영주의 기술혁신 및 이를 기반으로 한 마케팅, 개발관리, 제품화 기획 등 경영전략을 평가한다.

1-2 관리능력(중항목)

관리능력 중항목에서는 경영주를 제외한 회사의 기술인력 관리시스템과 경영진의 구성 등 전반적인 관리역량을 평가한다. 소항목은 기술인력관리, 경영진의 전문지식 수준, 자본참여도, 경영주와의 관계 및 팀워크 항목으로 이루어져 있다.

기술인력관리 항목에서는 연구개발인력뿐만 아니라 생산기술인력에 대한 관리역량을 평가한다. 직무발명보상, 우리사주 등의 인센티브시스템과 동 업종 평균 대비 회사의 교육훈련비 수준, 핵심인력의 신규 고용 실적 등의 체크항목으로 구성된다. 경영진의 전문지식 수준 항목에서는 경영주를 제외한 경영진[관리, 기획, 재무, 기술(디자인), 마케팅 등 담당 핵심인력]의 전공, 경력(담당 직무 경험, 수행 실적 등) 등을 별도 지표를 기준으로 평가한다. 자본참여도 항목에서는 경영주를 제외한 경영진의 실질적인 자본참여도를 검토하여 평가하는데, 자본참여도가 높을수록 경영진의 회사에 대한 충성도가 높다는 측면을 반영한 것이다. 그리고 경영주와의 관계 및 팀워크에서는 경영주와 경영진 간의 인적인 관계, 의사결정 과정의 합리성, 적절한 업무분장과 권한위임, 통제 등에 대항 정성적인 사항을 체크항목으로 하여 평가한다.

〈표 Ⅳ-4〉「관리능력」 중항목의 구성

중항목	소항목(평가항목)	평가 내용
관리 능력	기술인력관리	기술인력에 대한 관리시스템(인센티브시스템 등) 을 갖추고 있는지 평가한다.
	경영진의 전문지식 수준	경영주를 제외한 경영진[관리, 기획, 재무, 기술(디자인), 마케팅 등 담당 핵심인력]의 전공, 경력(담당 직무 경험, 수행 실적 등) 등을 종합적으로 검토하여 평가한다.
	자본참여도	경영주를 제외한 경영진(관리, 기획, 재무, 기술, 마케팅 등 담당 핵심인력)의 실질적인 자본참여도를 종합적으로 검토하여 평가한다.
	경영주와의 관계 및 팀워크	경영주와 경영진[재무, 기술(디자인), 마케팅 담당 핵심인력]과의 관계, 의사결정 형태, 팀워크 등을 종합적으로 검토하여 평가한다.

1-3 기술개발능력(중항목)

기술개발능력 중항목에서는 기술개발조직과 인력 수준, 기술개발이나 인증 실적, 특허권 등의 지식재산권 보유 현황과 연구개발에 대한 투자 수준 등을 통해 회사의 전반적인 기술개발역량을 평가한다. 소항목은 기술개발 전담조직, 기술(디자인)인력, 기술개발 및 수상(인증) 실적, 지식재산권 등 보유 현황, 연구개발투자 항목으로 이루어져 있다.

기술개발 전담조직 항목에서는 연구개발조직의 운영 현황과 조직구성을 평가하는데, 한국산업기술진흥협회의 공인된 기업부설연구소 또는 연구개발 전담부서 보유 여부와 자체 연구조직 등을 기준으로 평가한다. 기술인력 항목에서는 연구개발인력과 생산기술인력의 양적, 질적 수준을 별도 지표를 기준으로 평가한다. 기술개발 및 수상(인증) 실적 항목에서는 최근 3년간 기술개발, 기술제품화, 각종 인증 및 수상 실적을 가중결합한다. 이때 신청 기술 분야에 국한하지 않고 해당 기업의 전반적인 기술개발 및 수상 실적을 대상으로 평가한다. 지식재산권 등 보유 현황 평가항목에서는 현재 기업이 보유한 모든 지식재산권의 질적 수준을 가중하고, 그 합을 산정하여 평가한다. 연구개발투자 항목에서는 신청 기업과 해당 업종의 연구개발투자 비율을 비교 검토하고, 연구개발시설 등 실제 연구개발비용을 종합적으로 검토하여 평가한다.

〈표 Ⅳ-5〉「기술개발능력」 중항목의 구성

중항목	소항목(평가항목)	평가 내용
기술 개발 능력	기술개발 전담조직	연구조직의 현장확인 및 조직도, 인사편성 등을 통해 연구(디자인) 개발의 중추적인 역할을 담당하고 있는 조직(R&D 전담조직)을 편성하여 운영하고 있는지 평가한다.
	기술(디자인)인력	평가기준일 현재 기술개발인력의 질적·양적 수준을 정량적으로 평가한다.
	기술개발 및 수상(인증) 실적	최근 3년간 실적(기술개발, 기술제품화, 각종 인증 및 수상)을 산정하여 평가한다.
	지식재산권 등 보유 현황	신청 기업이 현재 보유한 모든 지식재산권의 질적 수준을 가중하고, 그 합을 산정하여 평가한다.
	연구개발투자	연구개발투자 수준, 연구개발투자 비율 등을 고려하여 전체적으로 파악하고 평가한다.

1-4 제품화역량(중항목)

제품화역량 중항목에서는 제품화를 위한 생산시설, 인력, 투자계획 수립과 적정성, 자본조달능력 등을 평가한다. 소항목은 생산역량, 투자규모의 적정성, 자본조달능력으로 이루어지며 현황과 계획 등을 감안하여 정성적으로 평가한다.

생산역량 항목에서는 생산시설의 현황, 생산인력의 수준이나 투입규모 그리고 재료와 부품의 조달 용이성 등을 고려하여 평가한다. 투자규모의 적정성 항목에서는 기술(제품)의 개발, 제품화, 상용화 및 마케팅 등 전 과정에 대한 투자계획의 수립 여부와 소요자금 추정의 적정성, 투자규모의 적정성을 종합적으로 평가한다. 자본조달능력 항목에서는 경영주와 기업의 재정상태나 수익창출능력 등을 고려하여 향후 필요자금을 적기에 조달할 수 있는 능력을 종합적으로 평가한다.

〈표 Ⅳ-6〉「제품화역량」 중항목의 구성

중항목	소항목(평가항목)	평가 내용
제품화 역량	생산역량	생산시설이나 투입인력 그리고 재료와 부품조달 용이성 등을 고려하여 평가한다.
	투자규모의 적정성	기술(제품)의 개발, 제품화, 상용화 및 마케팅 등 전 과정에 대한 투자계획의 수립 여부와 소요자금 추정의 적정성, 투자규모의 적정성을 종합적으로 평가한다.
	자본조달능력	경영주와 기업의 재정상태나 수익창출능력 등을 고려하여 향후 필요자금을 적기에 조달할 수 있는 능력을 종합적으로 평가한다.

1-5 수익전망(중항목)

수익전망 중항목에서는 목표시장에 대한 분석과 마케팅전략 및 조직, 기존 판매처와의 관계, 판매처 확대의 가능성, 이익규모와 이익 시현 시기 등을 평가한다. 소항목의 구성은 마케팅역량, 판매처의 다양성 및 안정성, 투자 대비 회수 가능성으로 이루어지며 정성적으로 평가한다.

마케팅역량 항목에서는 시장 및 경쟁업체 분석자료 확보, 마케팅 전담부서 보유 여부, 마케팅전략 등을 고려하여 평가한다. 판매처의 다양성 및 안정성 항목에서는 판매처의 다양성 여부, 지속적인 거래관계 유지 가능성, 판로구축 계획 수립 여부 및 구체성 등을 평가한다. 투자 대비 회수 가능성 항목에서는 이익구조에 영향을 미치는 기술수명, 매출액 대비 이익규모, 이익 시현 시기 등을 고려하여 투자금액의 회수 가능성 및 그 시기를 종합적으로 검토한다.

〈표 Ⅳ-7〉「수익전망」 중항목의 구성

중항목	소항목(평가항목)	평가 내용
수익 전망	마케팅역량	시장 및 경쟁업체 분석자료 확보, 마케팅 전담부서 보유 여부, 마케팅전략 등을 고려하여 평가한다.
	판매처의 다양성 및 안정성	판매처의 다양성 여부, 지속적인 거래관계 유지 가능성, 판로구축 계획 수립 여부 및 구체성 등을 평가한다.
	투자 대비 회수 가능성	이익구조에 영향을 미치는 기술수명, 매출액 대비 이익규모, 이익 시현 시기 등을 고려하여 투자금액의 회수 가능성 및 그 시기를 종합적으로 검토한다.

2. 기술경쟁력(대항목)

기술사업의 성공 여부는 사업 주체의 역량과 기술 자체의 경쟁력에 달려 있다는 가정으로 기술평가 대항목을 구분하였다. 앞서는 사업 주체의 역량 대항목에 대하여 살펴보았으며, 여기서는 기업이 보유한 기술 자체의 경쟁력 대항목을 짚어보고자 한다. 기술경쟁력이라는 대항목에서는 기술의 우수성과 시장 경쟁력 등을 평가하며 기술혁신성, 시장 현황, 제품우위성 등의 중항목들로 이루어져 있다.

앞서 설명한 바와 같이 TCB 평가는 기업이 보유한 기술 전체를 대상으로 하기 때문에, 여러 기술사업을 추진하는 기업에 대해서는 해당 기술사업 분야에 대한 평가결과를 종합적으로 평가하여야 한다.

기술경쟁력 대항목에서는 사업 분야별 가중치를 산정하는 방안으로 기술보증기금에서는 과거의 사업 분야별 실적과 미래사업으로서의 전략적 중요도를 반영하여 분야별 가중치를 산출한다.

〈사례 Ⅳ-1〉 사업 분야별 가중치 산출 예

사업 분야별 실적과 미래사업으로 전략적 중요도를 반영하여 분야별 가중치를 산출한 사례를 소개 하면 다음과 같다

〈사업 분야별 가중치 예시〉

사업 분야	매출 비중* (A)	전략적 중요도**(B)	계 (A+B)	분야별 가중치
통신시스템	50%	10%	60%	30%(60/200)
에너지솔루션	30%	30%	60%	30%(60/200)
휴대폰부품	20%	60%	80%	40%(80/200)
합계	100%	100%	200%	100%

* 당기 매출액을 기준으로 한 사업 분야별 비중

** 기업의 R&D 현황, 보유기술 건수, 연구인력 구성, 미래 주력사업으로서의 중요도, 준비상황 등을 감안하여 평가자가 판단

2-1 기술혁신성(중항목)

기술혁신성 중항목에서는 기술의 우수성과 완성도, 파급효과 등에 대하여 평가한다. 소항목은 기술의 차별성, 모방의 난이도, 기술의 수명주기상 위치, 기술의 완성도, 기술의 자립도, 기술적 파급효과으로 구성되며 여러 정황을 감안한 정성적인 평가와 기술적 파급효과의 일부 정량적인 평가가 복합적으로 수행된다.

기술의 차별성 항목에서는 기존 기술 대비 기술의 차별성 및 신기술 분야 개척 가능성 등을 고려하여 평가한다. 모방의 난이도 항목에서는 기술개발에 소요되는 비용, 기간, 지식재산권 등록, 사업에 미치는 영향 등으로 평가한다. 기술의 수명주기상 위치 항목에서는 해당 기술의 수명주기상 위치를 관련 기술 및 본 기술의 혁신속도와 기술 동향, 전망을 근거로 파악하여 평가한다(〈그림 Ⅳ-1〉 참조). 기술의 완성도 항목에서는 평가 대상 기술(제품)을 기준으로 기술개발 진척도가 어느 정도인지를, 단순한 아이디어 단계에서부터 제품화 또는 상업화가 가능한 단계에 이르기까지 단계에 따라 평가한다. 기술의 자립도 항목에서는 상업화를 위한 다른 보완적인 기술이나 지원기술의 필요 여부 등을 기반으로 평가한다. 기술적 파급효과 항목에서는 신청 기술이 가지고 있는 기술 영역에 대한 파급효과와 기술의 확장성을 종합적으로 고려하여 평가한다.

〈그림 Ⅳ- 1〉 기술의 수명주기 평가

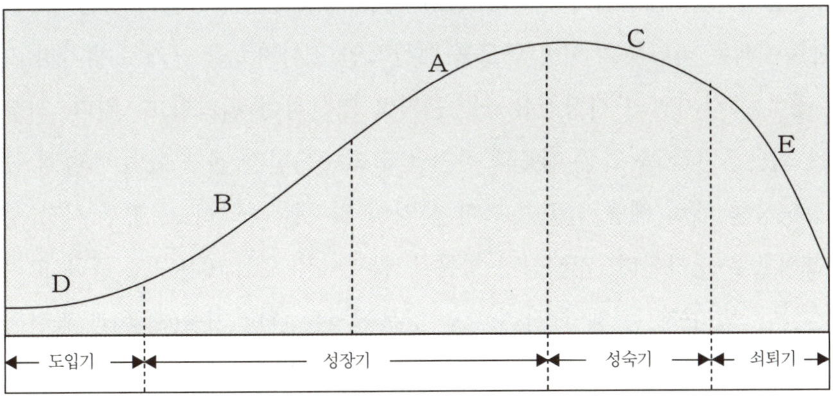

〈표 Ⅳ-8〉「기술혁신성」 중항목의 구성

중항목	소항목(평가항목)	평가 내용
기술 혁신성	기술의 차별성	기존 기술 대비 기술의 차별성 및 신기술 분야 개척 가능성 등을 고려하여 평가한다.
	모방의 난이도	기술개발에 소요되는 비용, 기간, 지식재산권 등록, 사업에 미치는 영향 등으로 모방의 난이도를 평가한다.
	기술의 수명 주기상 위치	해당기술의 수명주기상 위치를 관련 기술 및 본 기술의 혁신속도와 기술 동향, 전망을 근거로 파악하여 평가한다.
	기술의 완성도	평가 대상 기술(제품)을 기준으로 기술개발 진척도가 어느 정도인지를, 단순한 아이디어 단계에서부터 제품화 또는 상업화가 가능한 단계에 이르기까지 단계에 따라 평가한다.
	기술의 자립도	상업화를 위한 다른 보완적인 기술이나 지원기술의 필요 여부 등을 기반으로 평가한다.
	기술적 파급효과	신청 기술이 가지고 있는 기술 영역에 대한 파급효과와 기술의 확장성을 종합적으로 고려하여 평가한다.

2-2 시장 현황(중항목)

시장 현황 중항목에서는 평가 대상 기술을 활용한 제품의 시장성 및 경쟁상황에 대한 평가와 법·제도적인 환경에 대한 평가를 수행한다. 소항목은 목표시장의 규모, 시장의 성장성, 경쟁상황, 법·규제 등 제약/장려 요인 항목으로 이루어진다. 시장 규모 및 시장성장률 등의 여러 자료를 참고하고, 사업 추진과 관련된 주변 여건 등에 대한 정성적인 평가를 수행한다.

목표시장의 규모 항목에서는 국내외의 시장 규모를 객관적인 조사자료를 근거로 평가하고, 이러한 자료가 없는 경우 유사기업의 시장점유율을 근거로 역산하여 평가할 수 있다. 시장의 성장성 항목에서는 최근 3년간 동 업종 매출액 증가율과 최근 3년간 전체 산업 매출액 증가율을 비교하여 시장성장률 대비 해당 업종이 속한 산업의 위치를 파악하고, 향후 시장 성장성도 고려하여 종합적으로 평가한다. 경쟁상황 항목에서는 시장구조, 비용구조 등을 고려하여 종합적으로 평가한다. 법·규제 등 제약/장려 요인 항목에서는 해당 기술(제품)과 관련된 각종 정치·사회·문화·경제·환경적 요인 및 관련 법·제도적 규제에 대하여 평가하는데, 이러한 규제가 해당 기업의 경쟁력이나 경영성과에 어떤 영향을 미치는지를 파악하여 평가한다. 예를 들어 시장진입에 대한 규제가 존재한다면 신규 진입에 부정적이지만 기존 기업에 있어서는 긍정적인 것으로 평가해야 한다.

〈표 Ⅳ-9〉「시장 현황」 중항목의 구성

중항목	소항목(평가항목)	평가 내용
시장 현황	목표시장의 규모	목표시장의 규모를 국내외로 조사하여 평가한다.
	시장의 성장성	최근 3년간 동 업종 매출액 증가율과 최근 3년간 전체 산업매출액 증가율을 비교하여 시장성장률 대비 해당 업종이 속한 산업의 위치를 파악하고, 향후 시장 성장성도 고려하여 종합적으로 평가한다.
	경쟁상황	시장구조, 비용구조 등을 고려하여 경쟁상황에 대해 종합적으로 평가한다.
	법·규제 등 제약/장려 요인	해당 기술(제품)과 관련된 각종 정치·사회·문화·경제·환경적 요인 및 관련 법·제도적 규제에 대하여 평가한다.

2-3 제품우위성(중항목)

제품우위성 중항목에서는 평가 대상 기술을 활용한 제품의 인지도 및 고객충성도와 시장점유율에 대한 예측과 품질 및 가격경쟁력 등에 대한 평가를 수행한다. 소항목은 인지도, 시장점유율, 경쟁제품과의 비교우위성 항목으로 이루어지며, 기존 사업 또는 신규 사업 수행을 통해 실현 가능한 제품의 경쟁력에 대한 정성적인 평가가 수행된다.

인지도 항목에서는 시장의 수요자들이 자사 제품(상품, 서비스) 또는 브랜드에 대해 가지고 있는 인지의 정도, 고객충성도 등을 고려하여 평가한다. 시장점유율 항목에서는 해당 기술을 이용하여 생산한 제품을 기반으로 시장 내 경쟁자 수, 경쟁상황 등을 파악하여 평가 대상 업체의 시장점유율 및 점유율 확보 가능성을 평가한다. 또한 경쟁제품과의 비교우위성 항목에서는 경쟁제품의 존재 여부와 경쟁제품에 대한 차별화 및 원가우위 등 비교우위성을 평가한다.

〈표 Ⅳ-10〉「제품 우위성」 중항목의 구성

중항목	소항목(평가항목)	평가 내용
제품 우위성	인지도	시장의 수요자들이 자사 제품(상품, 서비스) 또는 브랜드에 대해 가지고 있는 인지의 정도, 고객충성도 등을 고려하여 평가한다.
	시장점유율	해당 기술을 이용하여 생산한 제품을 기반으로 시장 내 경쟁자 수, 경쟁상황 등을 파악하여 평가 대상 업체의 시장점유율 및 점유율 확보 가능성을 평가한다.
	경쟁제품과의 비교우위성	경쟁제품의 존재 여부와 경쟁제품에 대한 차별화 및 원가우위 등 비교우위성을 평가한다.

02

TCB 평가서 사례 및 활용 방안

본 절에서는 가장 최근 평가기관으로 지정된 한국기술신용평가의 평가서 사례를 통해서 기술신용평가서의 구조와 내용을 살펴본다. 한국기술신용평가의 평가서는 표지-Overview-기술평가-신용평가-기술특허 빅데이터 분석-Annex 순으로 구성되어 있다. 평가기관마다 평가서의 구성을 달리하고 있으나, 평가서 발급번호는 공통된 형식을 적용하고 있다.

1. 평가서 표지

〈그림 Ⅳ- 2〉 평가서 표지

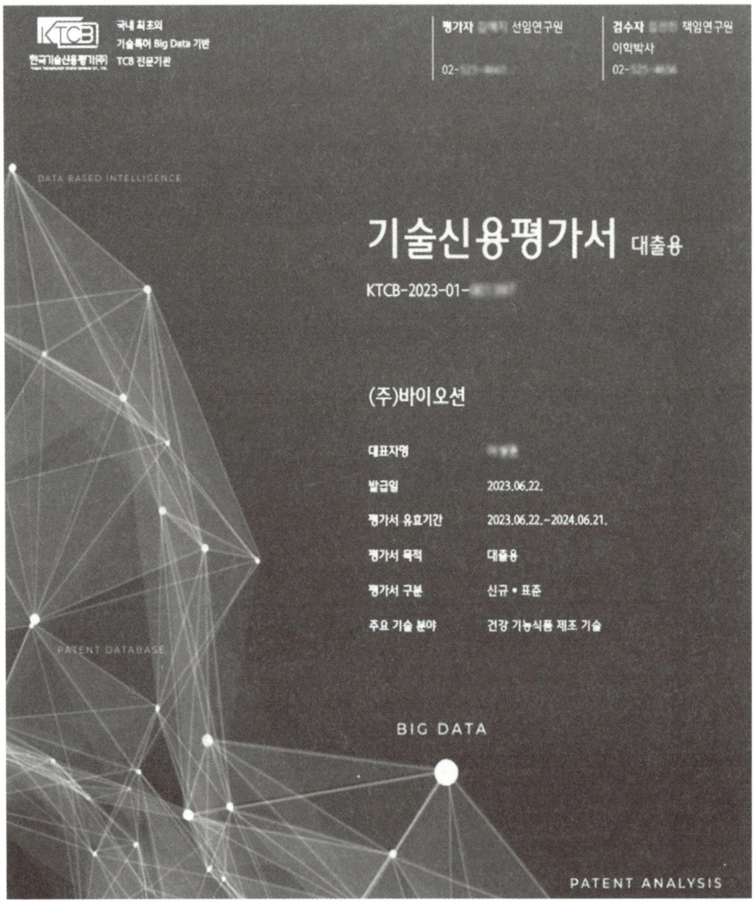

평가서 표지에는 평가자 및 검수자, 평가서 발급번호와 함께 평가대상기업 상호 및 대표자명, 발급일, 평가서 유효기간이 표시된다. 또한 평가서의 목적, 평가서 구분, 주요 기술분야가 함께 표시된다.

보고서 발급 번호는 각 기관별로 고유한 보고서 식별 코드로, 기관명-평가년도-평가서 구분-일련번호 순으로 구성되어 있다.

〈그림 Ⅳ- 3〉 평가서 목차

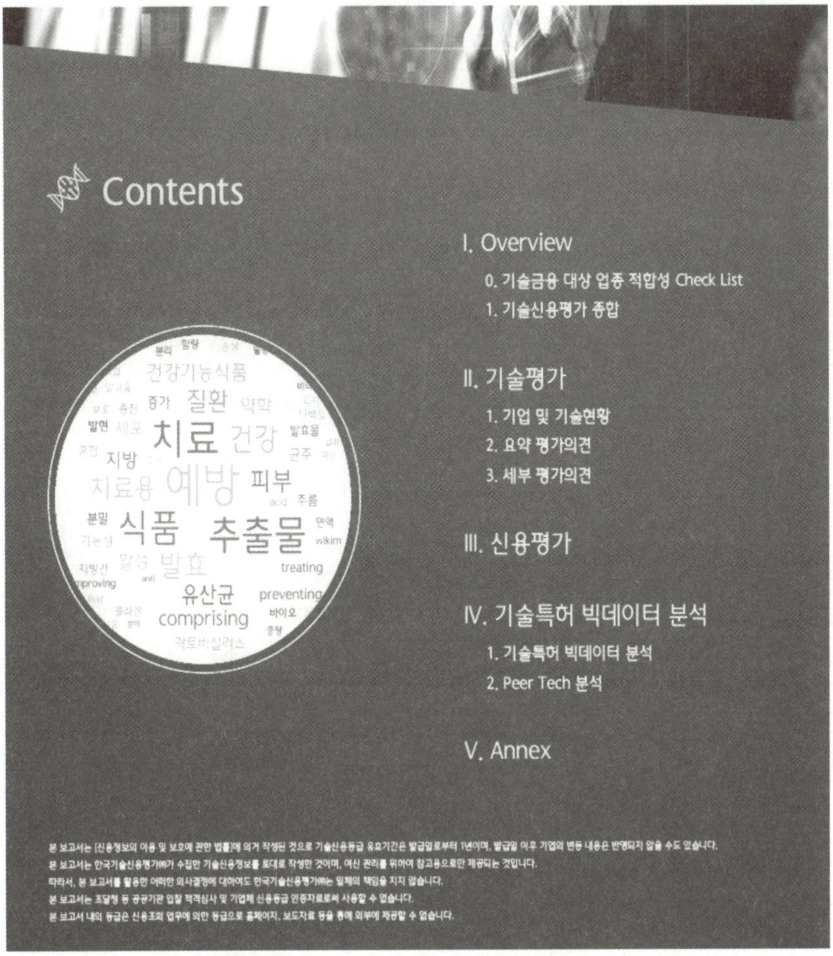

Contents

I. Overview

0. 기술금융 대상 업종 적합성 Check List
1. 기술신용평가 종합

II. 기술평가

1. 기업 및 기술현황
2. 요약 평가의견
3. 세부 평가의견

III. 신용평가

IV. 기술특허 빅데이터 분석

1. 기술특허 빅데이터 분석
2. Peer Tech 분석

V. Annex

본 보고서는 [신용정보의 이용 및 보호에 관한 법률]에 의거 작성된 것으로 기술신용등급 유효기간은 발급일로부터 1년이며, 발급일 이후 기업의 변동 내용은 반영되지 않을 수도 있습니다.
본 보고서는 한국기술신용평가(㈜)가 수집한 기술신용정보를 토대로 작성한 것이며, 여신 관리를 위하여 참고용으로만 제공되는 것입니다.
따라서, 본 보고서를 활용한 어떠한 의사결정에 대하여도 한국기술신용평가(㈜)는 일체의 책임을 지지 않습니다.
본 보고서는 조달청 등 공공기관 입찰 적격심사 및 기업체 신용등급 인증자료로써 사용할 수 없습니다.
본 보고서 내의 등급은 신용조회 업무에 의한 등급으로 올해이지, 보도자료 등을 통해 외부에 제공할 수 없습니다.

두 번째 페이지에는 보고서의 목차와 함께 주요 평가 대상 기술에 대한 워드 클라우드(word Cloud)가 제공되어 기술에 관한 주요 키워드들을 살펴 볼 수 있다. 하단에는 보고서 사용상 유의사항 및 제약사항들이 표기되어 있다.

2. Overview

〈그림 Ⅳ- 4〉 기술금융 대상 업종 적합성 Check List

0. 기술금융 대상 업종 적합성 Check List

발급번호: KTCB-2022-01-******

여신취급업종 : (C20423) 화장품 제조업

근거 조항	내용	해당여부
제16조제1항제1호	**제조업**	✓
	환경업	
	건설업	
제16조제1항제2호	지식서비스산업	
제16조제1항제3호	문화콘텐츠산업	
제16조제2항제1호	신·재생에너지산업 영위기업	
제16조제2항제2호	벤처기업	
제16조제2항제3호	**이노비즈기업**	✓
제16조제2항제4호	**기업부설연구소 및 연구개발전담부서 보유기업**	✓
제16조제2항제5호	한국연구산업협회가 연구개발업으로 인정한기업	
제16조제2항제6호	산업디자인전문회사	
제16조제2항제7호	국가연구개발사업 수행기업	
제16조제2항제8호	당기 연구개발비 지출 기업	
제16조제2항제9호	기술관련 정부 포상기업	
제16조제2항제10호	기술관련 정부 인증 보유기업	
제16조제2항제11호	지식재산권 보유기업	
제16조제2항제12호	기술이전 사업화 기업	
제16조제2항제13호	기술전문인력 보유기업	
제16조제2항제14호	산학협력기술지주회사	
제16조제2항제15호	연구첨단기술지주회사	
제16조제2항제16호	신기술창업전문회사	
제16조제2항제17호	연구소기업	
제16조제2항제18호	스마트팜 사업화 기업	
제16조제2항제19호	기술금융대상업종 관련 매출확인 기업	
제16조제2항제20호	의사결정기구 의결 승인기업	
제16조제4항	**미래사업자의 부동산거래와 관련된 여신 여부**	×

* 추가 증빙자료는 보고서내 Annex 별표 1 참조

⁝ 적합성 판단의견

[(주)*]는 기술금융 가이드라인 제 16조에 따른 기술금융 대상업종을 검토한 결과, [제16조제1항제1호]에 따라 적합한것으로 판단되었습니다.**

정부(금융위)에서는 그 동안 양적으로 성장하면서 발생된 여러 문제점을 개선하고 질적 성장으로 유도하고자 기술금융 가이드라인을 마련하였다. 가장 논란이 되었던 이슈는 기술금융의 적합 여부에 대한 것이었는 데, 한국기술신용평가의 보고서에서는 상기 〈그림 VI-4〉와 같이 기술금융 대상으로 적합한지에 대한 Checklist와 판단의견을 포함하고 있다.

〈그림 Ⅳ- 5〉 기술신용평가 종합

1. 기술신용평가 종합

발급번호: KTCB-2023-01-[illegible]

기업명	(주)[illegible]		
사업자등록번호	[illegible]	법인번호	[illegible]
대표자	[illegible]	설립일자	2010.11.25.
기업규모	중소기업	기업형태	일반법인
전화번호	[illegible]	팩스번호	[illegible]
주소	서울특별시 금천구 가산디지털1로 30 [illegible]		
표준산업분류	여신취급업종: (C10796) 건강 보조용 액화식품 제조업		
	기술평가업종: (C10797) 건강 기능식품 제조업		
기술평가모형(업력)	일반(7년 이상)	기술평가모형(업종)	일반
산업기술분류	(500206) 기능성 식품소재		
혁신성장품목코드	(E18005) 고부가가치식품		
평가대상 핵심기술	건강 기능식품 제조 기술		
주요 제품	건강기능식품 외	제출처	[illegible]

TECH 실적 요약	기업부설연구소(인정일)	벤처기업(만료일)	이노비즈(만료일)	R&D 투자비율 등급
	Y (2016.04.25.)	Y (2025.01.14.)	N	A+
	국가 R&D 수행(과제명)	Y (천연복합발효물을 이용한 [illegible])		
	유망기술분야기업	N		
기술금융 대상 조건	[제16조제1항제1호] 제조업			

:: TCB Rating Summary

발급일: 2023.06.22. 재무기준일: 2022.12.31.

TCB 등급	BBB	T 등급	T4+	CB 등급	bbb

:: 종합의견

(주)[illegible](이하 '동사')는 2010년 11월 설립된 중소기업으로 「건강 보조용 액화식품 제조업」, 「건강 기능식품 제조업」 산업을 영위하는 업체이며, 주요 제품은 건강기능식품 등이다. 주요 사업현황, 기술개발 실적, 지식재산권 보유현황 등을 고려할 시 평가대상 핵심 기술은 「건강 기능식품 제조 기술」이다.

동사는 천연물 기능성 소재를 활용하여 인체의 건강 및 면역 증진에 도움이 되는 건강기능식품을 제조하는 기업으로, 경영주는 약 22년의 동업계 근무경력을 보유하고 있으며, 공인된 기업부설연구소를 운영 중에 있으나, 경영주 외 경영진을 보유하지 않은 것으로 파악되는 바, 경영주 역량, 관리능력 등을 고려 시 보통 수준의 기술사업역량을 보유한 것으로 평가된다. 한편, 동사는 복합추출물을 이용한 호흡기 알

상기 페이지에서는 평가대상기업에 대한 주요한 기술평가상 핵심 내용들이 포함하고 있다. 특히, 기술평가상 해당 모형 구분 및 업종, 산업기술분류, 혁신성장품목코드, 평가대상 핵심 기술, TECH 실적 요약 정보 등 실무적으로 주요한 상세 정보들을 확인할 수 있으며, 최종 결과에 해당하는 등급 결과들을 확인할 수 있다.

1. 기술신용평가 종합

발급번호: KTCB-2023-01-

T 등급	T4+

기술사업역량 C+

경영주 역량	B+
동업종 경험수준	B
기술지식수준	A+
기술경영 관리능력	B+
관리능력	D
기술인력관리	A+
경영진 전문성	E
경영진 자본참여도	E
기술개발 능력	B
연구개발조직	A
연구개발투자비율	A+
기술인력 전문성	C
기술개발 및 수상(인증) 실적	D+
지식재산 보유현황	B
제품화 역량	B+
생산역량	A
투자규모의 적정성	B
자본조달능력	C+
수익전망	C
마케팅역량	B+
판매처의 다양성 및 안정성	C
수익창출 역량	D+

기술경쟁력 A

기술혁신성	A
기술의 차별성	A+
모방의 난이도	A+
기술완성도	B+
기술자립도	B+
기술확장성	B
시장현황	A
시장규모	A
시장성장성	A
시장구조 및 특성	C+
제품우위성	B+
인지도	B+
시장확보가능성	B+
경쟁제품과의 비교우위성	B+

주요 변동이력
본 평가는 신규 신청된 평가 건으로서, 주요 변동이력은 차년도 재평가 보고서부터 제공됩니다.

CB 등급	bbb

안정성LE	부채상환능력	유동성	수익성	성장성
양호	보통	양호	보통	우수

I.Overview / II.기술평가 / III.신용평가 / IV.기술특허 빅데이터 분석 / V.Annex

상기 페이지에서는 T등급(기술평가등급)과 CB등급(신용평가등급) 결과뿐만 아니라, 각 세부 항목별 평가 결과들을 확인할 수 있다.

1. 기술신용평가 종합

발급번호: KTCB-2023-01-[illegible]

⁝ 특허 경쟁력 평가

대표특허의 출원번호	대표특허의 명칭	출원일
102017[illegible]	[illegible]	2017.09.13.

C 17.55	K-4
K-IP Score	K-IP Value

* 상기의 특허 분석정보는 등록특허를 보유한 경우에 한해 서비스가 제공됩니다.

⁝ K-IP Score

K-IP Score는 OECD(Organisation for Economic Co-operation and Development)에서 제안하는 PQI(Patent Quality Index)를 기반으로 다양한 특허정보 빅데이터(Big Data) 분석을 통하여 도출된 특허평가 모형으로, 오랜 기간 IT, 기계, 전기전자, 바이오 등 다양한 산업계의 전문가 피드백을 통하여 실무적으로 그 유효성을 검증하여 왔습니다. 기업이 보유하고 있는 특허들에 대하여 참여 발명자의 기술적 수준, 기술 영향력, 기술 지속성, 경쟁사 견제 정도, 출원인 권리 획득 노력의 강도, 권리의 광역성, 권리의 완전성 등의 빅데이터 분석을 통해 기술성, 시장성, 사업성, 권리성에 대하여 각 영역별 평가 점수와 등급을 산출합니다.

평가 범주	K-IP Score 평가요소	등급							
		C	B-	B0	B+	A-	A0	A+	AA
기술성	참여 발명자 수준								
	기술 영향력								
	기술 지속성								
시장성	시장성								
	경쟁사 견제 정도								
사업성	출원인 권리 획득 노력								
권리성	권리의 광역성								
	권리의 완전성								

* 상기의 특허 분석정보는 등록특허를 보유한 경우에 한해 서비스가 제공됩니다.

⁝ K-IP Value

K-IP Value는 산업통상자원부의 기술가치평가 실무가이드와 특허법인, 기술평가기관들의 실무적 경험 원칙을 토대로 특허정보 빅데이터를 통하여 검증한 한국기술신용평가㈜의 독자적인 IP 가치추정 모형입니다. 사업화 주체의 기술사업역량, 시장현황 등을 통해 사업능력과 시장경쟁력을 분석하고, 특허의 기술성과 권리성 분석을 통해 추정한 IP 가치를 5등급 체계로 구분하여 제공합니다.

등급	정의
K-1	특허의 경쟁력이 우수한 수준에 해당하며, IP 가치금액이 10억 원 이상으로 추정됨
K-2	특허의 경쟁력이 양호한 수준에 해당하며, IP 가치금액이 5억 원 이상 10억 원 미만으로 추정됨
K-3	특허의 경쟁력이 평균 수준에 해당하며, IP 가치금액이 3억 원 이상 5억 원 미만으로 추정됨
K-4	특허의 경쟁력이 미흡한 수준에 해당하며, IP 가치금액이 1억 원 이상 3억 원 미만으로 추정됨
K-5	특허의 경쟁력이 열위한 수준에 해당하며, IP 가치금액이 1억 원 미만으로 추정됨

* 상기의 K-IP Value는 추정치로써, 실제 IP 가치평가 시 세부금액은 변동될 수 있습니다.

상기페이지에서는 특허에 대한 질적인 정보들을 함께 제공하고 있다. 한국기술신용평가에서 보유하고 있는 기술특허 빅데이터 정보를 활용한 특허평가모형을 통해 산출한 K-IP Score, K-IP Value를 정보 이용자들에게 제공하여, 기술의 우수성, 가치금액으로 환산하였을 경우 개략적인 가치 등을 살펴 볼 수 있게 하고 있다.

3. 기술평가

〈표 Ⅳ-10〉 기업 및 기술현황

1. 기업 및 기술현황

발급번호: KTCB-2023-01-[illegible]

:: 기업개요

	사업분야	주요 제품/상품/서비스	매출비중
주요 사업현황	제조업	건강기능식품 외	100.00%

주요 재무정보 (2022년, 백만 원)	자산총계	자본총계	부채총계	매출액	영업이익	순이익
	2,971.35	1,437.33	1,534.02	1,755.62	45.66	86.31

R&D 투자현황	구분	2020년	2021년	2022년	3년 평균	산업 평균
	매출액(백만 원)	1,569.81	1,670.17	1,755.62	1,665.20	8,200.63
	R&D 투자비(백만 원)	108.07	148.47	196.53	151.02	50.92
	R&D 투자비율(%)	6.88	8.89	11.19	8.99	0.62

기술인력 보유현황	특급기술자	고급기술자	중급기술자	초급기술자	기타기술자	합계
	1명	0명	0명	3명	1명	5명

인증 및 수상 실적	인증	수상	신기술인증 (NET)	신제품인증 (NEP)	IR52 장영실상	대한민국 기술대상
	3건	0건	0건	0건	0건	0건

지식재산 보유현황	특허등록	특허출원	실용신안등록	실용신안출원	디자인등록	상표권등록	프로그램등록	품종보호권	저작권
	4건	0건	0건	0건	1건	0건	0건	0건	0건

:: 주요 연혁

2012.12.	(주)[illegible] 사명변경
2010.11.	(주)[illegible] 설립

기업 및 기술 현황은 평가 대상기업에 대한 일반적인 기업 및 기술 개요 정보를 살펴 볼 수 있다. 주요 사업, 주요 재무정보, R&D 투자현황, 기술인력 보유현황, 인증 및 수상 실적, 지식재산 보유현황, 연혁 등 다양한 현황 정보를 요약하여 보여 준다.

1. 기업 및 기술현황

발급번호: KTCB-2023-01-[illegible]

I.Overview | II.기술평가 | III.신용평가 | IV.기술특허 빅데이터 분석 | V.Annex

:: 주요 지식재산권 보유현황

구분	출원번호	명칭	K-IP Score
특허등록	[illegible]	[illegible]	C
특허등록	[illegible]	[illegible]	C
특허등록	[illegible]	[illegible]	C
특허등록	[illegible]	[illegible]	B-
디자인등록	[illegible]	[illegible]	

:: 주요 기술 분야 내 특허출원 동향

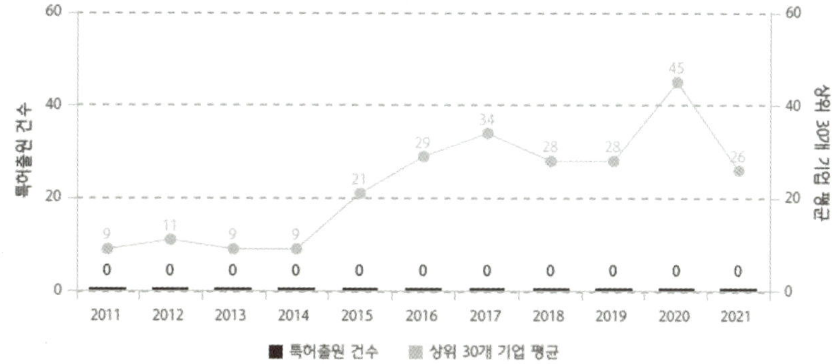

* 상위 30개 기업은 평가대상기업((주)[illegible])과 유사한 특허 포트폴리오를 구성하고 있는 동업계 상위 30개 기업을 의미하며, 특허출원 건수는 공개된 특허에 기반한 것으로 최근 1~2년간의 통계수치는 실제보다 낮을 수 있습니다.

상기페이지에서는 평가대상기업들이 보유하고 있는 지식재산권 중 특허 기술들에 대하여 질적인 수준을 확인할 수 있는 개별 등급 정보들을 제공하고 있다.

〈표 Ⅳ-11〉 요약 평가의견

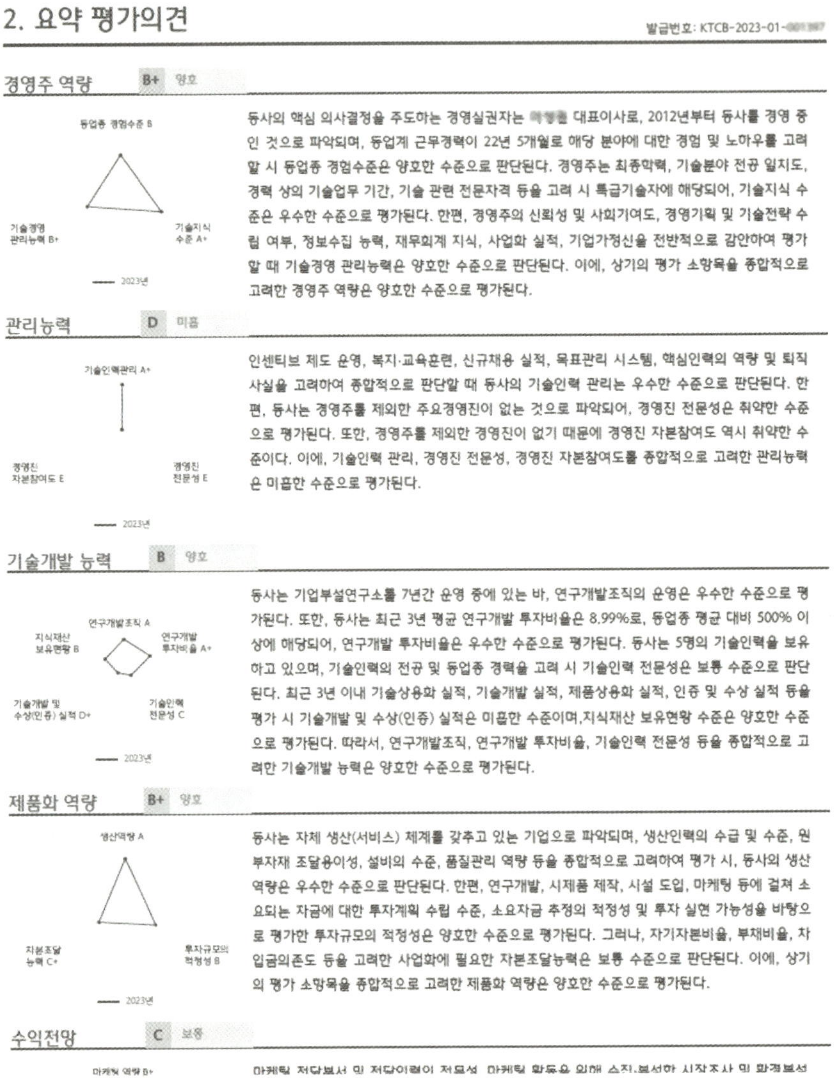

2. 요약 평가의견

발급번호: KTCB-2023-01-[illegible]

경영주 역량 B+ 양호

동사의 핵심 의사결정을 주도하는 경영실권자는 [illegible] 대표이사로, 2012년부터 동사를 경영 중인 것으로 파악되며, 동업계 근무경력이 22년 5개월로 해당 분야에 대한 경험 및 노하우를 고려할 시 동업종 경험수준은 양호한 수준으로 판단된다. 경영주는 최종학력, 기술분야 전공 일치도, 경력 상의 기술업무 기간, 기술 관련 전문자격 등을 고려 시 특급기술자에 해당되어, 기술지식 수준은 우수한 수준으로 평가된다. 한편, 경영주의 신뢰성 및 사회기여도, 경영기획 및 기술전략 수립 여부, 정보수집 능력, 재무회계 지식, 사업화 실적, 기업가정신을 전반적으로 감안하여 평가할 때 기술경영 관리능력은 양호한 수준으로 판단된다. 이에, 상기의 평가 소항목을 종합적으로 고려한 경영주 역량은 양호한 수준으로 평가된다.

관리능력 D 미흡

인센티브 제도 운영, 복지·교육훈련, 신규채용 실적, 목표관리 시스템, 핵심인력의 역량 및 퇴직 사실을 고려하여 종합적으로 판단할 때 동사의 기술인력 관리는 우수한 수준으로 판단된다. 한편, 동사는 경영주를 제외한 주요경영진이 없는 것으로 파악되어, 경영진 전문성은 취약한 수준으로 평가된다. 또한, 경영주를 제외한 경영진이 없기 때문에 경영진 자본참여도 역시 취약한 수준이다. 이에, 기술인력 관리, 경영진 전문성, 경영진 자본참여도를 종합적으로 고려한 관리능력은 미흡한 수준으로 평가된다.

기술개발 능력 B 양호

동사는 기업부설연구소를 7년간 운영 중에 있는 바, 연구개발조직의 운영은 우수한 수준으로 평가된다. 또한, 동사는 최근 3년 평균 연구개발 투자비율은 8.99%로, 동업종 평균 대비 500% 이상에 해당되어, 연구개발 투자비율은 우수한 수준으로 평가된다. 동사는 5명의 기술인력을 보유하고 있으며, 기술인력의 전공 및 동업종 경력을 고려 시 기술인력 전문성은 보통 수준으로 판단된다. 최근 3년 이내 기술상용화 실적, 기술개발 실적, 제품상용화 실적, 인증 및 수상 실적 등을 평가 시 기술개발 및 수상(인증) 실적은 미흡한 수준이며,지식재산 보유현황 수준은 양호한 수준으로 평가된다. 따라서, 연구개발조직, 연구개발 투자비율, 기술인력 전문성 등을 종합적으로 고려한 기술개발 능력은 양호한 수준으로 평가된다.

제품화 역량 B+ 양호

동사는 자체 생산(서비스) 체계를 갖추고 있는 기업으로 파악되며, 생산인력의 수급 및 수준, 원부자재 조달용이성, 설비의 수준, 품질관리 역량 등을 종합적으로 고려하여 평가 시, 동사의 생산역량은 우수한 수준으로 판단된다. 한편, 연구개발, 시제품 제작, 시설 도입, 마케팅 등에 걸쳐 소요되는 자금에 대한 투자계획 수립 수준, 소요자금 추정의 적정성 및 투자 실현 가능성을 바탕으로 평가한 투자규모의 적정성은 양호한 수준으로 평가된다. 그러나, 자기자본비율, 부채비율, 차입금의존도 등을 고려한 사업화에 필요한 자본조달능력은 보통 수준으로 판단된다. 이에, 상기의 평가 소항목을 종합적으로 고려한 제품화 역량은 양호한 수준으로 평가된다.

수익전망 C 보통

마케팅 전담부서 및 전담인력의 전문성, 마케팅 활동을 위해 수집·분석한 시장조사 및 환경분석

상기페이지에서는 평가 항목별 의견들을 요약하여 보여 준다. 각 항목들은 A~E까지 표시되며, 각각 +등급이 존재하여 10단계로 항목별 평가가 이루어진다. 평가모형상 중항목별로 의견을 제시하며, 중항목에 포함되어 있는 소항목별 결과를 레이더 차트를 통하여 쉽게 살펴볼 수 있도록 구성되어 있다.

〈표 Ⅳ-12〉 세부 평가의견

3. 세부 평가의견

발급번호: KTCB-2023-01-[illegible]

3.1. 기술사업역량

:: 경영주

성명	[illegible]	대표자유형	■ 대표자 □ 경영실권자		
생년월일	1965.12.19.	경영형태	□ 창업 □ 2세승계 ■ 인수 □ 전문경영인 □ 기타		
최종학교	[illegible]대학교	동업계 근무경력	22년 5개월	기술 업무기간	22년 5개월
최종학력	박사	전공	화학공학		
전공일치도	일치	자격증	-		

:: 경영주의 주요 경력

시작일	종료일	근무처	업종	담당업무	직위
2012.12.	현재	[illegible]	식료품 제조업	경영	대표이사
2008.06.	2012.12.	[illegible]	식료품 제조업	제품개발	연구소장
2001.01.	2008.06.	[illegible]	의료용 물질 및 의약품 제조업	제품개발	연구소장

:: 경영주의 기술관련 자격 및 수상

자격 및 수상	취득일
-	-

:: 세부의견

「경영주 역량」은 경영주의 동업종 근무경력, 취득학위 및 전공 등을 검토하여 경영주의 기술사업화 역량, 의지 및 관리능력을 판단하는 항목이다.

동업종 경험수준

경영주 [illegible]은 동종 업계인 [illegible] 등에서 근무한 경력을 보유하고 있다. 2012년부터 동사의 대표이사 직위를 맡고 있으며, 실질적인 경영주로서 현재까지 동사를 안정적으로 경영 중인 것으로 파악된다. 동사의 경영주는 동업계 근무경력이 22년 5개월로 해당 분야에 대한 경험이 길고, 기술사업 노하우를 고려할 시 동업종 경험수준은 양호

세부평가의견은 중항목 및 소항목의 평가항목별 구체적인 평가 근거를 제시하며, 각각의 평가항목이 의미하는 바에 대하여 설명한다. 특히 소항목별 평가결과와 함께 평가에 중요하게 활용된 사실 정보들을 함께 표시하여 나타낸다. 세부의견은 각 소항목별로 의견을 제시한다.

3. 세부 평가의견

발급번호: KTCB-2023-01-[illegible]7

I.Overview
II.기술평가
III.신용평가
IV.기술특허 빅데이터 분석
V.Annex

3.2. 기술경쟁력

평가대상 핵심기술 건강 기능식품 제조 기술

∷ 기술의 정의 및 개요

■ 개요

'건강기능식품에 관한 법률'상 "건강기능식품"이란 인체에 유용한 기능성을 가진 원료나 성분을 사용하여 제조(가공을 포함한다)한 식품을 말한다. "기능성"이란 인체의 구조 및 기능에 대하여 영양소를 조절하거나 생리학적 작용 등과 같은 보건 용도에 유용한 효과를 얻는 것을 의미한다.

[그림] 식품소재산업의 범위

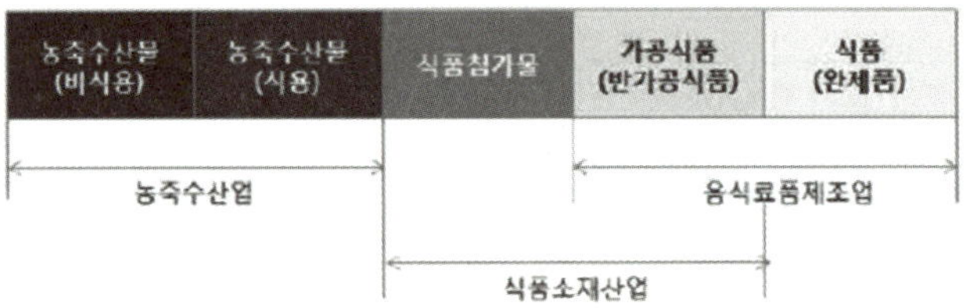

[출처: 한국신용정보원 '건강기능식품소재(2018)']

기능성식품소재는 식물소재 뿐만 아니라 동물, 미생물, 천연물 등 여러 생물자원들을 포함하고 있다. 가장 많이 이용되고 있는 기능성식품소재는 식물, 특히 약초 추출물이며, 전세계적으로 5만 내지 7만 종 이상의 식물들이 전통 민간요법이나 의약품의 소재로 활용되고 있는 것으로 추산된다. 치즈에 포함된 젖산균은 정장작용과 변비예방뿐만 아니라 항알레르기, 면역증강, 미백 등 의 효과가 있는 것으로 밝혀졌다. 포도껍질에 많이 함유된 '레스베라트롤'은 우수한 항암 및 항산화 활성을 갖고 있으며, 기능성 식품의 기능성은 인체 구조 및 기능에 대하여 영양소를 조절하거나 생리학적 작용 등과 같은 보건 용도에 유용한 효과를 얻는 것이다.

기능성 구분	내 용
질병발생 위험감소 기능	질병의 발생 또는 건강상태의 위험감소와 관련한 기능
생리활성 기능	인체의 정상기능이나 생물학적 활동에 특별한 효과가 있어 건강상의 기여나 기능향상 또는 건강유지. 개선을 나타내는 기능
영양소 기능	인체의 정상적인 기능이나 생물학적 활동에 대한 영양소의 생리학적 작용

[출처: 한국신용정보원 '건강기능식품소재(2018)']

우리나라도 고령화 사회에 진입하면서 건강에 대한 관심 증가와 함께 건강기능식품에 대한 수요가 지속적으로 증가하고 있으며, 우리나라의 경우 동의보감 등의 한의서와 민간요법 등이 잘 알려져 있어 다른 나라와 차별화되는 기능성식품소재를 발굴할 가능성이 높을 것으로 예상된다. 최근 '유전자원 접근 및 이익분배에 관한 나고야 의정서'의 채택 등으로 기능성식품소재로 사용할 수 있는 생물자원의 확보 및 관리의 중요성이 부각되고 있다.

기능성식품소재는 그 기능이나 최종 제품의 형태, 출처 등에 따라 분류할 수도 있지만, 기본적으로는 소재 자체의 종류에 따라 분류한다

특히 세부 평가의견 중 기술경쟁력 부분에서는 평가대상이 되는 핵심 기술을 명시하고 해당 기술에 대한 기술 정의 및 개요, 평가대상 기업의 기술력 수준, 산업 및 시장현황, 주요 제품 및 서비스 등을 상세히 설명하여 금융 전문가들이 쉽게 해당 기술을 이해할 수 있도록 돕고 있다.

4. 신용평가

〈표 Ⅳ-13〉 신용평가 결과

신용평가 결과

발급번호: KTCB-2023-01-[illegible]

∷ 신용평가 결과(요약)

신용평가에 활용되는 재무비율값과 재무비율별 신용도를 분석하여 해당 재무비율이 동사 신용평가등급에 미치는 영향도를 그래프로 확인할 수 있습니다. 그래프 내 채색 면적이 넓을수록 우수한 신용평가등급이 산출됩니다. 단, 규모가 작은 기업의 신용평가등급은 대표자 신용도를 함께 고려하여 산출됩니다. 동사 신용평가등급은 2022년 12월 31일 K-GAAP 결산 재무제표 기준 bbb등급이며, 전년도 신용평가등급 결과는 존재하지 않습니다.

모형구분	비외감2	업종구분	경공업	결산일자	2022.12.31. K-GAAP	평가일자	2023.06.22.	유효기간	2024.06.21.

카테고리	신용평가 재무비율	2021.12.31.		2022.12.31.		재무비율별 신용도 및 신용평가등급
		비율값	신용도	비율값	신용도	
안정성LE	총부채/유형자산 (%)	-		93.30	양호	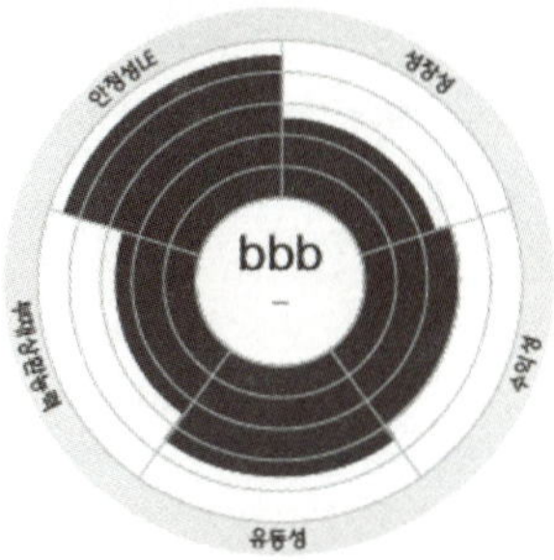
부채상환능력	매출총이익/금융비용 (%)	-		2,067.89	보통	
유동성	현금비율 (%)	-		34.63	양호	
수익성	수지비율 (%)	-		95.22	보통	
성장성	매출액증가율 (%)	-		5.12	우수	
		-		bbb		bbb 금융거래를 위한 채무상환능력이 양호하나 향후 신용상태가 경제여건 및 환경변화에 따라 저하될 가능성이 있는 기업

※ 본 신용평가등급은 기술신용평가 이외 용도로는 사용할 수 없습니다.

기술평가와 독립적으로 이루어지는 신용평가결과를 나타내고 있다. 주요한 신용평가 항목들에 대하여 각 항목별 결과를 info-graphic하게 나타내어 이용자가 쉽게 결과를 파악할 수 있도록 돕고 있다.

신용평가 결과

발급번호: KTCB-2023-01-[illegible]

⁝ 신용평가 결과(상세) – 재무비율별 신용도

KTCB 신용평가등급은 신용평가에 활용되는 재무비율이 각각 추정부도율로 변환되어 산출됩니다. 추정부도율로 변환된 재무비율값이 동일 모형 내 "하위 ~10%"이면 "우수", "하위 10~40%"이면 "양호", "하위 40~60%"이면 "보통", "하위 60~90%"이면 "미흡", "하위 90%~"이면 "취약"으로 각각의 신용도가 표시됩니다. 즉, 신용도가 우수한 재무비율이 많을수록 우수한 신용평가등급이 산출됩니다. 동사 신용평가등급은 2022년 12월 31일 K-GAAP 결산재무제표 기준 bbb등급이며, 전년도 신용평가등급 결과는 존재하지 않습니다.

모형구분	비외감2	업종구분	경공업	결산일자	2022.12.31. K-GAAP	평가일자	2023.06.22.	유효기간	2024.06.21.

카테고리	신용평가 재무비율	2021.12.31.		2022.12.31.		재무비율별 신용도 및 신용평가등급	
		비율값	신용도	비율값	신용도		
안정성LE	총부채/유형자산 (%)	-		93.30	양호	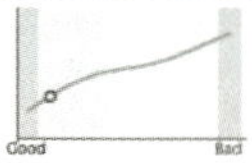	총부채/유형자산(%) 은 93.30%이며, 추정부도율(변환)은 0.95%으로 "하위 10~40%"에 해당하는 "양호"한 수준임
부채상환능력	매출총이익/금융비용 (%)	-		2,067.89	보통	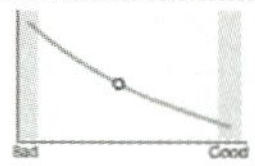	매출총이익/금융비용(%) 은 2,067.89%이며, 추정부도율(변환)은 1.40%으로 "하위 40~60%"에 해당하는 "보통"한 수준임
유동성	현금비율 (%)	-		34.63	양호	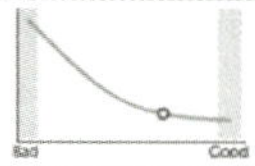	현금비율(%) 은 34.63%이며, 추정부도율(변환)은 0.74%으로 "하위 10~40%"에 해당하는 "양호"한 수준임
수익성	수지비율 (%)	-		95.22	보통	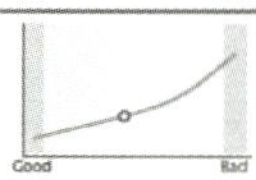	수지비율(%) 은 95.22%이며, 추정부도율(변환)은 1.40%으로 "하위 40~60%"에 해당하는 "보통"한 수준임
성장성	매출액증가율 (%)	-		5.12	우수	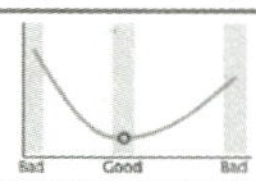	매출액증가율(%) 은 5.12%이며, 추정부도율(변환)은 1.06%으로 "하위 ~10%"에 해당하는 "우수"한 수준임
		-		bbb			

⁝ 신용평가 결과(상세) – 유의항목

KTCB 신용평가등급은 다음과 같은 유의항목에 해당하면 특정 등급으로 제한됩니다. 유의항목이란, 빈번하게 발생하지는 않지만 항목에 해당하면 동사의 채무이행능력을 매우 열위하다고 판단할 수 있는 항목들로 구성됩니다. 동사는 해당하는 신용평가 유의항목이 존재하지 않습니다.

모형구분	비외감2	업종구분	경공업	결산일자	2022.12.31. K-GAAP	평가일자	2023.06.22.	유효기간	2024.06.21.

카테고리	신용평가 유의항목	-	2022.12.31.
감사의견	감사의견 '부적정' 또는 '의견거절' * 외감만 해당	-	-
재무정보	완전자본잠식(=자본총계 음수)	-	-
신정원 - 신용정보	평가시점 해제되지 않은 금융질서문란 정보 보유	-	-
	평가시점 해제되지 않은 관련인 정보 보유	-	-
	평가시점 해제되지 않은 공공정보(국세체납) 정보 보유	-	-
단기연체	최근 6개월 이내 15일 이상 30일 미만 연체 사실 있는 경우	-	-
	최근 6개월 이내 30일 이상 90일 미만 연체 사실 있는 경우	-	-

신용평가에 사용된 각 변수별로 신용도에 어느정도 영향을 미쳤는지를 도표를 통하여 쉽게 살펴 볼 수 있도록 구성되어 있으며, 신용평가 이외에 추가적인 유의사항들을 별도로 정리하여 보여준다.

5. 기술특허 빅데이터 분석

〈표 Ⅳ-14〉 기술특허 빅데이터 분석

1. 기술특허 빅데이터 분석

발급번호: KTCB-2023-01-001397

∷ 기술성장률(TSGR) 동향

기술성장률(Technology Sector Growth Ratio; TSGR)은 다른 기술 분야에 비해 해당 분야의 특허출원이 얼마나 성장하고 있는지를 나타내는 기술 분야의 성장률 지수입니다. TSGR이 1.0보다 클수록 다른 기술 분야에 비해 관련 기술 분야가 성장하고 있음을 의미하며, 최근 연도에 TSGR 수치가 클수록 사업성이 좋은 것으로 평가할 수 있습니다.

$$\text{TSGR} = \frac{(\text{당해년도 해당 분야의 특허출원 건수})/(\text{당해년도 전체 특허출원 건수})}{(\text{전년도 해당 분야의 특허출원 건수})/(\text{전년도 전체 특허출원 건수})}$$

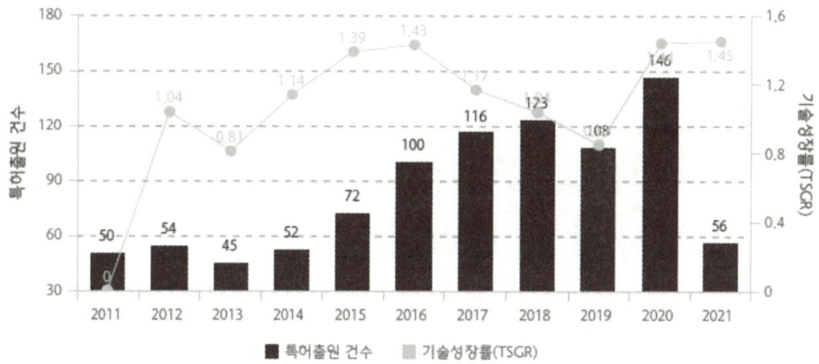

* 특허출원 건수는 공개된 특허에 기반한 것으로 최근 1~2년간의 통계수치는 실제보다 낮을 수 있습니다.

∷ 워드 클라우드(Word Cloud)

동사가 영위하고 있는 [건강 기능식품 제조 기술] 분야의 주요 기술 키워드 변동을 보여주는 빅데이터 분석 결과입니다. 최근 20년간의 특허정보를 10년 단위로 비교하여 과거 대비 최근 이슈가 되고 있는 기술을 파악할 수 있습니다.

2003년 ~ 2012년

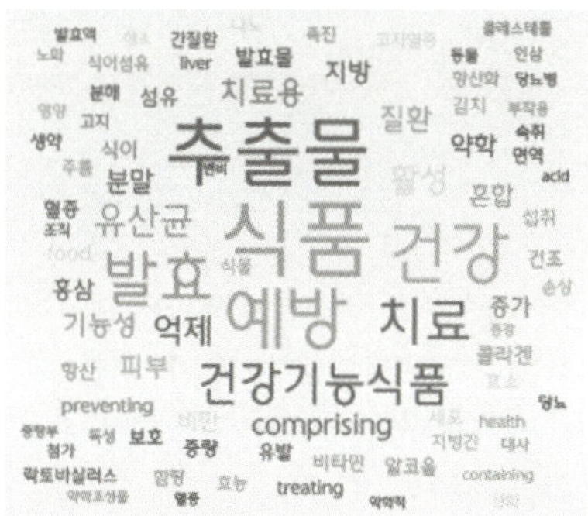

2013년 ~ 2022년

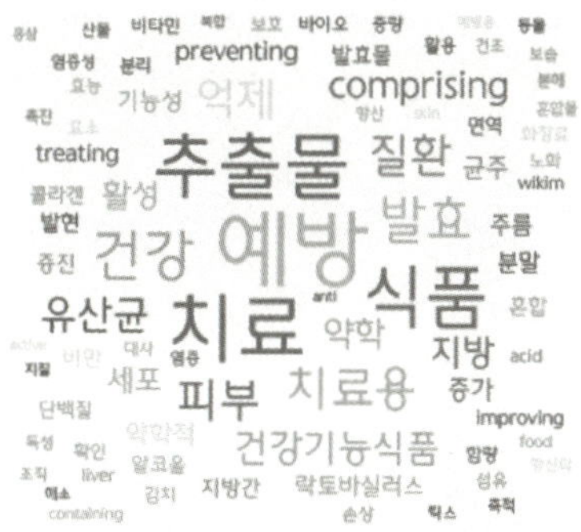

K-TCB는 기술특허 빅데이터 분석을 통한 다차원적인 추가적인 정보들을 제공하고 있다. 주관적이고 정성적인 평가로 인한 기술평가의 한계를 직시하고, 좀 더 계량적이고 객관적인

정보들을 활용한 기술평가를 활성화하기 위하여 해당기업이 포함되어 있는 기술분야에 대한 입체적인 분석 정보들을 제공한다.

특허를 보유하고 있지 않은 기업들에 대해서도 주요 제품이 포함되어 있는 기술분야에 대한 전반적인 트랜드를 살펴 볼 수 있어 정보이용자에게 다양한 인사이트를 제공할 수 있다.

6. Annex

기술등급, 신용평가등급, 기술신용등급에 대한 정의와 함께, 해당 보고서에 포함된 용어들에 대하여 설명한다.

〈표 Ⅳ-15〉 등급 정의 및 용어 정의

Annex

발급번호: KTCB-2023-01-[illegible]

∷ 기술등급 정의

* T3, T4, T5, T6 등급의 경우 +/- 의 세부등급을 추가적으로 제시하여, 세부 18등급 체계입니다.

등급	정의
T1	기술 및 아이디어 경쟁력과 기술사업화 능력이 매우 우수하며 미래 수익창출 가능성이 매우 높은 기업
T2	기술 및 아이디어 경쟁력과 기술사업화 능력이 우수하며 미래 수익창출 가능성이 높은 기업
T3	기술 및 아이디어 경쟁력과 기술사업화 능력이 양호하며 미래 수익창출 가능성이 높은 기업
T4	기술 및 아이디어 경쟁력과 기술사업화 능력이 양호하며 미래 수익창출 가능성이 다소 높은 기업
T5	기술 및 아이디어 경쟁력과 기술사업화 능력이 보통이며 미래 수익창출 가능성이 다소 높은 기업
T6	기술 및 아이디어 경쟁력과 기술사업화 능력이 보통이며 미래 수익창출 가능성이 다소 낮은 기업
T7	기술 및 아이디어 경쟁력과 기술사업화 능력이 미흡하며 미래 수익창출 가능성이 다소 낮은 기업
T8	기술 및 아이디어 경쟁력과 기술사업화 능력이 미흡하며 미래 수익창출 가능성이 낮은 기업
T9	기술 및 아이디어 경쟁력과 기술사업화 능력이 취약하며 미래 수익창출 가능성이 낮은 기업
T10	기술 및 아이디어 경쟁력과 기술사업화 능력이 매우 취약하여 미래 수익창출 가능성이 매우 낮은 기업

∷ 신용평가등급 정의

* a, bbb, bb, b 등급의 경우 +/- 의 세부등급을 추가적으로 제시하여, 세부 18등급 체계입니다.

등급	부도율	정의
aaa	0.02%	금융거래를 위한 채무상환능력이 매우 우수하며 향후에도 최상의 신용도가 예상되는 기업
aa	0.04%	금융거래를 위한 채무상환능력이 우수하며 향후에도 신용상태가 높을 것으로 예상되는 기업
a	0.18%	금융거래를 위한 채무상환능력이 양호하며 향후에도 신용상태가 다소 높을 것으로 예상되는 기업
bbb	0.63%	금융거래를 위한 채무상환능력이 양호하나 향후 신용상태가 경제여건 및 환경변화에 따라 저하될 가능성이 있는 기업
bb	1.60%	금융거래를 위한 채무상환능력이 보통이며 향후 신용상태가 경제여건 및 환경변화에 따라 저하될 가능성이 다소 높은 기업
b	4.75%	금융거래를 위한 채무상환능력이 보통이며 향후 신용상태가 경제여건 및 환경변화에 따라 저하될 가능성이 높은 기업
ccc	8.60%	금융거래를 위한 채무상환능력이 미흡하며 향후 채무불이행 또는 부실가능성이 존재하는 기업
cc	15.00%	금융거래를 위한 채무상환능력이 취약하며 향후 채무불이행 또는 부실가능성이 높은 기업
c	60.00%	금융거래를 위한 채무상환능력이 매우 취약하여 채무불이행 또는 부실가능성이 매우 높은 기업
d	100.00%	현재 채무불이행 또는 부도에 준하는 상태에 처해있는 기업

∷ 기술신용등급 정의

* A, BBB, BB, B 등급의 경우 +/- 의 세부등급을 추가적으로 제시하여, 세부 18등급 체계입니다.

등급	부도율	정의
AAA	0.02%	기술사업의 미래 수익창출 가능성을 고려할 때, 금융거래를 위한 채무상환능력이 매우 우수하며 향후에도 최상의 신용도가 예상되는 기업
AA	0.04%	기술사업의 미래 수익창출 가능성을 고려할 때, 금융거래를 위한 채무상환능력이 우수하며 향후에도 신용상태가 높을 것으로 예상되는 기업
A	0.18%	기술사업의 미래 수익창출 가능성을 고려할 때, 금융거래를 위한 채무상환능력이 양호하며 향후에도 신용상태가 다소 높을 것으로 예상되는 기업
BBB	0.63%	기술사업의 미래 수익창출 가능성을 고려할 때, 금융거래를 위한 채무상환능력이 양호하나 향후 신용상태가 경제여건 및 환경변화에 따라 저하될 가능성이 있는 기업
BB	1.60%	기술사업의 미래 수익창출 가능성을 고려할 때, 금융거래를 위한 채무상환능력이 보통이며 향후 신용상태가 경제여건 및 환경변화에 따라 저하될 가능성이 다소 높은 기업
B	4.75%	기술사업의 미래 수익창출 가능성을 고려할 때, 금융거래를 위한 채무상환능력이 보통이며 향후 신용상태가 경제여건 및 환경변화에 따라 저하될 가능성이 높은 기업
CCC	8.60%	기술사업의 미래 수익창출 가능성을 고려할 때, 금융거래를 위한 채무상환능력이 미흡하며 향후 채무불이행 또는 부실가능성이 존재하는 기업
CC	15.00%	기술사업의 미래 수익창출 가능성을 고려할 때, 금융거래를 위한 채무상환능력이 취약하며 향후 채무불이행 또는 부실가능성이 높은 기업
C	60.00%	기술사업의 미래 수익창출 가능성을 고려할 때, 금융거래를 위한 채무상환능력이 매우 취약하여 채무불이행 또는 부실가능성이 매우 높은 기업
D	100.00%	현재 채무불이행 또는 부도에 준하는 상태에 처해있는 기업

∷ 용어 정의

용어	정의
셀룰로오스	셀룰로오스(Cellulose)는 수백에서 수천 개의 D-포도당 단위체들이 β(1→4) 글리코사이드 결합으로 연결된 선형 사슬이 중첩된 격자형의 다당류로, 화학식이 (C6H10O5)n 인 유기 화합물이다.
OBM	OBM(Original Brand Manufactuting)은 자체 상표 생산을 말하며, 개발과 생산, 유통 등의 전반인 단계를 모두 한 기업 내에서 자체적으로 진행하는 방식이다. 상품을 디자인 및 개발, 생산, 유통 모두 할 경우 부가가치가 가장 높지만, 많은 비용과 시간이 소요되는 특징이 있다.
ODM	제조업자 개발생산(Original Development Manufacturing)을 의미하며 개발력을 갖춘 제조업체가 판매망을 갖춘 유통업체에 상품 또는 재화를 제공하는 생산방식을 말한다. 제조업자 설계생산이라고도 하며, 제조업체가 보유하고 있는 기술력을 바탕으로 제품을 개발해 유통업체에 공급하고, 유통업체는 자사에 맞는 제품을 선택함으로써 유통에 핵심역량을 집중할 수 있다는 점에서 기존의 주문자상표부착생산방식인 오이엠(OEM)과 구별된다.
OEM	주문자 상표 부착 생산(original equipment manufacturing)을 의미하며, 주문자가 요구하는 제품과 상표명으로 완제품을 생산하는 것을 말한다. 우리나라가 해외의 국제적 브랜드를 가진 대기업 등에서 주로 사용하는 생산 방식으로, '주문자위탁생산' 또는 '주문자상표부착생산'이라 한다. 유통망을 구축하고 있는 주문업체에서 생산성을 가진 제조업체에 자사에서 요구하는 상품을 제조하도록 위탁하여 완성된 상품을 주문자의 브랜드로 판매하는 방식을 취한다.
기업가정신	기업가정신(Entrepreneurship)의 정의는 학자마다 다르지만, 보통은 '새로운 사업 기회를 포착하고 생산 요소를 새롭게 조합하고 조정하고 통제하는 과정'으로 정의된다.
혁신기술	혁신(Revolutionary)기술이란 오랫동안 느껴온 필요를 충족시키거나 완전히 새로운 산업을 창조할 수 있는 기술을 말한다(Technology Push의 개념과 유사함).
기술상용화실적	기술상용화실적은 기술개발을 기반으로 제품화하여 시장에 출시한 경우를 의미한다(본 평가에서는 1건의 기술개발실적 당 1건의 기술상용화실적만 인정함).
제품상용화실적	제품상용화실적은 금형, 주물, 맞춤형 기계설계 제작 업체 등 주문형 생산시스템으로 프로젝트 단위의 고객 맞춤형 제품에 대해 기술개발건의 사양을 변경하여 납품한 경우를 의미한다(기술개량실적이라고도 함).
기술개발실적	기술개발실적은 기존 기술과 차별화된 다른 기술을 활용하여 시제품제작을 완료한 경우를 의미한다.
IPC	국제특허분류(International Patent Classification; IPC)는 특허분류체계를 국제적으로 통일시킬 목적으로 체결된 국제특허분류에 관한 Strasbourg협정에 따라 세계지식재산권기구(World Intellectual Property Organization; WIPO)가 1975년 10월 제정한 국제적으로 통용되는 기술분야별 분류기호이다.
CPC	선진특허분류(Cooperative Patent Classification; CPC)는 효율적인 선행기술조사를 위해 미국특허청과 유럽특허청의 주도로 2012년 개발되었으며, IPC보다 세분화된 특허분류체계로서 IPC(7만여 개소)보다 많은 26만여 개의 특허분류 개소를 가지고 있다. 현재 전 세계 중 30개 국가가 특허문헌을 CPC로 분류하고 있으며, 특허문헌과 비특허문헌을 포함하여 전 세계 6,000만 건 이상의 문헌이 CPC로 분류되어 있다.
주요 개량기술	주요 개량(Major Improvement)기술이란 현존하는 제품, 공정 또는 서비스에 제품 우위성을 상당한 수준으로 높일 수 있는 기술을 말한다(Market Pull의 개념과 유사하며, '진화적 신기술'로도 불림).
혁신성	혁신성은 기술이 새로운 제품시장을 창출하는 정도 또는 확대시킬 수 있는 정도를 의미하는 것으로, 기술혁신의 정도에 따라 혁신(Revolutionary)기술, 주요 개량(Major Improvement)기술, 보통 개량(Minor Improvement)기술 등으로 구분한다.
리버스엔지니어링	제품 조립순서의 반대로 제품을 하나하나 분해하여 제품의 제조과정 및 성능을 파악하는 기술을 말한다. 이것은 종종 대상(기계 장치, 전자 부품, 소프트웨어 프로그램 등)을 조각내서 분석하는 것을 포함하고 있으며, 기술적으로 열위에 있는 기업이 특정상품을 모방, 생산하려는 경우 주로 사용된다.
기술수명주기	기술수명주기(Technology Life Cycle)는 기술 예측의 한 수단으로, 향후 기술의 가치 변화, 발전 방향, 경쟁 구조 등을 파악하여 의사결정 등에 활용하기 위한 것이다. 기술의 혁신적, 경제적 성과가 시간의 경과에 따라 일정한 패턴을 보이면서 변화하는 주기를 통해 과학 기술 분야에서 나타날 발전 자체 및 그 시기를 예측할 수 있다. 기술의 발전 속도를 전망함으로써 추구하는 기술적 수준의 달성 가능성을 가늠할 수 있고, 최종 평가된 기술의 가치 및 사회, 경제적 영향에 대한 근거로서 이용할 수 있다.

7. TCB 평가서의 여신심사 활용

은행에서는 TCB 평가서를 신용등급 산출이나 여신심사를 할 때 활용할 수 있다. 예컨대 기업 신용등급을 산정할 때 비재무항목 중 기술력 관련 항목을 평가할 경우 TCB 평가서의 평가의견을 참고하는 방법이 있다. 또한 은행이 자체적으로 신용등급을 산출한 후 TCB 평가서의 기술등급 또는 기술신용등급을 참고하여 등급을 조정하는 방법도 있다.

TCB 평가서를 활용하여 신용등급 상향 등 조정이 이루어질 경우 해당 기업의 전체 여신심사에 긍정적 영향을 줄 수 있다. 신용등급 조정이 이루어지지 않는다 하더라도 여신을 심사하는 단계에서 금리나 한도 결정의 참고자료로 활용될 수 있다.

〈그림 Ⅳ- 15〉 TCB 평가의 활용 방안

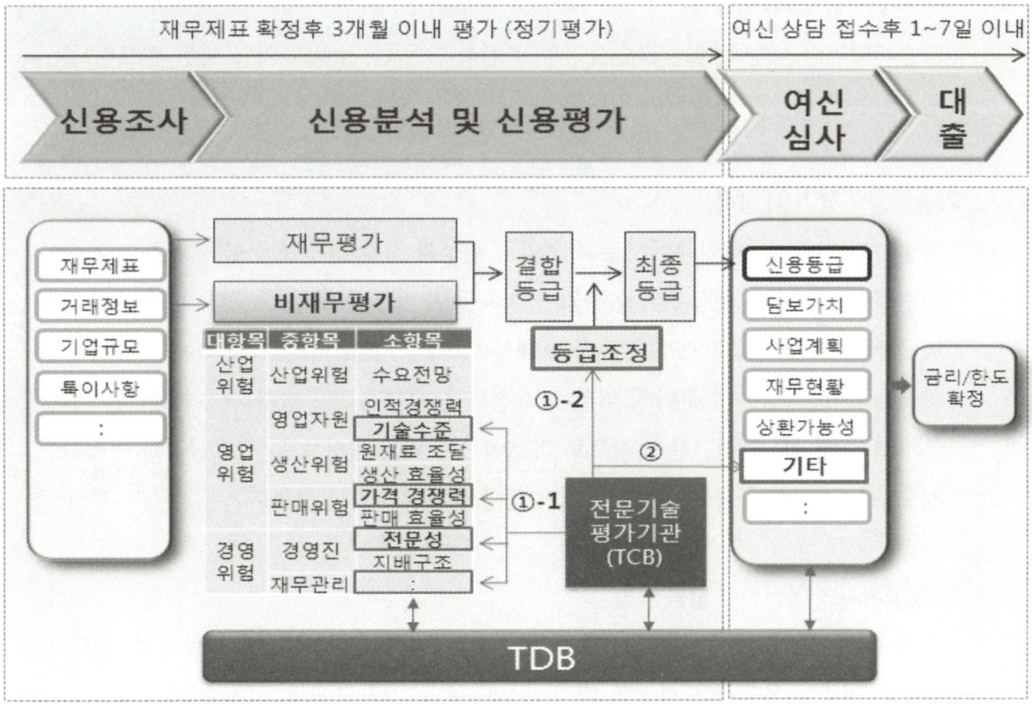

종 • 합 • 정 • 리

1. 기술평가모형과 평가지표

기술신용평가에서 기술평가모형은 기술을 기반으로 하여 기업을 평가하는 모형이다. 신용평가모형과의 중복성을 배제하며, 기업의 사업 분야별 핵심기술에 대한 평가결과를 결합하여 종합적인 기술평가등급을 산출하는 방안으로 구성되었다. 기술평가지표는 사업주체의 기술사업역량과 기술경쟁력이라는 2개 대항목으로 이루어져 있는데, 이는 기업 내부적인 사업역량 요소와 기업 외부적인 기술·시장 요소로 평가지표를 구성하였기 때문이다.

2. 기술사업역량 평가(대항목)

기술사업역량 대항목에는 기술사업을 추진하기 위한 기업의 역량(내부 인프라)을 평가하는 항목들이 포함되어 있다.

3. 기술경쟁력 평가(대항목)

기술경쟁력이라는 대항목에서는 기술의 우수성과 시장 경쟁력 등을 평가하며 기술혁신성, 시장 현황, 제품우위성 등의 중항목들로 이루어져 있다. TCB 평가는 기업이 보유한 기술 전체를 대상으로 하기 때문에, 여러 기술사업을 추진하는 기업에 대해서는 해당 기술사업 분야에 대한 평가결과를 종합적으로 평가하여야 한다. 사업 분야별 가중치를 산정하는 방안으로 기보에서는 과거의 사업 분야별 실적과 미래사업으로서의 전략적 중요도를 반영하여 분야별 가중치를 산출한다.

4. TCB 평가서의 여신심사 활용 방법

은행에서는 TCB 평가서를 신용등급 산출이나 여신심사를 할 때 활용할 수 있다. 예컨대 기업 신용등급을 산정할 때 비재무항목 중 기술력 관련 항목을 평가할 경우 TCB 평가서의 평가의견을 참고하는 방법이 있다. 또한 은행이 자체적으로 신용등급을 산출한 후 TCB 평가서의 기술등급 또는 기술신용등급을 참고하여 등급을 조정하는 방법도 있다.

연・습・문・제

1. 기술평가지표는 사업 주체의 기술사업역량과 기술경쟁력이라는 2개 대항목으로 이루어져 있다. 이는 기술사업의 성공 가능성이 사업 주체 역량과 기술경쟁력에 크게 좌우되기 때문이다. (○, ×)

2. 다음 기술신용평가의 대항목 중 기술사업역량(기업 인프라)을 평가하는 항목이 아닌 것은? ( )
   ① 경영주
   ② 기술개발역량
   ③ 제품화역량
   ④ 기술혁신성

3. 여러분야의 기술을 사업화하고 있는 기업이라 하더라도, TCB 평가에서는 가장 대표적인 기술을 대상으로 평가한다. (○, ×)

4. 다음 중 평가 대상 기술(제품)을 기준으로 기술개발 진척도가 어느 정도인지 평가하는 항목은? ( )
   ① 기술의 매출수준
   ② 기술의 완성도
   ③ 사업화 진행정도
   ④ 기술의 자립도

정·답·및·해·설

1. ○

기술평가지표는 사업 주체의 기술사업역량과 기술경쟁력이라는 2개 대항목으로 이루어져 있다. 이는 기술사업의 성공 가능성이 사업 주체와 기술경쟁력에 크게 좌우되기 때문이다.

2. ④

기술신용평가 대항목은 기술사업역량과 기술경쟁력으로 나누어지고 기술사업역량은 다시 경영주, 관리능력, 제품화역량, 수익전망이라는 중항목으로 나누어진다. 기술혁신성은 기술경쟁력 평가항목에 해당한다.

3. ×

TCB 평가는 기존 기술평가와 달리 기업이 보유하고 있는 전체기술을 평가대상으로 한다. 따라서 여러분야 기술을 사업화하고 있는 기업에 대해서는 각 해당분야에 대한 평가를 결합하여 등급을 산출하는 것을 원칙으로 한다. 다만, 대부분의 중소기업은 1개 분야 사업을 수행하고 있어 단일기술에 대한 평가가 일반적으로 이루어지고 있다.

4. ②

'기술의 완성도' 평가항목에서는 평가 대상 기술(제품)을 기준으로 기술개발 진척도가 어느 정도인지를, 단순한 아이디어 단계에서부터 제품화 또는 상업화가 가능한 단계에 이르기까지 단계에 따라 평가한다.

제2편

기술금융 실무사례

제1장 기술금융 국내 실무 사례

1. 정책금융 실무 사례
2. 은행의 기술금융 실무 사례
3. 기술(IP)담보대출 제도와 가치평가 사례

학습목표

1. TCB 평가를 활용하는 온렌딩대출제도와 은행의 대표적인 기술금융상품의 절차, 우대사항 등을 이해한다.
2. 여러 실무 사례를 통해 기술금융의 취지를 파악하고, 실제지원 기업의 현황에 대하여 알아본다.

학습개요

본 장에서는 국내의 기술금융 실무 사례에 대하여 공부한다. 온렌딩대출과 은행의 기술금융 상품과 다양한 지원사례를 통해 기술금융위 취지를 이해한다. 또한 우수한 기술(특허권)에 대한 IP담보대출의 내용과 기술가치평가 방법에 대하여 공부한다.

주요 용어

1. 온렌딩대출

산업은행이 중소·중견기업을 위하여 시중은행 및 지방은행(중개금융기관)에 정책자금을 공급하고 중개금융기관이 대상 기업을 선정하여 실행하는 대출이다. 기술금융정책 시행 초기에는 TCB 평가서의 의무 활용 대상이었으나, 2015년 6월부터는 은행에서 자율적으로 TCB 평가서를 활용하고 있다.

2. 기술금융 자율상품

TCB를 활용한 은행의 대출상품을 의미하며, 적정한 기술등급 또는 기술신용등급 기업에 대하여 금리 또는 한도 등의 우대사항을 적용하고 있다.

3. IP담보대출

우수 특허권을 사업화하는 중소기업을 대상으로 특허기술가치평가 및 이를 담보로 자금을 조달하는 제도로, 평가기관에서 평가한 특허기술가치금액을 담보가치로 인정한다.

01 정책금융 실무 사례

정책시행 초기에 기술금융의 조기 확산을 위해서 정부에서는 정책금융인 산업은행 온렌딩대출과 기보 보증부대출에 대하여 TCB평가서를 의무활용하도록 하였으나, 2015년 6월부터는 정책금융에 대해서도 은행이 자율적으로 활용하도록 개선되었다. 온렌딩 대출은 신용위험 분담을 통해 은행의 리스크가 감소하여 저금리 대출이 가능하며, 기보의 보증부대출 역시 대출의 85% 이상을 기보가 보증하고 있어 은행의 리스크는 낮은 수준이다.

본 절에서는 온렌딩대출제도에 대해 먼저 살펴보고, TCB를 적용한 온렌딩대출 사례를 살펴 보고자 한다.[1)]

1) 2014년 금융위원회 주관 "기술금융 우수사례 경진대회"수상건 위주로 정리

1. 온렌딩대출 개요

온렌딩대출 제도는 전통산업은 물론 신성장동력산업 등 미래산업 육성을 위하여 산업은행이 중점 운영중인 정책금융제도로서, 중개금융기관(은행, 여신전문금융회사)이 자체 금융절차에 따라 대출적격여부 등을 심사하고 산업은행의 장기·저리자금을 전대받아 해당 기업을 지원하는 간접적·시장친화적 제도이다.

1-1 지원 대상

■ 「중소기업기본법」상 중소기업

- 금감원 기업표준신용등급 15등급 중 6~11등급에 해당
- 회사설립후 1년 경과하고, 직전 사업연도 기준 연간매출실적이 3억원이상

* 단, 강원·제주·호남 소재 기업은 동조건 불요

■ 「중견기업 성장 촉진 및 경쟁력 강화에 관한 특별법」상 중견기업

- 금감원 기업표준신용등급 15등급 중 7~11등급에 해당

1-2 지원 조건

〈표 Ⅰ-1〉 지원 조건

■ 대출기간

구분	대출기간	거치기간
시설자금	1년 이상 10년 이내	3년 이내
운전자금	1년 이상 3년 이내	6월 이내

■ 상품별 대출 한도

<table>
<tr><th rowspan="3" colspan="2">구분</th><th rowspan="3">기업규모</th><th colspan="3">대출 한도(단위 : 억 원)</th><th rowspan="3">거치기간</th></tr>
<tr><th colspan="2">건별</th><th rowspan="2">기업별</th></tr>
<tr><th>시설</th><th>운전</th></tr>
<tr><td colspan="2" rowspan="2">원화일반온렌딩</td><td>중소</td><td>50</td><td>20</td><td>100</td><td>-</td></tr>
<tr><td>중견</td><td>200</td><td>80</td><td>400</td><td>-</td></tr>
<tr><td colspan="2" rowspan="2">외화자금온렌딩
(만USD)</td><td>중소</td><td>400</td><td>200</td><td>800</td><td>-</td></tr>
<tr><td>중견</td><td>2,000</td><td>800</td><td>4,000</td><td>-</td></tr>
<tr><td colspan="2">리스자금온렌딩</td><td>중소</td><td colspan="2">리스 : 20</td><td>100</td><td>-</td></tr>
<tr><td rowspan="6">특별온
렌딩</td><td rowspan="2">미래·신성장동력산업
수출기업지원
지방소재육성</td><td>중소</td><td>150</td><td>60</td><td>300</td><td>-</td></tr>
<tr><td>중견</td><td>400</td><td>160</td><td>800</td><td>-</td></tr>
<tr><td>지방은행우대</td><td>중소</td><td>150</td><td>60</td><td>300</td><td>금리우대</td></tr>
<tr><td>창업·벤처기업지원</td><td>중소</td><td>100</td><td>50</td><td>200</td><td>금리우대</td></tr>
<tr><td rowspan="2">스마트공장보급지원</td><td>중소</td><td>100</td><td>50</td><td>200</td><td>-</td></tr>
<tr><td>중견</td><td>300</td><td>120</td><td>500</td><td>-</td></tr>
</table>

*여신전문금융회사를 통한 온렌딩대출은 중소기업에 대해서만 지원

■ 상품별 요건

구분		요 건
	원화일반 온렌딩	금감원 표준신용등급 체계상 6~11등급 해당하며, 회사 설립후 1년경과하고, 직전 사업연도 매출실적 3억원 이상인 중소·중견기업
특별 온렌딩	미래·신성장 동력산업	원화일반온렌딩 지원대상에 해당함과 동시에 주요 영위업종이 미래성장동력산업, 신성장동력산업 및 녹색산업분야에 해당하는 중소·중견기업
	수출기업지원	원화일반온렌딩 지원대상에 해당함과 동시에 아래의 조건 중 하나이상 충족하는 중소·중견기업 - 최근 1년간 수출실적이 있는 중소·중견기업 - 중소기업청 등 정부 선정 수출기업 - 무역보험공사 수출보험·환변동보험 가입 기업
	지방소재기업육성	원화일반온렌딩 지원대상에 해당함과 동시에 본사 또는 사업장이 지방(수도권정비계획법 제2조에 의한 수도권 제외)에 소재하는 중소·중견기업
	지방은행우대	원화일반온렌딩 지원대상에 해당함과 동시에 지방은행과 거래중인 본사 또는 사업장이 지방(수도권정비계획법 제2조에 의한 수도권 제외)에 소재하는 중소기업
	창업·벤처기업지원	원화일반온렌딩 지원대상에 해당함과 동시에 벤처기업 또는 설립 후 7년 이내의 중소기업
	스마트공장보급지원	원화일반온렌딩 지원대상에 해당함과 동시에 대한상공회의소·중소기업기술정보진흥원·창조경제혁신센터 등이 인증한 스마트공장 사업 참여 기업

■ 원화일반 및 특별온렌딩 금리

- 시설자금 : 2.10%(은행), 2.1%~2.40%(여신전문금융회사)
- 운영자금 : 2.05%(은행), 2.1%~2.30%(여신전문금융회사)

1-3 신청방법 및 지원절차

신청 기간은 연중 수시이며, 산업은행에 직접 방문하지 않고 기업이 이용하는 중개금융기관을 방문하여 신청할 수 있다.

※ 중개금융기관

- 은행 : 기업은행, 국민은행, 우리은행, 신한은행, KEB하나은행, BMK부산은행, 대구은행, BNK경남은행, 광주은행, 전북은행, 제주은행, 농협은행, 수협은행, 씨티은행, SC은행

- 여신전문금융회사 : 아주캐피탈, 현대캐피탈, DGB캐피탈, 한국캐피탈

지원절차는 〈그림 I-1〉과 같으며, 대출과정의 기술신용평가는 금융기관의 필요에 따라 선택적이다.

〈그림 I-1〉 지원 절차

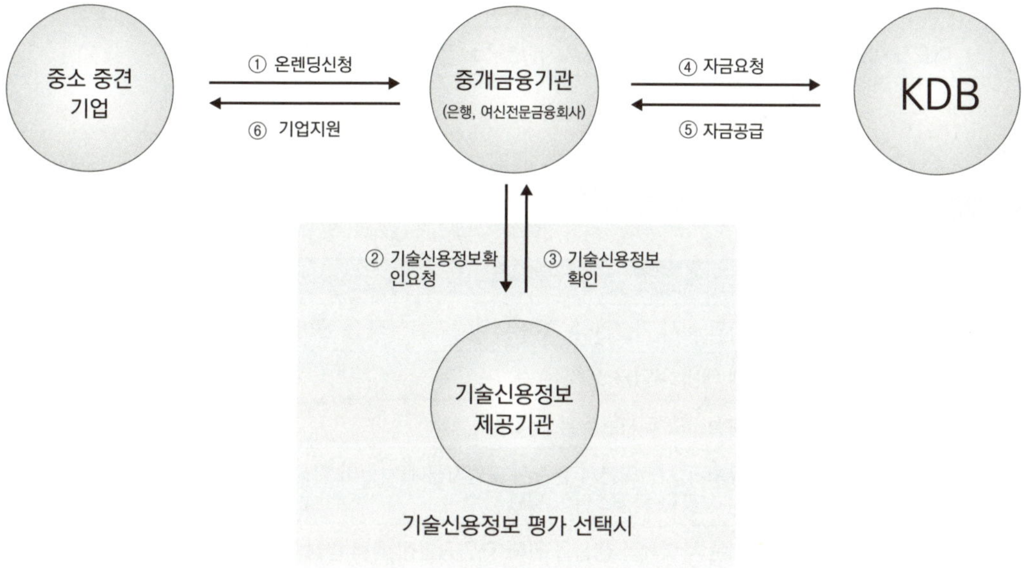

2. 온렌딩대출 사례

2-1 사업확장으로 자금이 부족한 기업을 기술신용평가를 통해 지원한 사례

사례기업은 수주계약 등으로 사업을 확대해가는 중이었으나 원자재자금 등의 부족을 겪고 있는 상황이었다. 그럼에도 불구하고 기술등급이 T-4로 양호하게 평가되어 총 5억원이 온렌딩대출로 지원된 사례이다. 온렌딩 대출이므로 그 중 40%(2억원)만큼은 산업은행의 신용위험 분담이 이루어졌다.

〈표 Ⅰ-2〉 기업개요

업 종	기타 발전기 및 전기변환장치 제조업(C28119)		
설립일자	2008.5.30.	종업원 수	27명
주요 생산품목	태양광발전 출력 향상 시스템(90%) 태양광 발전 유지관리(10%)		
주요 핵심기술	태양광 발전설비 효율 향상장치 외		
대표자 이력	주력사업 기술분야 박사, 연구소 경력 등 기술 경험 풍부		

〈표 Ⅰ-3〉 기업현황 및 평가내용

구분	내 용
기술력	대표자와 회사 기술인력, 특허권, 기술개발실적 등 전반적으로 양호한 것으로 판단
재무상황	매출액 대비 차입금 50% 수준
사업환경	태양광설비의 유지보수 수요 다수
자금신청사유	투자유치가 지연되면서 원자재 도입자금에 차질이 발생 시장확보 및 사업영역 확대 등을 위해서 시급한 자금조달이 필요
평가내용	- 동사는 주력제품 생산을 위해 '태양광발전 출력 향상 시스템' (관련 특허 48건 등록, 17건 출원) 기술을 보유하고 있으며, 기술상용화 실적 2건과 최근 3개년 연구개발투자 비율 9.0%로 산업평균(1.54%) 대비 매우 높은 수준에 있는 등. 전반적인 기술개발능력 양호한 수준으로 기술등급 T-4로 평가됨. - 동사의 주력사업인 태양광발전 출력 향상 시스템은 BOS(Balance of System)제조사업과 발전 소유지 관리사업 두 가지로 시장이 형성되어 있으며, 동사 총매 출의 90%를 차지하는 BOS제조사업은 2008년부터 꾸준한 연구개발과 실증실험을 인정받아 현재 국내에서 독점 판매·공급을 하고 있으며, 2013년부터 시장 확대 및 신규 사업 영역 개척을 위해 발전소 유지관리 사업 진출하여 10% 수준의 매출 실현 중임.
지원내용	- 태양광 발전설비 효율향상장치, 모듈 세정장치 등 핵심 특허기술 보유 업체로 연구개발을 위한 투자에도 적극적인 기업 - 이러한 기술을 인정받아 올(' 14년) 하반기 80억원 규모의 수주계약을 체결했으나 원자재 구입을 위한 先발주 결제자금이 부족 - 매출액 대비 차입금 50% 수준으로 금융권의 신규 차입이 사실상 제한되고, 대내외 투자펀드회사로부터 투자유치 진행하였으나 투자가 지연되는 상황에 봉착 - TCB 평가 결과 기술등급 T-4, 종합적인 기술신용등급 BB로 사업성 양호한 것으로 판단되어 민간과 공공 부문간 리스크 분담이 가능한 온렌딩 간접대출을 활용 동사 부족자금을 최대한 지원

2-2 기술력 평가를 반영하여 저리의 시설자금을 지원한 사례

신용등급이 낮음에도 기술등급이 높아 기술신용등급이 상향됨으로써 시설자금을 저금리 기술금융으로 지원한 사례이다.

〈표 Ⅰ-4〉 기업 개요

업 체 명	㈜***	업 종 (산업분류번호)	의료용품 제조(D24230)
설 립 일	2010.12.23.	주요 제품, 상품	석고붕대
소재지	경기 화성시 *******		
총자산	23억 원	자기자본	6억 원
매출액	28억 원	(자 본 금)	1억 원
주거래은행	**은행	상시종업원 수	16명

주요 주주 및 경영진(실질경영자: ***)

직 위	성 명	동 업계 경력	지분율	실질경영자와의 관계	경 력
대 표	***	18년	50%	본인	18년
이 사	***		50%	타인	

〈표 Ⅰ-5〉 기술신용정보 개요

기술신용등급	BB	기술 / 신용등급	T3 / B
발급일	2014.07.11.	발급번호	KoDATA-2014-01-******
종합의견	- ㈜***은 1977년 5월 석고붕대 제조업을 목적으로 창업된 **양행이 2010년 12월 사업 양·수도 방식에 의해 법인전환하여 설립되었으며, 평가일 현재 정형외과용 처치재인 석고붕대와 부목 등을 생산 및 판매하고 있는 중소기업임 - 동사 핵심기술인 수분 경화성 폴리우레탄 수지는 적정 수준의 수분을 흡수하면 일정 강도의 압력에도 변형되지 않는 소재로, 37년간의 석고붕대 및 부목 생산기술과 결합되어 동 업계에서 양호한 경쟁력과 기술적 지위를 구축하고 있음(기술등급 T3) - 동사는 법인전환 당시 인수한 거액의 금융차입금의 영향으로 재무안정성이 미흡한 편이나 최근 3년간 매출 실적이 꾸준히 증가하면서 양호한 수익성을 시현하고 있으며, 이익잉여금이 사내에 유보되면서 재무구조가 개선되고 있어 전반적인 상거래 신용능력은 무난한 편임(신용등급 B) - 동사에 대한 기술등급과 신용등급을 결합한 기술신용등급은 기술사업의 부실화 가능성이 낮지만, 장래의 환경 변화에 따라 상당한 영향을 받을 수 있는 수준인 BB등급으로 평가함		

〈표 Ⅰ-6〉 은행의 대출 지원 개요

<table>
<tr><td>용도</td><td colspan="6">사업장 매입(시설자금)</td></tr>
<tr><td>소요자금</td><td colspan="2">16억 원</td><td colspan="2">대출신청금액</td><td colspan="2">12억 원
(온렌딩 7.5억, 중소시설 4.5억)</td></tr>
<tr><td>TCB 경로</td><td colspan="2">□ 기보 보증</td><td colspan="2">■ 정금공 온렌딩</td><td colspan="2">□ 은행 자율</td></tr>
<tr><td rowspan="2">대출유형</td><td>온렌딩</td><td colspan="2">□ 신용(0%)</td><td colspan="2">□ 보증(0%)</td><td>■ 담보(100%)</td></tr>
<tr><td>중소시설</td><td colspan="2">■ 신용(80%)</td><td colspan="2">□ 보증(0%)</td><td>■ 담보(20%)</td></tr>
<tr><td rowspan="2">대출조건</td><td>온렌딩</td><td colspan="3">금리 4.467%(고시금리)</td><td colspan="2">3년 거치 5년 분할상환</td></tr>
<tr><td>중소시설</td><td colspan="3">금리 7.800%(고정금리)</td><td colspan="2">1년 만기 일시상환</td></tr>
<tr><td>기업 수혜내역</td><td colspan="6">- 동사는 폴리우레탄 수지 제조기술을 기반으로 석고붕대, 부목 등을 생산하여 국내 주요 대형병원에 납품 중인 중소기업으로, 독자적인 상품 브랜드(DUK-IN, DUK-IN LITE)를 보유하여 해당 업계에서는 인지도가 상당히 높은 기업임
- 이란에 자체 고안에 의해 개발한 설비와 생산기술을 이전한 바 있으며, 이전기업에는 제품의 원료인 폴리우레탄 소재를 수출하고 있음
- 자체 기업부설연구소를 운영하고 있으며, 화공기사 1급 소유자인 대표이사를 중심으로 연구개발 활동을 수행 중임. 특히 대표이사의 모교인 연세대학교 화공학과와 산학협력을 통해 물을 사용하지 않는 석고붕대 개발을 공동 추진하는 등 기술개발에 과감한 투자를 하고 있음
- 동사는 낮은 신용등급(B+)과 부족한 담보력 때문에 추가대출 취급이 쉽지 않은 기업이나, KoDATA의 우수한 기술등급(T3)과 보유 중인 특허의 기술력을 높이 평가하여 본건 사업장 매입을 위한 시설자금 지원을 결정하였음
- 특히 전액담보여신인 온렌딩자금(7.5억 원)과는 달리 신용 비중이 높은 중소시설자금(4.5억 원)은 금리가 9.45%로 높게 산정되었으나, 동사의 우수한 기술력을 반영하여 7.8%로 1.65%p 감면조치함</td></tr>
<tr><td>기대효과</td><td colspan="6">- 금차 시설자금 지원을 통해 동사 안정적인 생산 기반을 갖추게 되었으며, 임차료 부담 완화를 통한 원가 절감으로 향후 수익성 증대가 가능할 예정
- 현재 국내 매출 20억 원 외에 이란에 연간 7억 원 규모로 폴리우레탄 소재를 공급 중이며, 인도 및 인도네시아와도 연간 10억 원 이상의 계약을 추진하는 등 소재 수출기업으로서 위상 강화
- 동사 사업장 매입에 따른 자산 증대로 신용등급 재평가 시 등급 상승이 예상되어 기존 대출의 금리 인하효과도 예상됨</td></tr>
</table>

2-3 기술등급 우수 기업 지원 사례

신용등급에 비해 기술등급이 우수하여, 저금리로 고액(50억 원)의 운전자금을 지원한 사례이다.

〈표 Ⅰ-7〉 기업 개요

업 체 명	***(주)	업 종 (산업분류번호)	다이오드, 트랜지스터 및 유사반도체소자 제조업(C26120)
설 립 일	2008.10.30.	주요 제품, 상품	발광다이오드, 반도체
소재지	경기 화성시 *****		
총자산	396억 원	자기자본	184억 원
매출액	284억 원	(자 본 금)	27억 원
주거래은행	**은행	상시종업원 수	93명

주요 주주 및 경영진

직 위	성 명	동 업계 경력	지분율(%)	실질경영자와의 관계	경 력
대표이사	***	35년	7.78	타인	

〈표 Ⅰ-8〉 기술신용정보 개요

기술신용등급	BBB-	기술 / 신용등급	T4 / BB+
평가일자	2014.07.24.	발급번호	KoDATA-2014-01-******
종합의견	동사는 LED 방열설계, 신뢰성 분석기술 및 근접조도센서의 광학 설계기술 등 양호한 기술을 보유하고 있으며, 기업부설연구소를 중심으로 지속적인 제품개발과 품질 개선으로 다수의 특허 및 인증을 보유하고 있어 기술적 우위성을 가지고 있는 것으로 평가되므로 동사의 기술신용등급을 신용등급 대비 1단계 상향된 BBB-등급으로 평가		

〈표 Ⅰ-9〉 은행의 대출 지원 개요

용도	운전자금		
소요자금	-	대출금액	50억 원
대출유형	■ 신용(대주주 연대보증)	□ 보증	□ 담보(부동산)
대출조건	3.6~3.7%(3개월 변동)	1년 만기 일시상환	

지원사유	- 동사는 2008년 설립 이후 지속적인 적자를 기록하여왔으나 꾸준한 연구개발 및 품질 개선으로 시장에서 경쟁력 있는 제품을 생산, 당기 처음으로 큰 폭의 매출 증가를 기록하였음 - 조명시장은 친환경 녹색조명인 LED조명의 등장 및 조명기업들의 대거 LED조명사업 진출로 치열한 가격경쟁이 전망되나 동사가 보유한 LED방열설계 기술은 일반조명용, 간판조명용 등 산업 전반에 사용되고 있어 그 수요가 많음. 또한 동사는 휴대폰용 근접 조도센서를 개발하여 전량 미국 MAXIM사에 수출하는 등 해외 시장 개척을 통한 시장 확대를 하고 있으므로 향후 수익 증대가 전망됨
기대효과	- 애초 신용등급은 BB+로 산출되었으나, 양호한 기술력을 바탕으로 최종 기술신용 등급은 BBB-로 신용등급 1단계 상향 - 동사의 영업활동에 필요한 운전자금 50억 원 지원을 통해 연구개발투자 및 동사가 보유한 우수한 기술력을 적극 활용한 영업활동을 통해 미국 등 해외 시장 개척을 통한 매출 성장 및 수익 확대가 전망됨

2-4 기존 과다여신에도 불구하고 기술등급 우수기업에 대한 추가 운전자금 지원사례

기존에 신용여신 과다하여 추가 여신취급이 어려웠으나, 동사 기술력에 대한 우수한 TCB사의 평가결과와 지원타당성 등을 강조하여 본부로부터 신속한 승인을 받고 온랜딩 자금 60억원을 대출함으로써 기업의 자금애로를 해소한 사례이다.

〈표 Ⅰ- 10〉 기업개요

업 체 명		******(주)	사업자번호	-
소 재 지		인천광역시	설립일자	1975.12.15
주요제품		자동차 부품(스냅링 외)	종업원수	449
주요 매출처		현대자동차(주), 현대파워텍(주)		
경영진	성 명	직 책	출생연도	비고(학력, 주요경력등)
	이○○	대표이사	1935	-
	송○○	대표이사	1948	-

〈표 I - 11〉 지원내역

□ 기업 및 기술 개요

동사는 금속 스프링 제조업을 목적으로 현 대표이사에 의해 1975.12월 개인기업인 *****로 개업되어 1989.6월 법인전환하여 사업영위중인 2014년말 현재 총자산 181,430백만원, 자기자본 68,619백만원(납입자본금 1,000백만원), 상시종업원 449명 규모의 외감법인으로 현재 생산하고 있는 주요제품은 스냅링, 호스클램프 및 커넥터 제품임.

- 동사 핵심제품은 고정클립을 활용한 라디에이터 호스 연결용 커넥터 제조 기술로 차량에서 유체이송에 필요한 호스 등을 연결하는데 사용되는 커넥터 및 커넥터의 고정 클립으로써 간단하게 호스를 엔진의 인렛에 연결 할 수 있게 되며, 조작성의 편리성 뿐 아니라, 차량 내부의 Lay-out의 최소화에 기여할 수 있는 제품임.
- 동사 핵심제품 관련 특허 12건, 실용신안 3건, 의장 및 디자인 7건을 보유하고 있어 국내 경제사 대비 높은 기술경쟁력을 보유하고 있음. (한국평가데이터 기술등급 T3, IBK 신용등급 A+)

□ 기술금융 지원 개요

동사에 대한 수시 사업장 방문을 통하여 기업의 애로사항을 청취하던 중 현대기아차와 해외 진출에 동반하여 진출한 멕시코 현지법인(**멕시코)에 대한 현물 출자[생산설비(금형 등)]를 위한 설비구입등에 자금이 집중됨에 따라, 운영자금 부족에 따른 운전자금 지원의 필요성을 인지하고,

- 본부에 신용대출 지원 가능여부를 사전 협의한 결과 신용여신 과다사유로 신용여신 취급이 쉽지 않음을 통보 받았으나,
- 동사의 기술력에 대한 TCB사의 평가 자료(기술등급:T3)를 여신심사 자료로 제출하고, 동사 그간의 신용도 및 대출상환능력등 지원의 필요성 및 타당성을 영업점장 의견으로 제출하여, 본부로부터 신속한 승인을 득하고, 온렌딩자금대출 60억원을 지원함으로써 기업의 자금애로를 해소할 수 있었음.

□ 기술금융 지원 효과

- 동사 현대기아차 1차 협력업체로 주매출처인 현대기아차의 해외진출에 동반 진출한 멕시코 현지법인의 생산라인 구축이 완료되는 2016년 하반기 부터 본격적인 매출 발생으로 큰폭의 매출신장 예상됨.
- 기업의 금융비용이 절감될 수 있도록 금리 혜택이 많은 온렌딩대출로 지원하여 기술력우수 기업이 금융비용이 절감될 수 있도록 하는 등 일련의 기술신용대출 지원으로 타행과의 경쟁에서 당행거래 만족도를 높임으로써 당행과 기업간의 신뢰관계를 강화할수 있는 계기가 되었음.
- 또한, 동사처럼 우수한 기술을 보유한 기업에 대하여, 대기업과의 동반 성장 기회에 기술력 중심의 심사를 통하여 적기에 기술금융을 지원함 으로서 거래기업의 성장과 그간 담보위주에서 기술위주의 대출심사 관행 개선에 기여함

02 은행의 기술금융 실무 사례

본 절에서는 은행의 기술금융 상품과 그 사례를 소개한다. 은행에서는 다양한 기술금융 상품을 출시하였으며, 매년 은행들의 기술금융 상품은 변동되고 있으나, 공통적으로 기술력이 우수한 기업에 대해서 대출한도와 금리 등의 우대사항을 반영하고 있다. 다음 〈표 I-12〉에서는 2023년 현재 주요 은행들의 기술금융 상품을 나타내었다.

〈표 I-12〉 주요 은행의 기술금융 상품

은행	상품
기업	기술금융 지원 특별프로그램, IBK강소기업대출, IBK성공창업대출, IBK 혁신성장비전기업대출, IP사업화자금대출 등
국민	KB우수기술기업 TCB신용대출, KB혁신성장기업 우대대출, KB유망분야 성장기업 우대대출, KB미래성장성기업 우대대출 등
신한	혁신창업 두드림대출, TCB우수기업대출, 신성장 선도기업대출 등
우리	우리CUBE론-X, 우리CUBE론-IP 등
하나	TCB기술선도기업 대출, 하나IP담보대출, R&D사업화자금대출 등
농협	NH기술평가우수기업대출, NH기업성공대출, NH지식재산권(IP) 담보 대출, NH농식품그린성장론 등
부산	기술금융 특별우대 지원대출, 지식재산권 담보대출 등
경남	기술창조 우수기업대출, 탑플러스 기업대출, BNK Active지식재산권담보대출 등
대구	GB Tech-Biz론, IP모아모아 담보대출 등
광주	기술창조 우수기업대출 등

출처 : 한국신용정보원

1. 산업은행의 기술금융 상품

산업은행에서는 4차 산업 및 IP(intellectual property)우수기업, 기술력 우수기업 등 신성장산업 영위 우수기업 육성을 목적으로 다음 표와 같이 벤처기술금융 상품을 지원하고 있다. 기업성장단계별 상품은 벤처투자, 기술금융(자체평가기관), 기술금융(TCB프로그램)으로 나뉘어진다.

〈표 Ⅰ-13〉 산업은행의 기술금융 상품

구분		초기 사업화 단계	성장단계	성숙단계
벤처투자	투자상품	Start-up투자	벤처투자	
		글로벌파트너쉽펀드		
기술금융 (자체평가 기반)	대출상품	IP구입자금대출	IP담보대출	
	대출•투자 복합상품		기술 · IP사업화 투융자	
	투자상품	R&BD전생애주기 지원프로그램		
			IP펀드	
기술금융 (TCB 프로그램)	대출상품	기술평가(TCB) 기반 신용대출		
		IP기반 신용대출		
	대출•투자 복합상품	소프트웨어산업 육성펀드		
		우수기술사업화 펀드		
		기술기업 성장지원 펀드		

출처 : 산업은행 홈페이지

2. 기업은행의 기술금융 상품

기업은행은 기술금융을 수행하기 위해 별도 조직 및 모형을 구축하고 있으며, 다양한 상품을 마련하고 있다.

가. 기술평가 기반 무보증 신용대출

□ 상품 개요

- 우수한 기술력을 보유한 창업기업에게 무담보·무보증으로 저리 자금을 지원하는 상품

□ 대출대상

- 창업 후 7년 이내인 중소기업으로 기업은행 신용등급 BBB 이상이고, 기술등급 T4 이상인 기업

□ 금리감면

- 중소기업자금대출: 구간별 최고금리 이내에서 고정금리로 운용
- 결제성 여신: 최대 0.3% 이내에서 추가감면 가능

□ 주요 특징

- 대출 한도: 동일인당 5억 원 이내
- 대출 기간: 3년 이내(단, 분할상환 대출의 경우는 5년 이내)
- 우대 혜택: 소요운전자금산정 우대(최근 결산 이후 매출실적이 급격히 신장되거나, 금차 평가한 기술로 인한 매출신장이 예상되는 경우 연간 추정매출액의 1/2 이내에서 운용 가능)

나. IBK강소기업대출(기술부문)

□ 상품 개요

- 글로벌 기술경쟁력을 가진 중소·중견기업 육성을 위한 유망기술·제품 보유기업의 기술개발 및 사업화자금 지원상품

□ 대출 대상

- ‘기보’의 「INNO-BIZ」협약보증에 의해 신용보증서를 발급받은 기업
- 기술력평가인증등급 우수기업으로 기업은행 신용등급이 BBB 이상이고, 최근 결산일 기준 매출액 100억 원 이상인 기업

□ 주요 특징

- 전결 3등급 이상인 경우 직위별 전결한도에 신용 10억 원, 담보 20억 원을 가산하여 여신 전결권을 운용

다. IBK차세대 강소기업대출

□ 상품 개요

- 중소벤처기업부와 「중소기업 기술개발사업 자금관리 및 기술력 우수 중소기업 육성을 위한 업무협약」에 따른 R&D과제 성공기업과 성장잠재력을 보유한 기술·수출기업 등에게 필요한 자금을 지원하는 대출상품

□ 가능 요건

- 다음 중 하나의 요건을 충족하는 중소·중견기업
  - 기업은행이 선정한 IBK차세대 강소기업
  - 성공기업: 전문평가기관*이 추천한 R&D성공기업 또는 보증기관의 가치 기술평가등급 우수기업**
  - 일반기업: 기업은행에서 정한 '기술력인정 기업'

* 한국산업기술평가관리원, 중소기업기술정보진흥원, 한국산학연협회

** 신보의 가치평가등급 FV1~2등급(FV1~9등급 中), 기보의 기술사업평가등급 BBB 이상,기업은행 신용등급 BBB 이상이면서 기술신용평가기관 기술등급 T4 이상

라. IP 보유기업 보증부대출

□ 상품 개요

- 신용보증기금, 기술보증기금의 기술가치 평가를 기반으로 우수한 지식재산(IP)을 보유한 기업에게 보증기금에서 발급한 신용보증서를 담보로 자금을 지원하는 대출상품

□ 대출 대상

- 다음 각호에 따른 보증기금의 신용보증서를 발급받은 중소기업

1. 기술보증기금
   가. 「4차 산업 혁 명 선도기업 육성을 위한 포괄 업무협약」에 의 한 지식재산(IP) 협약보증
   나. 「우수 특허기술 사업화 지원을 위한 업무협약」에 의 한 특허기술가치평가보증
2. 신용보증기금
   「지식재산 금융지원 활성화를 위한 업무협약」에 의 한 지식재산 가치평가 보증

□ 주요 특징

- 소요운전자금 산정: 생략 가능
- 담보: 보증특약이 부여된 90% 이상 부분신용보증서
- 보증료 감면: 기보 최대 0.5%p, 신보 최소 0.2%p
- 기술평가료 지원: 기보 취급건은 특허청에서 전액 지원하고, 신보 취급건은 은행에서 150만 원 지원

마. IBK新성장비전기업대출

□ 상품 개요

- 4차 산업혁명에 선제적으로 대응하기 위해 기술경쟁력이 높은 업종을 영위하는 기업에게 필요자금을 우대하여 지원하는 대출상품

□ 대출 대상

- 「新성장 공동기준」*에 따른「新성장 영위기업」**
- 보증기관과의 특별협약에 따른 보증서 발급기업

1. 신용보증기금: 「창업·일자리 창출기업 금융지원 업무협약」에 의한 보증서 발급기업 中 신성장동력산업 영위기업 또는 4.0 Start-up 보증기업
2. 기술보증기금: 「4차 산업혁명 선도기업 육성을 위한 포괄업무협약」에 의한 보증서 발급기업

* 정책금융기관이 新성장 지원 대상기업 선정에 활용할 공동의 新성장 분야 선정기준을 의미하며 정부부처에서 육성하고자 발표하는 新성장 산업분야인 '추천기준'과 시장수요와 기술변화를 반영한 산업인 '일반기준'으로 구분

** 新성장 공동기준에 따른 추천품목을 생산하는 기업 또는 추천품목 판매 및 관련 원·부자재 납품기업

- 청년창업사관학교 또는 시제품제작터 추천 기업
- 대학 내 산학협력단 또는 창업보육센터 내 소재(또는 출신)기업으로 대학, 산학협력단, 창업보육센터가 추천하는 기업
- ICT기술기반 업종을 영위하는 기업 중 기술평가등급이 T4 이상인 기업 또는 항공우주산업 관련 업종 영위 기업

□ 우대 혜택

- 금리감면: 고객 감면권에 우선하여 최대 1.0%p 추가 감면 가능
- 사업성 임차자금 여신비율 우대: 기업은행 신용등급 BB+ 이상이고, 임차보증금이 최대 3억 원 이내인 사업장 임차자금 지원시 소요시설자금의 90%까지 지원 가능

3. 은행 기술금융 실무 사례

3-1 무담보·무보증 기술금융 지원 사례

신용등급이 낮고, 담보력이 열악한 기업의 기술력을 인정하여 '기술평가 기반 신용대출' 상품을 통해 무담보·무보증으로 지원한 사례이다.

〈표 Ⅰ-14〉 기업 개요

업 체 명	******(주)	업 종 (산업분류번호)	제조업 (C28111)
설 립 일	1982.6.1.	주요 제품, 상품	전동기, 발전기
소재지	대구 달성군 ******		
총자산	770억 원	자기자본	196억 원
매출액	785억 원	(자 본 금)	20억 원
주거래은행	**은행	상시종업원 수	127명

주요 주주 및 경영진

직 위	성 명	동 업계 경력	지분율	실질경영자와의 관계	경 력
대표	***	37년	30%	본인	-
기 타	- 단위모듈 감시가 가능한 태양광 진단 시스템 특허 보유				

〈표 I-15〉 기술신용정보 개요

기술신용등급	BB	기술 / 신용등급	T-3 / B+
발급일	2017.02.15.	발급번호	KoDATA-2017-02-******
종합의견	- ******(주)는 1961년 8월 발전기 제조업 등을 목적으로 설립 후 1982년 6월 법인전환한 기업으로 발전기 세트 제조 부문과 태양광 발전시스템 부문이 주력 사업임 - 동사의 핵심기술은 단위 모듈 감시가 가능한 태양광 진단 시스템으로 복수의 관련 특허를 보유하고 있으며, 기업부설연구소, 기술개발팀을 통해 관련 기술을 지속적으로 개발 중에 있음 - 동사는 개발기술에 대해 한국산업기술시험원 등 공인된 기관의 성능 확인을 얻어 기술등급 T3로 평가함 - 동사는 신인도 높은 판매처를 확보하여 안정적인 판로를 구축하고 있고, 최근 수출 물량 증가로 2010~2014년 매출증가세이나 2015년 매출은 감소하였으며, 업종평균 대비 재무안정성 미흡하여 신용 등급 B+로 평가 - 동사에 대한 기술신용등급은 기술사업의 부실화 가능성은 낮지만 장래의 환경변화에 따라 영향을 받을 수 있는 점을 감안하여 BB등급으로 평가함		

〈표 I-16〉 대출 지원 개요

용도	매출채권 회수 지연에 따른 운영자금		
소요자금	30억 원	대출신청금액	30억 원
TCB 경로	□ 기보 보증	□ 정금공 온렌딩	■ 은행 자율
대출유형	■ 신용(100%)	□ 보증	□ 담보
대출조건	금리 6%(3개월 변동)	1년 만기 일시상환	
지원사유	- 동사 '61.8월에 설립('82.6월 법인전환)한 전원발생장치(Generator) 제조 기업으로 한국전력공사, 국방시설본부, 조달청 등 의 공공기관 납품과 대기업의 해외 플랜트사업을 통한 해외수출을 병행하고 있음. - 또한 , 새로운 성장 동력으로 개발한 핵심기술인 「단위 모듈 감시가 가능한 태양광진단 시스템」은 공인기관의 성능확인을 통해 신뢰성을 검증받아 태양광발전 산업에서도 매출증가세를 이어가며 시장점유를 확대중임. - 특허 21건과 실용신안 1건 등의 지식재산권 보유하고 있으며, 산자부신제품인증(NEP), 국방품질경영시스템 인증, 조달청 우수제품 인증 등 품질경쟁력도 확보함. - 동사는 납품 후 시운전이 종료되어야 매출채권회수가 가능한데, 평균 매출채권 회수기일이 120일 이상이고, 대기업과 연계된 해외플랜트 설비관련은 결제대금 조건이 최소 1년 이상으로 운영자금이 매우 부족한 상황에 이르렀으나 담보력 부족으로 자금조달에 큰 어려움을 겪음. - 은행은 대기업 담당자의 유선확인을 통해 당해년도 내 미수금결제 될 것을 확인하였으며 오랜 업력을 통한 기술력과 생산노하우 등을 감안, 동사 기술의 우위성(기술신용 평가기관 기술등급 T3)이 양호한 것으로 판단되어 기술금융 30억원을 전액신용으로 지원하기로 결정.		
기대효과	- 동사 운영자금 확보로 현대엔지니어링(주), 대우인터내셔널(주) 등 대기업 수주 계약건을 차질 없이 납품하게 되었으며, '17년 상반기에만 약 300억원의 추가 계약을 진행하고 있어 우량기업으로 지속성장할 수 있는 토대 마련		

3-2 기보와 은행 연계 대출 지원 사례-1

지원기업은 창업초기인 까닭에 대규모 투자재원 조달에 어려움을 겪고 있으며 신용등급이 낮은 상황에서, 담보력은 미흡하지만 기술력을 인정하여 기보 보증부대출과 은행 신용대출을 연계하여 지원한 사례이다.

가. 기업 개요 및 재무 현황

〈표 I-17〉 기업 개요

업체명	㈜****	법인등록번호 (사업자번호)	1*****-******** (1**-**-*****)
소재지	충북	설립일자	20**.**.**
주요 생산품목	반도체 공정 중 발생하는 IPA처리공정 설치운영 및 관리	종업원 수	4명

〈표 I-18〉 재무 현황(2013년 결산기준)

(단위: 백만 원)

매출액	총자산	당기순이익
-	100	△15

나. 지원내역

〈표 Ⅰ-19〉 지원개요

대출금액	900백만 원
기술평가등급	T4
평가 및 지원내용	- 동사는 '14. 4월에 설립된 전력 증폭기 회로설계 및 품질검사를 전문적으로 수행하는 기업으로 고속 이동통신망의 신호 전송방식에 적합한 신호 왜곡 최소화 전력증폭기를 제작할 수 있는 기술력을 보유하고 있으며, 벤처, ISO 9001 인증기업임 - 동사 설립 이래 무선통신 전력증폭기를 개발하여 지속성장 중으로 '16년 광대역 고효율 전력증폭기 개발 및 상용화에 성공, 매출 급증에 따른 운전자금이 필요했으나 담보력 부족으로 자금조달에 큰 어려움을 겪음. - 고출력 전력증폭기가 이동통신 기지국 제조비용의 30%를 차지하고 있으며 '15년 기준 국내 473.7백만 달러 규모 시장을 형성 연 5.7% 성장 시현 등 향후 성장가능성 높다고 판단하여 기술금융을 지원하기로 결정 - 기술신용평가 결과 T4 등급을 획득, 기술신용 보증서 담보로 운영자금 9억원(개별 4억 원 한도 5억 원)을 지원 - 동사 운영자금 확보 후 다수의 납품계약을 체결하였으며, '16년 기준 작년대비 매출액 137% 성장(15년 36억 원, 16년 86억 원) 하였으며, 하반기 이후에도 신규 계약 물량을 확보하는 등 '17년 매출액 100억 원 달성 예상되는 등 꾸준한 성장이 예상됨.

3-3 기보와 은행 연계 대출 지원 사례-2

기보 보증부대출과 은행 신용대출을 연계하여 지원한 또 다른 사례이다. 이 기업 역시 창업 초기인 까닭에 대규모 투자재원 조달에 어려움을 겪었으며 신용등급이 낮은 상황이었다. 이에 담보력은 미흡하지만 기술력을 인정하여 대출 지원을 하였다.

가. 기업 개요 및 재무 현황

〈표 Ⅰ-20〉 기업 개요

업체명	㈜****	법인등록번호 (사업자번호)	1*****-******** (1**-**-*****)
소재지	경기도	설립일자	20**.**.**
주요 생산품목	액정평판디스플레이 제조업	종업원 수	300명
주요 매출처	㈜****, ㈜***	경영주	***

〈표 Ⅰ-21〉 재무 현황(2013년 결산기준)

(단위: 백만 원)

매출액	총자산	당기순이익
42,041	29,085	△6,333

나. TCB 평가결과 및 지원개요

〈표 Ⅰ-22〉 지원개요

대출금액	2,000백만 원
평가 및 지원내용	- 동사는 액정평판 디스플레이를 만드는 회사로 기존 제품보다 얇은 터치스크린 패널을 구성할 수 있는 기술을 보유함 - 2010년 설립 후 매출은 꾸준히 증가하여 왔으나 급성장에 비해 4개년 연속 영업이익 적자 등 재무안정성이 취약하고 유동성도 부족하였으며, 부채비율이 572%에 달하는 등 운전자금 및 R&D자금 확보에도 어려움이 있었음 - 그럼에도 불구하고 TCB 평가결과 기술등급이 T-5로 기술력이 인정되어 20억 원의 기술금융을 지원 - 기술 미래가치·성장성·산업 동향 등을 종합적으로 고려한 TCB 평가 기반 대출로 우수기술을 보유기업의 사업 성장이 촉진될 수 있는 토대를 제공

3-4 기보와 은행 연계 대출 지원 사례-3

기술력이 우수하였으나, 3년 연속 적자로 인해 R&D 및 사업화에 어려움을 겪고 있는 기업에 대해 기보 보증부대출과 연계하여 지원한 사례이다.

가. 기업 개요 및 재무 현황

〈표 Ⅰ-23〉 기업 개요

업체명	******(주)	거래영업점	******
대표이사	***(64세)	설립일	2012.02.29.
업 종	제조업	종업원 수	44명
신용등급	AA	주요 제품	위성통신장비
주 소	서울시 금천구 ******		

〈표 Ⅰ-24〉 재무 현황(관계회사 포함)

(단위: 백만 원)

업체명	대표이사	총자산	매출액	영업이익	당기순이익
******(주)	***	4,199	3,649	△787	△586
******(주)	***	31,869	39,259	12,400	10,453
**(주)	***	7,578	479	△176	△139

나. TCB 평가결과 및 지원내역

〈표 Ⅰ-25〉 TCB 평가결과

평가기관	평가일	기술등급	신용등급	기술신용등급
기보	2014.10.30.	T2	AA	AA

〈표 Ⅰ-26〉 기술금융 지원내역

구분	대출금액	담보	금리	기표일
중소기업자금대출 (기술형 창업기업 대출)	19억 원	기보 보증서 15억 원	2.9%	2014.10.31.
	11억 원	전액 신용	4.5%	2014.11.20.

다. 지원개요

동사는 인공위성에 사용되는 고속 영상자료 처리장치, 위성시험장비 등을 개발·제작하기 위해 2012년 2월에 설립된 창업 중소기업으로 금일 발사에 성공한 다목적실용위성 아리랑 3A호의 본체 주관기업이다. 대표이사는 국방과학연구소, 한국전자통신연구원, 한국항공우주연구원 등에서 근무하면서 국내 최초 위성인 아리랑1호의 발사를 총괄하는 등 전문가였다. 전반적인 기술력에 비해 3년 연속 적자로 인해 자금조달이 어려운 상황이였으나, 기보의 TCB 평가를 통해 확인된 우수한 기술력에 근거하여 총 기술금융 30억 원을 지원받았으며, 신용등급 조정(BB → BBB)을 통해 금리 인하 혜택을 받게 되었다.

3-5 우수한 기술개발환경 기반 자금 지원 사례

생산환경이 제대로 갖춰지지 못한 기업이었으나 기술력평가를 통해 기술력과 기술개발환경의 우수성을 인정하여 시설자금과 운전자금을 지원한 사례이다.

가. 기업 개요 및 재무 현황

〈표 Ⅰ-27〉 기업 개요

업체명	㈜****	법인등록번호 (사업자번호)	23****_******** (6**_**_*****)
소재지	울산시	설립일자	20**.**.**
주요 생산품목	금형 및 자동차부품	종업원 수	42명
주요 매출처	㈜케이씨모터스, ㈜프로모텍 및 수출 등	담당자	*** 대표

〈표 Ⅰ-28〉 재무 현황(2013년 결산기준)

(단위: 백만 원)

매출액	총자산	당기순이익
5,512	1,205	315

나. TCB 평가결과 및 지원개요

〈표 Ⅰ-29〉 TCB 평가결과

기술신용등급	기술등급	신용등급
BB-	T-5	B-

〈표 Ⅰ-30〉 지원개요

대출금액	1,800백만 원
평가 및 지원내용	- 동사는 플라스틱 소재에 주로 사용되는 성형공법을 steel에 적용한 진공성형 금형(vacuum mold) 기술을 보유하고 있으며 당시 수주물량이 증가추세를 보이고 있었음 - 기존 임차공장이 협소하여 제품생산과 기술개발에 어려움이 있어 자가공장 신축을 검토하였으나 업력이 짧고 담보가 없어 과거 방식으로는 대출이 어려운 상황이었음 - TCB 평가결과 기술신용등급이 BB-로 기술력이 우수한 것으로 판단되어 시설자금을 포함한 18억 원의 기술금융을 지원 - 장기계획을 수립하고 경영에만 전담할 수 있는 경영환경이 마련됨으로써 수비중 확대 등 국가경제 발전에도 이바지할 것으로 기대됨

4. 투자 지원 사례

4-1 심층 기술평가를 통해 투자 지원한 사례

사업 실적이 미흡한 기업이지만 심층적인 기술평가를 기반으로 기술력에 근거하여 20억 원의 주식으로 투자 지원한 사례이다.

가. 기업 개요 및 재무 현황

〈표 Ⅰ-31〉 기업 개요

업체명	㈜****	법인등록번호 (사업자번호)	1*****-******* (1**-**-*****)
소재지	경기도	설립일자	20**.**.**
주요 생산품목	MALDI 플레이트, 질량분석기	종업원 수	23명
주요 매출처	Shimadzu GLC, HST 外	경영주	***

〈표 Ⅰ-32〉 재무 현황(2013년 결산기준)

(단위: 백만 원)

매출액	총자산	당기순이익
490	4,326	△2,877

나. 지원내역

〈표 Ⅰ-33〉 기술금융 지원내역(2014년 10월 기준)

(단위: 백만 원)

타기관 기술금융	자사 기술금융	기타
	2,000(주식 투자)	

대형·고가 해외 제품에 전적으로 의존하고 있는 국내 질량분석기 분야의 수입대체효과 및 향후 국내 의료·정밀기기 산업의 발전에 기여할 것으로 기대됨

다. 지원 과정

동사는 2012년 초 VC업계 네트워크 기업인 Pool 및 동사의 주주를 통해 ㈜○○○를 처음 접하였고, MALDI-TOF 질량분석기라는 생소한 개념의 제품을 자체 기술로 개발 중인 벤처회사였다.

MALDI-TOF 질량분석기는 나노표면처리기술, 초고진공 기술, 레이저 및 Ion Optics 설계기술, 프로테오믹스와 지노믹스 응용기술 등 하이테크의 집합 산물로 세계적으로 미국, 영국, 일본, 독일의 4개국만이 기술을 보유하고 있으며, 소수의 공급자가 과점하고 있을 정도로 기술적인 진입장벽이 높은 제품이다.

또한, 기존 제품은 100~150만 달러의 고가·대형 장비로 연구용 목적에 국한되어 사용되고 있는데, 동사는 이를 1/10가격으로 소형·저가화하여 임상용 일반 검사·분석장비로 확대하는 사업 전략을 갖고 있었다.

그러나 설립 이래 제품개발에 매진하였으나 시제품개발에서의 시행착오로 상당 규모의 누적적자가 발생하였고, 초기 제품개발이 되어 있지 않은 연구개발 단계라는 점에서 투자의사결정을 내리기가 쉽지 않았다. 자본잠식 등 열악한 재무상태 탓에 은행권의 금융대출을 더는

지원받을 수 없는 어려운 상황이었다.

당사는 핵심인력들의 역량 및 시장, 기술력평가에 초점을 맞추기로 하였다. 생소한 기술 및 제품이다 보니 자체적으로 기술력을 평가하기에 한계가 있다고 판단하여, 한국생명공학연구원, 한국기초과학 지원연구원 등 연구기관은 물론 거래처, 유관기업 등 6곳을 방문하여 기술에 대한 이해 및 자문을 구했다.

그 결과 MALDI-TOF 기술을 활용한 제품 라인업을 갖추고 있어 기술경쟁력이 우수하고, 향후 감염성 질환 및 암 진단 등 응용범위가 확대됨으로써 관련 수요가 증가할 경우 본격적인 매출 성장이 가능하다는 평가에 따라 2014년 9월 20억 원의 지분투자를 받게 되었다.

금번 투자를 계기로 제품 상용화의 기반을 마련하여 2017년까지 연간 200억 원 이상의 매출 성장이 기대되며, 바이오벤처로서의 직접적인 고용창출은 물론 진단사업 신규 진출 시 병원, CRO 및 유관사업체와의 협업 등으로 간접적인 고용창출효과도 기대된다.

4-2 기술가치와 성장성에 기반하여 투자 지원한 사례

창업 이후 5년 동안 누적적자에 시달리던 기업이었으나 기업의 기술가치를 평가한 결과 향후 성장성이 높게 판단되어 전환상환우선주로 투자 지원한 사례이다.

가. 기업 개요 및 재무 현황

〈표 Ⅰ-34〉 기업 개요

업체명	㈜****	법인등록번호 (사업자번호)	1*****-******* (1**-**-*****)
소재지	경기도	설립일자	20**.**.**
주요 생산품목	음식물쓰레기 처리기	종업원 수	25명
주요 매출처	현대, CJ홈쇼핑	경영주	***

〈표 Ⅰ-35〉 재무 현황(2013년 결산기준)

(단위: 백만 원)

매출액	총자산	당기순이익
-	2,167	△518

나. 지원내역

〈표 Ⅰ-36〉 기술금융 지원내역(2014년 10월 기준)

(단위: 백만 원)

타기관 기술금융	자사 기술금융	기타
-	2,000(전환상환우선주 투자)	

① 가정용 음식물쓰레기 처리기를 개발하여 대리점 및 홈쇼핑을 통해 판매하고 있는 중소기업으로 2014년도 첫 매출을 시작으로 매출 확대를 위한 운영자금이 필요하였음

② 설립 후 연구개발에 많은 비용이 투자되어 개발 완료 후 생산비용과 마케팅비용이 부족했으나 매출액과 담보가 없어 일반적인 금융 지원이 어려운 상황이었음

③ 기술·IP사업화 평가를 통해 동사의 성장 가능성을 판단하여 전환상환우선주로 20억 원을 투자 지원함으로써 제품 생산을 위한 운영자금 확보 및 CJ홈쇼핑을 통한 홍보 등 공격적 마케팅 가능해짐

03 기술(IP) 담보대출 제도와 가치평가 사례

1. 기술(IP)담보대출 제도의 개요

기술(IP)담보대출은 우수 특허권 보유 중소기업을 대상으로 기술가치평가를 수행하고 특허를 담보로 자금조달하는 제도이다. 특허청과 은행 등에서 특허기술가치평가수수료를 지원하고, 은행에서는 평가된 가치금액 내에서 담보대출을 실시한다. 지원 대상은 등록된 특허권(전용실시권 포함)을 제품 또는 서비스에 실제 적용하여 매출이 발생되고 있는 중소기업이다.

기술가치평가는 시간 및 노력도가 많이 소요되므로 평가수수료는 5백만원 내외로 책정되고 있어 통상적인 TCB 평가수수료보다 높게 운영되고 있다.

기술가치평가는 기술평가지원사업 운영주체인 산업부, 특허청 등으로부터 지정받은 평가기관[2)]이 수행한다. 기술(IP)담보대출 업무는 특허권의 담보가치 산정을 위한 특허기술가치평가를 실시하고 평가결과를

2) 본책 제1장 제3절의 〈표 I-13〉 관계법령에 따른 기술평가기관 지정현황

은행 및 기업에 제공하는 평가기관의 역할과 특허권을 담보로 설정하고 가치평가금액 이내에서 대출하는 은행의 역할로 나누어진다.

2. 주요 기술(IP)가치평가 방법 및 사례

산업부에서는 2006년부터 기술가치평가의 표준화를 위해서 노력해 왔으며 2011년에 "기술평가 실무가이드"를 마련하고 2-3년마다 주요 변수들을 업데이트하고 있다. 특허청은 「발명진흥법」상 발명의 평가기관을 지정하고 2021년에 "IP가치평가 실무가이드"를 마련하였으며 다양한 기술평가지원사업을 추진하고 있다. 기술가치평가와 IP가치평가는 서로 다른 가치평가 원칙과 방법론을 적용하는 것이 아니며 상당부분 유사하다고 볼 수 있다.

먼저 주요 기술가치평가방법인 수익접근법과 로열티공제법의 절차에 대하여 간략하게 설명하고, 기술가치평가의 기본이 되는 평가요인분석과 수익접근법을 통해 단계별 사례에 대해서 설명한다.

2-1 주요 기술가치평가 방법[3]

기술가치평가방법은 평가의 목적, 자료의 한계 등에 따라 다양하게 운영될 수 있으나, 기본적으로는 평가요인 분석이 먼저 이루어져야 한다. 평가요인 분석은 대상기술의 사업타당성을 확인하는 정성적 분석과정으로 기술성, 권리성, 시장성, 사업성 등 4개 분야를 분석하는 것이 일반적이다.

기술(IP)가치평가 방법중 가장 많이 활용되는 수익접근법과 로열티공제법에 대하여 간략하게 설명한다.

3) 「기술평가기준 운영지침」, 기술평가실무가이드, 산업부. 2021년

가. 수익접근법

기술요소법 기반의 수익접근법은 대상기술의 경제적 수명기간 동안 기술사업화를 통해 발생할 미래 경제적 이익을 적정 할인율을 적용하여 현재가치로 환산하는 방법이다. 수익접근법으로 기술가치를 산정하기 위해서는 기술의 경제적 수명, 현금흐름, 할인율, 기술기여도 등의 합리적 추정이 필요하다.

〈그림 Ⅰ-2〉 수익접근법에 의한 기술가치평가 절차

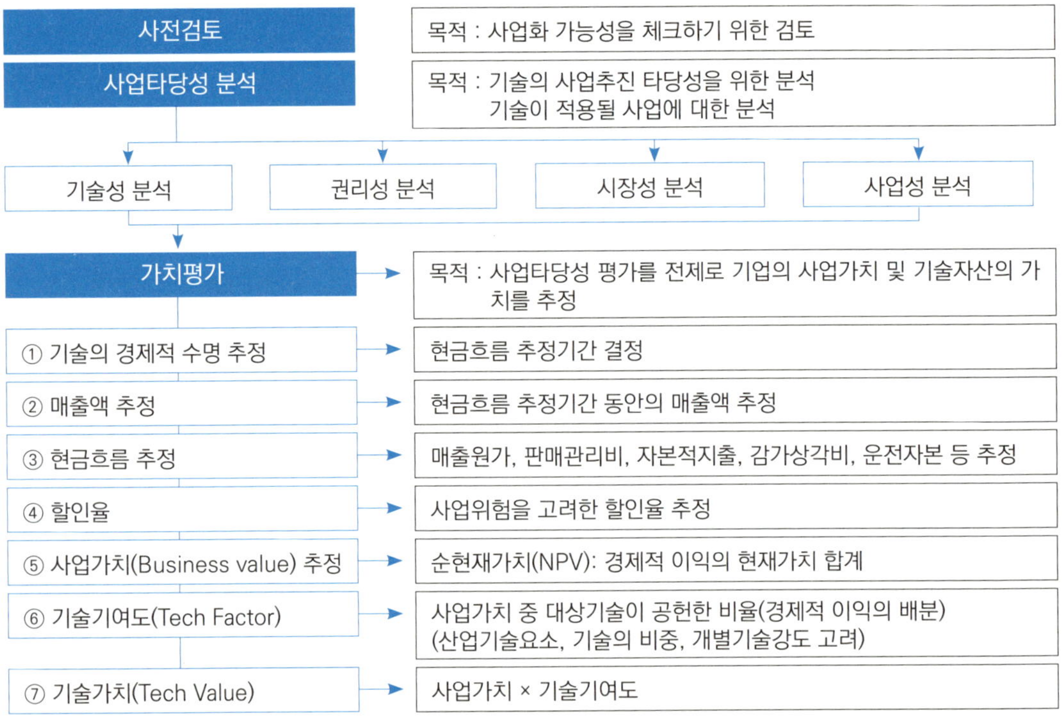

나. 로열티공제법

로열티공제법 기반의 수익접근법(이하 “로열티공제법”)은 기업이 대상기술을 보유하지 못하여 제3자로부터 라이선스하는 경우를 가정하고, 대상기술의 경제적 수명기간에 라이선 비용으로 지급해야 하는 로열티의 현재가치를 기술의 가치로 추정하는 방법이다. 이는 대상기술을 보유함으로써 동 기간에 로열티를 지급하지 않아도 되기 때문이며, 로열티공제법은 기술의 경제적 수명기간에 추정된 로열티 수입을 현재가치로 환원하여 가치금액으로 산출하기 때문에 수익접근법으로 분류되기도 하며, 기술시장에서 거래된 거래사례의 로열티율을 참조하기 때문에 시장접근법으로 분류되기도 한다.

〈그림 I -3〉 로열티공제법에 의한 기술가치평가 절차

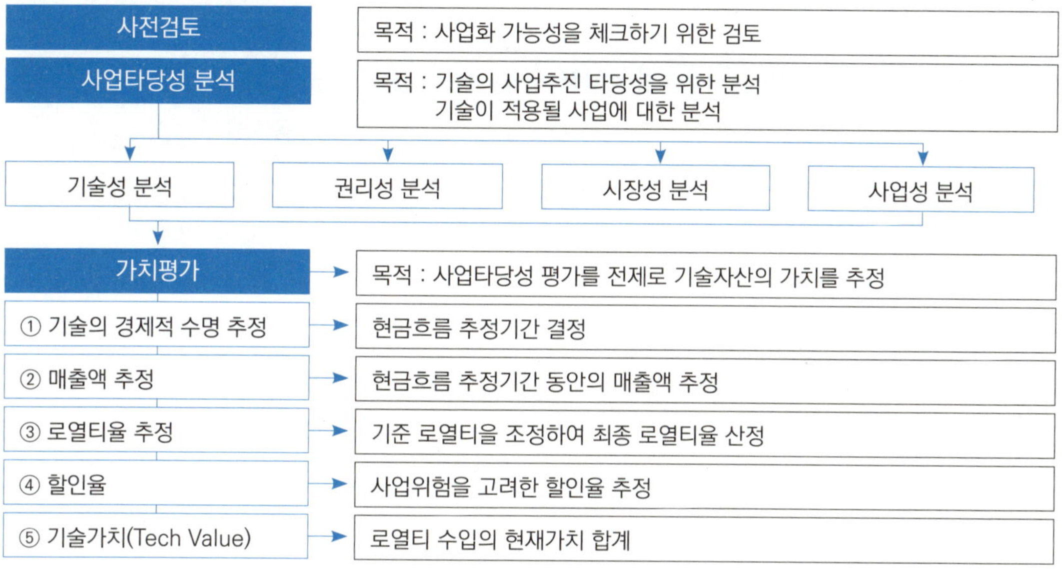

2-2 평가요인 분석[4)]

여기서는 기술가치평가의 기본이 되는 기술성, 권리성, 시장성, 사업성 등 평가요인 분석에 대하여 설명한다. 평가요인 분석은 대상기술의 가치를 산출하는 데 필요한 각종 핵심 투입정보와 이들의 추정에 사용되는 기술평가 투입정보를 합리적으로 결정하기 위하여 수행하는 필수과정이다. 이를 통해 사업타당성이 있는 것으로 확인되면 정량분석 과정인 가치금액 산정절차에 착수하게 된다.

4) 「기술평가기준 운영지침」, 기술평가실무가이드, 산업부. 2021년

가. 기술성

기술성 분석은 대상기술에 대한 기술개요(기술의 정의 및 개요), 기술개발 동향 및 경쟁(신규·대체)기술 현황, 경쟁기술 대비 기술수준(혁신성, 우월성, 차별성 등), 대상기술의 활용성 및 파급효과 등을 분석·평가하는 것을 의미한다.

〈표 Ⅰ-37〉 기술성 분석

구분	주요 평가내용	세부 분석내용 및 방법	관련 평가항목
기술 개요	• 기술의 개요 및 특징 • 기술의 구성 및 내용 • 기술의 적용 현황	• 기술의 개요 및 특징, 기술의 구성 및 내용(차별적 경쟁요소), 기술의 용도 및 적용 가능 제품(서비스) 등을 파악 • 해당 제품에서 대상기술의 위치를 파악하고 기술의 분류 및 위치, 제품화에 필요한 생산공정 기술, 기존 개발기술과 추가 개발기술 조사(개발단계, 기술의 완성도)	기술의 유용성 • 혁신성 • 활용성 • 파급성 • 전망성 • 기술사업화 환경
기술환경 분석	• 국내외 기술동향 및 업체 현황 • 기술의 Life-Cycle • 기술발전 방향	• 대상기술이 포함된 기술군의 개발 동향 및 전망 조사 국내외 기술개발 동향 및 개발추세, 국내외 업체 현황, 기술개발 환경변화 요인(기회 / 위협요인 등), 기술발전방향, Life-cycle 등을 조사 • 대체기술 출현 가능성과 유사 경쟁기술 현황 조사	기술의 경쟁성 • 기술경쟁강도 • 우월성 • 차별성 • 대체가능성 • 모방난이도 • 진부화 가능성
기술의 유용성 분석	• 기술 활용성 • 기술 파급성 및 확장성 • 산업적 파급효과	• 대상기술 사용자의 활용성 • 대상기술의 타제품, 타기술 분야로의 확장 적용 가능성 분석 • 기술의 속성 차이를 고려하여 분석하고, 산업적 파급효과 등 파악	
기술의 경쟁성 분석	• 기술의 기술 우월성 및 차별성 • 대체가능성 및 모방 난이도	• 기존 기술 대비 대상기술의 기술경쟁강도를 분석하여 비교우위 요소를 파악 • 대상기술의 우월성, 차별성, 대체가능성, 모방난이도 등을 근거로 기술수준 판단	
종합 의견	• 분석 요약	• 분석결과를 종합하여, 대상기술 제품의 특징과 경쟁력에 대한 평가자 의견 요약 제시	–

나. 권리성

권리성 분석은 대상특허의 서지정보, 명세서에 기재된 기술정보, 권리범위, 선행기술정보 등에 대한 조사를 기반으로 권리 안정성, 권리보호강도, 제품 적용 여부, 사업과의 연관성 등에 대한 분석을 수행하는 것을 말한다. 대상기술을 사업화하기 위해 시장의 독점적 지위 확보 여부 및 경쟁으로부터 사업의 보호 강도가 어느 정도인지를 파악하는 데 의의가 있다.

〈표 Ⅰ-38〉 권리성 분석

구분	주요 평가내용	세부 분석내용 및 방법	관련 평가항목
권리 안정성	• 청구범위 발명 내용 확정 • 선행기술조사 • 신규성, 진보성 등에 의한 무효 가능성 및 등록가능성	• 특허 청구항과 명세서에 기재된 사항을 바탕으로 발명 내용 확정 • 선행기술 대비, 대상특허의 신규성, 진보성 위반에 따른 무효가능성 의견 제시 • 특허원포대, 명세서 기재불비 등을 조사하여 기타 사유로 인한 무효 가능성도 함께 판단	• 권리안정성 • 권리보호강도 • 대상기술 제품(서비스) 보호 가능성 • 국내외 포트폴리오 구축의 적절성 • 침해발견 및 입증용이성 • 권리행사 제한 가능성 • 분쟁 및 라이선스 활성도 • 특허출원 활성도 • 회피설계 가능성
권리 범위 광협	• 선행기술 대비 차별성 • 권리보호강도 • 회피설계 가능성	• 선행기술 대비 차별적인 장이 무엇인지를 파악하고, 동 특징이 적절한 관리범위로 설정되어 있는지와 대상기술 제품을 실시하는 경우 선행특허권을 침해할 우려는 없는지에 대한 의견 제시 • 청구항 기재 구성요소 개수와 불요한 구성의 부가 여부를 판단하고, 구성요소를 표현한 용어 선택의 적절성과 요한 한정적 표현의 사용 여부 판단 • 청구항 구성요소와 표현을 바탕으로 경쟁자의 용이한 회피설계 가능성을 판단하고, 다수 특허권에 대한 평가 시 회피설계 차단을 위한 적절한 포트폴리오 구축 여부 판단	
제품 적용 여부	• 청구항 구성요소와 제품의 대비 • 특허기술의 비중	• 대상 특허가 제품에 실제 적용되었는지를 구성요소 별로 대비하여 판단 • 제품 전체에서 대상 특허가 차지하는 비중 파악 • 대상 특허의 사업과의 연관성 검토	
종합 의견	• 분석 요약	• 권리 안정성, 권리보호 강도, 제품 적용 여부에 대한 분석 내용 요약 제시	

다. 시장성

시장성 분석은 대상기술 적용제품이 속한 시장의 환경분석, 경쟁분석 결과에 근거하여 적용제품의 시장경쟁력을 평가하는 것을 말한다.

〈표 Ⅰ-39〉 시장성 분석

구분	주요 평가내용	세부 분석내용 및 방법	관련 평가항목
시장 개요	• 대상기술 적용제품의 정의 • 시장의 정의 및 특성	• 대상기술 적용제품(또는 공정)에 대한 정의 • 대상기술 적용시장 및 산업에 대한 정의, 범위 및 특징	• 시장경쟁강도 • 시장경쟁의 변화 • 시장의 성장전망 • 신제품 출현가능성 • 수요민감도 • 시장진입 가능성
시장 환경 분석	• 산업의 특성 • 산업환경분석	• 전후방 산업 분류 • 산업의 특성 분석 • 거시 환경분석모델 등을 통해 산업환경분석 • 산업발전 추이 및 전망	
시장 경쟁 분석	• 적용시장의 경쟁구조 및 지배유형 • 경쟁업체 현황 및 시장점유율 • 경쟁제품과의 비교분석 • 시장지위 확보 가능성	• 대상기술 적용시장의 경쟁구조 분석 • 경쟁업체별 시장점유율 및 변화 추이 분석 • 경쟁제품과의 차별적 요소 분석 • 대상기술 사업화의 기회요인과 위협요인 분석 • 시장진입 장애요인과 촉진요인을 분석한 후 진입 가능성 평가 • 시장진입 후 시장점유율 확보 가능성 분석	
시장규모 및 전망	• 국내외 시장규모 및 동향 • 중장기 성장률 • 시장수요 전망 • 시장진입 가능성	• 국내외 시장분석에 근거한 시장규모 추정(통계적 예측모형 사용 가능) • 대상기술 시장의 중장기 성장률 추이 분석 • 현금흐름 추정기간 동안의 시장규모 전망	
종합 의견	• 분석 요약	• 분석결과를 종합하여 대상기술 제품의 미래시장 • 규모와 비교분석에 근거한 시장침투(점유) 수준에 대한 의견을 요약 제시	-

라. 사업성

사업성 분석에서는 대상기술을 이용하여 사업화를 추진하는 주체(사업주체)의 사업화 역량, 생산 및 영업능력 등 경영요인을 비롯하여 대상기술 제품의 가격 및 품질경쟁력, 매출전망 등 사업전망 전반에 관하여 분석한다.

〈표 Ⅰ-40〉 사업성 분석

구분	주요 평가내용	세부 분석내용 및 방법	관련 평가항목
사업화 역량	• 사업주체가 보유 또는 계획 중인 인적·물적 사업화 역량 종합	• 사업주체의 정의와 현황 • 사업주체의 경영진, 기술개발, IP 관리, 생산, 마케팅 등 인적·물적 역량에 대한 분석 • 사업주체의 인적·물적 자원에 대한 투자계획 • 사업주체의 사업화계획 추진 타당성 및 실현가능성 분석	• 사업화 준비기간 • 사업화 소요자본 • 생산용이성 • 매출 성장추세 • 수익성 • 파생적 매출 • 경제적 수명 • 예상 시장점유율
제품 경쟁력	• 대상기술 제품경쟁력 등의 속성 파악	• 대상기술 제품의 기능과 특성 • 대상기술 제품의 경쟁력(가격, 품질, 기타 경쟁력) • 대상기술 제품의 경쟁력 제약요인	
종합 의견	• 분석 요약	• 분석결과를 종합하고 대상기술의 사업화에 따른 경쟁력 • 분석결과를 고려하여, 사업추진의 타당성을 확인하고 매출액 추정의 합리성 제시	

2-3 수익접근법을 이용한 기술가치평가 사례

대표적으로 수익접근법을 이용한 기술가치평가 사례에 대해서 살펴본다. 수익접근법은 대상기술의 미래 경제적 이익 창출 능력에 초점을 두고 미래의 경제적 이익을 현재가치로 환산하는 방법으로서 기술성, 권리성, 시장성, 사업성 분석 등 정성적 분석결과에 근거하여 기술의 경제적 수명(기술수명 영향요인 평가), 할인율(기술사업화 위험프리미엄 평가), 기술기여도(개별기술강도) 등의 추정을 위한 각각의 평가항목에 대한 점수화가 필요하다.

수익접근법의 기본적인 산식은 다음과 같다.

$$V_r = \sum_{i=1}^{n} \frac{CF_t}{(1+r)^i} \times \text{기술기여도}$$

- n : 대상 기술의 경제적 수명을 고려한 현금흐름 추정기간
- t : t년도
- CF_t : t년도 현금흐름
- r : 할인율
- 기술기여도 : 사업가치 중 기술이 기여하는 비율
  산업기술요소 × 기술의 비중 × 개별기술강도
- 기술의 비중 : 대상 기술 제품(서비스)을 구성하는 전체 기술 중에서 대상기술이 차지하는 비중

가. 기술의 경제적 수명

기술의 경제적 수명은 어떤 기술자산을 이용함으로써 이익이 산출되는 기간을 뜻한다. 기술자산을 이용함으로써 더는 이익이 발생하지 않게 되는 시점 또는 다른 기술자산을 이용함으로써 보다 큰 이익을 산출할 수 있게 되는 시점을 의미하기도 하며, 내용연수와는 다른 개념이다.

기술가치평가에서 기술수명을 고려할 경우에는 관련 기술이 이용되는 시장의 존재와 시장의 성장에 따른 기술의 지속적인 필요성을 전제하여 기술수명을 추정하게 된다. 기술의 진입장벽, 특허권의 존속 기간, 대체기술의 출현 가능성, 경쟁업체의 유사하거나 개선된 기술개발 동향, 제품의 수명주기 및 수요 시장의 특성 등을 종합적으로 고려하여 산정한다.

산업부의 기술가치평가 실무가이드에서는 개별 기술의 경제적 수명을 구할 때, 특허인용수명지수(TCT 등)[5)]를 활용하되, 경제적수명 정량화 모델 I과 모델 II 중에서 선택 활용하도록 하고 있다. 정량화 모델 I과 모델 II의 차이는 수명영향요인의 산정방법, 특허등록이후 결과연수 차감, 사업화준비기간 적용 등에서 차이점이 있다.

5) TCT(Technology Cycle Time)는 미국 CHI가 국립과학재단(NSF)의 지원으로 개발한 지표로서 특허인용정보를 활용하여 각종 기술혁신 패턴을 분석하는 데 널리 활용되고 있음

다음 예시를 통해서 이를 확인해 보자.

〈표 I-41〉 기술의 경제적수명 정량화 모델 I 예시

■ 대상기술: 고강도 합금강 제조방법
■ 모델 I

① 대상기술의 TCT 지수(년)

IPC	기술명	평균	Q1	Q2	Q3
C21B	철 또는 강의 제조	9.45	5	8	14
C22C	합금의 처리	10.89	4	8	15
산출값(산술평균)		10.17	4.5	8	14.5

② 기술수명 영향요인

구분	세부 영향요인	평점 -2	-1	0	1	2
기술/권리 요인	우월성		■			
	기술경쟁강도		■			
	대체가능성				■	
	모방난이도			■		
	권리보호강도			■		
시장/사업 요인	시장진입 가능성				■	
	시장경쟁강도				■	
	시장경쟁의 변화			■		
	신제품 출현가능성				■	
	예상 시장점유율			■		
수명영향요인 평점 합계		2점				

③ 기술의 경제적 수명

• 대상기술의 경제적 수명 $= Q_2 + (Q_3 - Q_2)\times(\frac{\text{평점합계}}{20}), \quad \textit{if}\ \text{평점합계} \geq 0$

$= 8 + (14.5 - 8)\times\left(\frac{2}{20}\right) = 8.7$년≒9년

④ 기술의 경제적 수명 결정
• 대상기술의 경제적 수명(9년) 〈 법적 잔존권리기간(15년)
∴기술의 경제적 수명은 9년

⑤ 현금흐름 추정기간 결정 (사업화 준비기간 1년)

• 현금흐름 추정기간 = 사업화 준비기간(1년) + 기술의 경제적 수명(9년) = 10년

〈표 I -42〉 기술의 경제적수명 정량화 모델 II

■ 대상기술: 고강도 합금강 제조방법
■ 모델 II

① 대상기술의 TCT 지수(년)

IPC	기술명	평균	Q1	Q2	Q3
C21B	철 또는 강의 제조	9.45	5	8	14
C22C	합금의 처리	10.89	4	8	15
산출값(산술평균)		10.17	4.5	8	14.5

② 기술수명 영향요인

구분	세부 영향요인	가중치	매우 낮음	낮음	보통	높음	매우 높음
			1	2	3	4	5
기술/권리 요인	우월성	7		■			
	기술경쟁강도	4		■			
	대체가능성	5				■	
	모방난이도	3			■		
	권리보호강도	3			■		
시장/사업 요인	시장진입 가능성	4				■	
	시장경쟁강도	4				■	
	시장경쟁의 변화	4			■		
	신제품 출현가능성	3				■	
	예상 시장점유율	4			■		
획득값(점수)			62.4 = (128/205점) × 100				

③ 기술의 경제적 수명

$$\bullet\ \text{기술의 경제적 수명} = Q_2 + (Q_3 - Q_2)\times\left[\frac{(\text{획득값 - 기준값})}{(\text{최대값 - 기준값})}\right]$$

$$= 8 + (14.5 - 8)\times\left(\frac{62.4-60}{100-60}\right) = 8.4\text{년} \fallingdotseq 8\text{년}$$

④ 기술의 경제적 수명 결정
- 대상기술의 경제적 수명(8년) 〈 법적 잔존기간(15년)
  ∴기술의 경제적 수명은 8년

⑤ 현금흐름 추정기간 결정 (사업화 준비기간 1년)

- 현금흐름 추정기간 = 사업화 준비기간(1년) + 기술의 경제적 수명(8년) = 9년

나. 현금흐름

여유현금흐름은 사업 주체가 일정 기간 벌어들이는 총현금수입에서 현금법인세비용 및 현금영업비용과 미래 성장을 위한 순운전자본 투자 및 설비투자 지출액까지 차감한 다음에 남아 있는 현금흐름이다. 즉, 주주와 채권자에 대한 배당금 지급 및 원리금 상환 등에 충당될 수 있는 현금흐름을 의미한다. 기업이 영업활동을 유지, 확대하면서도 자유롭게 사용할 수 있는 현금인 여유현금흐름은 세후영업이익에 감가상각비를 더하고 자본적 지출비용과 운전자본의 증감액을 각각 차감하여 산출한다. 이를 산식으로 표현하면 다음과 같다.

- 여유현금흐름 $= EBIT \times (1-t) + Dep - NWC - CE$

$EBIT$: 영업이익
t: 법인세율
Dep: 감가상각비 및 무형자산상각비
NWC: 순운전자본 증감액
CE: 유형자산 및 무형자산 증감액

현금흐름 요소의 추정 방식에는 직접, 혼합, 유사업종 재무정보 활용, 표준재무정보 활용 방식이 있는 데 실무가이드에서 권고하는 적용순위는 〈그림 Ⅰ-4〉에서와 같다.

〈그림 Ⅰ-4〉 현금흐름 추정의 적용순위

현금흐름 추정방법 (우선순위)	설명
직정 추정방법	대상기술의 특성 및 사업주체의 사업계획을 활용하여 평가자가 현금흐름 요소를 직접 추정하는 방식
혼합 추정방법	직접 추정방식과 유사기업 동업종 평균 재무정보를 혼합하여 추정하는 방식
유사기업 재무정보 활용방법	대상기술 제품과 유사한 제품을 사업화하는 3~5개의 유사기업 재무정보를 활용하는 방식
동업종 평균재무정보 활용방법	기술이 초기 단계이거나 사업주체의 재무정보를 활용하기 어렵거나, 사업주체가 없어서 직접 추정 또는 유사기업 재무정보를 활용하기 어려운 경우 적용하는 방식

기술가치평가에서 매출액의 추정은 기술 및 시장에 대한 이해가 필수적으로 요구되며 기술수명, 시장 규모 및 시장점유율 등에 대한 추정을 바탕으로 이루어진다. 따라서 추정 매출액의 신뢰도를 높이기 위하여 기술전문가 및 시장전문가 등이 공동으로 참여하여 전문가 합의 방식으로 수행하는 것이 바람직하다. 매출액을 추정하는 데는 통상 〈표 Ⅰ-43〉와 같은 방법이 사용되고 있다.

〈표 Ⅰ-43〉 매출액 추정 방법 예

구분	추정 방법
시장점유율 추정법	경쟁상태, 과점, 추세 등과 같은 산업에 관한 지식과 생산능력, 제품 종류, 사업계획 등과 같은 기업에 관한 지식을 결부하여 과거의 영업 실적을 분석한 후, 앞으로의 시장점유율을 예측하여 판매예상량을 추정하고, 여기에 판매단가를 곱하여 매출액을 추정하는 방법
GNP 탄성치 추정법	정부가 예측하는 GNP 성장률이나 GNP계수가 신뢰성이 있고, 회사의 매출정책도 이에 탄력적이고 안정적으로 반영된다는 가정하에 예측연도의 GNP 예측치를 이용하여 매출액을 추정하는 방법
최소자승법 추정법	추정 대상 제품의 매출과 경제지표 사이에 존재하는 법칙성을 통계적 방법에 의하여 규명하고, 이 법칙성이 일정한 장래까지 안정적으로 연장된다는 가정하에 매출액을 추정하는 방법
실무편법 추정법	평균 성장률이나 예상 증가율 혹은 최근월 말 매출 실적을 이용하여 간편하게 매출액을 추정하는 방법

다. 할인율

기술가치평가의 할인율은 미래의 현금흐름을 현재가치로 환산할 때 사용되는 환원율을 의미한다. 이는 기술사업과 연관된 사업위험을 정량화한 것이기 때문에 대상 기술의 사업위험을 분석한 결과가 할인율에 반영되어야 한다. 기업가치평가의 할인율로 주로 사용되는 가중평균자본비용(WACC: Weighted Average Cost of Capital)은 자기자본비용과 타인자본비용의 가중평균으로 구성되는데, 기업의 전반적인 영업활동(다수의 제품과 서비스)으로 인한 다양한 위험 수준을 반영한 것이다. 상장기업의 WACC는 자본시장에서 수집된 최근 시계열 정보에 의하여 산출할 수 있으나, 중소기업의 경우 WACC 산출이 불가능하므로 대용값을 사용하여야 한다.

기술가치평가 할인율은 WACC를 대용치로 사용하며, 다음 산식에 의해 추정한다.

• 할인율 $= WACC = [k_d \times (1-\tau) \times (\frac{D}{E+D}) + k_e \times (\frac{E}{E+D})]$

k_d: 타인자본비용(= 상장기업 타인자본비용+추가위험스프레드)

k_e: 자기자본비용(= 상장기업 자기자본비용(CAPM)+사업화위험프리미엄+규모위험프리미엄)

τ: 법인세율

E: 자기자본

D: 부채

$\frac{D}{E+D}$: 타인자본비율

$\frac{E}{E+D}$: 자기자본비율

■ **타인자본비용**(Cost of Debt), k_d

중소기업 타인자본비용은 상장기업 타인자본비용에 중소기업 유형에 따른 추가위험스프레드를 합산하여 산출한다.

• 타인자본비용(k_d) = 상장기업 타인자본비용 + 추가위험스프레드

■ 자기자본비용(Cost of Equity), k_e

자기자본비용은 자기자본의 투자자, 즉 주식 소유자 입장에서 투자로부터 기대하는 최소 수익률이다. 이는 국내외에서 가장 널리 사용되는 CAPM(Capital Asset Pricing Model, 자본자산가격결정모형)을 이용하여 산출한다. CAPM은 국내 시장자료에 근거하여 무위험이자율과 시장위험프리미엄을 합친 값으로 나타난다. 중소기업 자기자본비용 추정은 상장기업 CAPM에 핵심 위험요인을 가산하여 계산하며, 그 산식은 다음과 같다.

• 중소기업 자기자본비용 k_e = 상장기업 자기자본비용 + 비상장 규모 위험프리미엄 + 기술사업화위험프리미엄

〈표 Ⅰ-44〉 기술사업화 위험프리미엄 평가항목

구분	항목	평점				
		매우 우수	우수	보통	미흡	매우 미흡
기술 및 권리위험	차별성	5	4	3	2	1
	기술경쟁강도	5	4	3	2	1
	기술사업화 환경	5	4	3	2	1
	모방난이도	5	4	3	2	1
	권리의 안정성	5	4	3	2	1
시장 및 사업 위험	시장진입 가능성	5	4	3	2	1
	시장경쟁강도	5	4	3	2	1
	시장의 성장 전망	5	4	3	2	1
	생산 용이성	5	4	3	2	1
	수익성	5	4	3	2	1
평점합계						

〈표 Ⅰ-45〉 기술사업화 위험프리미엄 평점에 대한 사업화 위험프리미엄

평점	위험P	평점	위험P	평점	위험P
20	10.01%	31	4.75%	41	1.99%
21	9.33%	32	4.42%	42	1.76%
22	8.72%	33	4.10%	43	1.55%
23	8.15%	34	3.80%	44	1.33%
24	7.62%	35	3.51%	45	1.13%
25	7.14%	36	3.24%	46	0.93%
26	6.68%	37	2.97%	47	0.73%
27	6.25%	38	2.71%	48	0.54%
28	5.84%	39	2.46%	49	0.36%
29	5.46%	40	2.22%	50	0.18%
30	5.10%				

〈표 Ⅰ-46〉은 상기의 방법으로 할인율을 산출한 예시이다.

〈표 Ⅰ-46〉 할인율 산출 예시

■ 가정

- 대상기술: 흡수성 의료용 봉합기
- 사업주체: 비상장 중기업

■ 할인율 산출 방법

① 표준산업분류상 C27(의료, 정밀, 광학기기 및 시계 제조업)의 중기업에 해당하는 CAPM, 규모 위험프리미엄, 타인자본비용, 자기자본비율 등을 선정함

② 기술사업화 위험프리미엄 평가항목에 대해 평점을 부여한 후 종합평점에 대한 위험프리미엄을 적용함 (평점이 34점일 경우 위험프리미엄은 3,80%)

구분	평가항목	평점				
		매우미흡	미흡	보통	우수	매우우수
기술 및 권리위험	차별성	1	2	3	4	5
	기술경쟁강도	1	2	3	4	5
	모방난이도	1	2	3	4	5
	기술사업화 환경	1	2	3	4	5
	권리안정성	1	2	3	4	5
시장 및 사업위험	시장진입 가능성	1	2	3	4	5
	시장경쟁강도	1	2	3	4	5
	시장의 성장 전망	1	2	3	4	5
	생산용이성	1	2	3	4	5
	수익성	1	2	3	4	5
종합평점	34점					
위험프리미엄	3.80%					

③ 자기자본비용과 타인자본비용을 산출한 후 산업별자기자본비율과 타인자본비율을 가중값으로 하여 가중평균자본비용(MACC)을 산출함. 즉, 자기자본비용은 12.42%이고 체전 타인자본비용 7.28%, 법인세 21.04%를 적용하여 가중평균자본비용은 10.47%로 산정됨

자기자본비용	기술사업화 위험프리미엄	CAPM+규모 위험프리미엄(비상장 중기업)	합계
	3.80%	8.62%	12.42%
타인자본비용	7.28%		
자기자본비율	70.74%	타인자본비율	29.26%
WACC	10.47% = [(12.42% × 70.74%) + (7.28% × 29.26%) × (1−0.210401*)]		

*법인세율 21.04%는 현금흐름 추정기간 동안 영업이익의에 대한 평균 법인세율임.

라. 기술기여도

기술기여도란 기술 도입 또는 사용에 따른 경제적 이익(순현금흐름의 증가분)의 창출에 기여한 유·무형자산 중 기술무형자산(또는 기술요소)이 이익창출에 공헌한 상대적인 비중이라 할 수 있다. 기술가치는 기술사업화를 전제로 창출되는 것으로, 먼저 기술사업에 의해 발생될 것으로 예상되는 미래 사업가치(business value)를 산정한 다음, 기술기여도를 곱하여 얻어진다.

기술기여도란 원칙적으로 사업가치와 같이 영업 주체가 창출한 수익에서 기술원천이 기여한 바를 나타낸다. 기술가치의 배분이나 기여율을 나타내는 기술기여도는 기술가치 산출식 $\sum_{t=1}^{n}\frac{FCF_t}{(1+r)^t}$ 로부터 기술기여 부분을 factoring-out하는 요소로, 무형자산 중에서 기술자산이 경제적 이익에 기여한 부분을 의미한다.

본 평가에서는 산업기술요소와 개별 기술강도의 곱으로 정의하는 기술요소법[6]을 근간으로 하여 추정하는데, 이는 산업 업종 특성과 개별 기술 특성을 동시에 반영할 수 있는 방법이다. 기술요소법에 의한 기술기여도 측정은 산업 특성을 파악하는 산업기술요소 도출과 개별 기술의 특성을 파악하는 개별 기술강도 도출 과정으로 구성된다.

기술기여도는 다음과 같은 식을 통해 산출한다.

기술가치 = 기술의 사업가치(Business Value)×기술기여도

기술기여도(%) = 산업기술요소×기술의 비중×개별기술강도

- 산업기술요소 = 최대 실현 무형자산가치 비율×평균기술자산비율
- 무형자산가치 = 기업시장가치(시가총액) - 순자산가치
- 순자산가치 = 자산총액 - 부채총액
- 무형자산가치비율 = 무형자산가치 / 기업시장가치(시가총액)
- 기술자산비율 = 연구개발비 / (연구개발비 + 광고선전비 + 교육훈련비)
- 기술의비중 : 대상기술 제품(서비스)을 구성하는 전체 기술 중에서 대상기술이 차지하는 비중
- 개별기술강도 : 산업 선도기술 대비 대상기술의 상대적인 수준

6) 기술가치 = 기술의 사업가치(business value)×기술요소(technology factor, %)

■ 산업기술요소

산업기술요소는 기업의 무형자산이 어떤 산업 내에서 잠재적으로 달성 가능한 상업적 기업가치의 최대 공헌 비율을 의미하는 것으로, 동 요소는 기술의 공헌도가 산업별로 다르다는 가정하에 다음 식에 의하여 산출되며 그 값은 산업부에서 공지하고 있다.

• 산업기술요소 = 산업별 최대실현 무형자산가치 비율×산업별 평균 기술자산 비율

산업기술요소는 코스닥과 코스피 상장기업을 대상으로 최근 10년간(2010~2019년)의 기업 재무 데이터를 분석한 후 무형자산 가치가 음(-)인 경우는 제외하고, 업종별 무형자산가치가 상위 5%인 기업을 대상으로 하였다.

〈표 I-47〉 산업기술요소 예시

표준산업분류 코드		최대무형자산 가치비율	기술자산 비율	산업기술 요소
C21	의료용 물질 및 의약품 제조업	88.01%	96.89%	85.28%
C22	고무제품 및 플라스틱제품 제조업	57.98%	98.18%	56.92%
C23	비금속 광물제품 제조업	64.71%	87.82%	56.83%
C24	1차 금속 제조업	80.52%	97.65%	78.63%
C25	금속가공제품 제조업, 기계 및 가구 제외	58.50%	95.11%	55.64%
C26	전자부품, 컴퓨터, 영상, 음향 및 통신장비 제조업	68.05%	97.78%	66.54%
C27	의료, 정밀, 광학기기 및 시계 제조업	76.14%	93.35%	71.08%

■ 개별 기술강도

기술요소법에 의한 기술기여도 측정 방법의 합리성은 대상 기술의 산업 특성과 개별 특성(개별 기술강도)에 따라 결정된다고 보고 각각의 특성을 반영한다는 데 있다. 여기서 산업 특성은 산업기술요소로 측정되며, 개별 특성은 일정한 개별 기술이 지닌 기술성(권리성 포함) 및 사업성(시장성 포함)에 따라 결정된다.

기술의 개별 특성은 개별 기술의 내재적 가치를 기술성(기술적 우위성, 권리성 포함) 및 사

업성(상업적 우위성)으로 구분하여 평가한다. 만약 기술적으로 매우 우수한 것이라 할 수 있다 하더라도 기술을 사업화하는 데 막대한 자본이 필요하거나 시장진입에 많은 장벽이 존재하는 기술이라면 사업적 효용성이 떨어지는 기술에 해당한다.

기술성은 기술적 측면에서 사업가치를 판단하기 위한 평가지표 개념으로 사업적 측면에서 기술 자체가 보유하고 있는 다양한 유용성 및 경쟁성을 어느 정도 확보하고 있는가를 평가하는 것이다. 그리고 사업성은 상업적 측면에서 시장성과 사업적 측면에서 기술 자체가 내재하고 있는 유용성 및 경쟁성을 어느 정도 확보하고 있는가를 평가하는 것이다.

기술성 10개 항목과 사업성 10개 항목으로 구성되는 개별 기술강도 평가지표들은 대상 기술의 사업화 과정에서 당면한 상황을 토대로 상업적 생존 가능성을 측정하여 사업가치 창출에 어느 정도 기여하는가를 평가하는 것이다. 기술성 측면과 사업성 측면 각각의 평가지표 20개를 분석하여 5점 척도를 적용하여 1~5점 범위에서 점수를 부여하고, 이 점수를 토대로 개별 기술강도를 측정한다.

〈표 Ⅰ-48〉 개별기술강도 평가항목

구분	평가항목	평점				
		매우 미흡	미흡	보통	우수	매우 우수
기술성	혁신성	1	2	3	4	5
	차별성	1	2	3	4	5
	대체가능성	1	2	3	4	5
	활용성	1	2	3	4	5
	파급성	1	2	3	4	5
	진부화가능성	1	2	3	4	5
	모방난이도	1	2	3	4	5
	권리보호강도	1	2	3	4	5
	권리안정성	1	2	3	4	5
	침해발견 및 입증 용이성	1	2	3	4	5

구분	평가항목	평점				
		매우 미흡	미흡	보통	우수	매우 우수
사업성	시장진입 가능성	1	2	3	4	5
	수요민감도	1	2	3	4	5
	예상 시장점유율	1	2	3	4	5
	사업화 준비기간	1	2	3	4	5
	사업화 소요자본	1	2	3	4	5
	생산용이성	1	2	3	4	5
	경제적수명	1	2	3	4	5
	매출 성장추세	1	2	3	4	5
	수익성	1	2	3	4	5
	파생적 매출	1	2	3	4	5
개별기술강도		획득점수 / 100				

■ **기술의 비중**

기술의 비중은 매출액 추정의 대상이 되는 제품(서비스)을 구현하기 위해 사용된 전체 기술에서 대상기술이 차지하는 비중을 의미한다. 다만 대상기술이 매출액 추정의 대상이 되는 전체 기술에 해당하면 기술의 비중은 100%이다.

〈표 Ⅰ-49〉는 기술기여도를 산출한 예시이다.

〈표 Ⅰ-49〉 기술기여도를 산출한 예시

• 대상기술 흡수성 의료용 봉합기
• 적용산업 의료기기

■ 대상기술이 속한 업종별 산업기술요소 선정

표준산업분류코드	업종	산업기술요소
C27	의료,정밀,광학기기 및 시계 제조업	71.08%

■ 기술의 비중 55%
■ 개별기술강도 결정
 • 기술성 평가에 의한 개별기술의 기술성 강도비율 결정
 • 사업성 평가에 의한 개별기술의 사업성 강도비율 결정
 • 개별기술강도: 기술성 강도비율 및 사업성 강도비율을 합산하여 개별기술강도 비율 결정

구분	기술성	사업성
개별기술특성점수	35점	37점
개별기술강도 비율 (기술성 및 사업성 강도의 합상	72%	

• 기술기여도 산출
• 산업기술요소에 기술의 비중 및 개별기술강도 비율을 곱하여 최종적으로 기술기여도를 결정함.

기술기여도 = 사업기술요소 x 기술의 비중 x 개별기술강도

산업기술요소(%,①)	71.08%
기술의 비중(%,②)	55.00%
개별기술강도(%,③)	72.00%
기술기여도(%,①x②x③)	28.15%

마. 수익접근법을 이용한 기술가치 산출 예시

- 대상기술: 비굴착식 천공장 (기술이전용)
- 업종 C29241(건설 및 채광용 기계장비 제조업)
- 기업규모: 비상장 중기업

①기술의 경제적 수명 (모델 II)

- IPC 분류: E02F(Q1 5년, Q2 9년, Q3 15년)
- 기술의 경제적 수명 = $Q_2 + (Q_3 - Q_2) \times \left[\frac{(\text{획득값 - 기준값})}{(\text{최대값 - 기준값})}\right]$

$$= 9+(15-9)\times\left(\frac{62-60}{100-60}\right) \fallingdotseq 9\text{년}$$

- 특허권 잔존 법적보호기간(14.5년)보다 짧은 9년을 경제적 수명으로 결정

② 매출액 추정

㉮ 상하수도 전문건설업체 수 (2021~2029년) (대한전문건설협회 인용 CAGR 0.03%)

㉯ 대상기술 누적 최대 시장점유율 5.0% (상하수관로 건설신기술 평균 시장점유율)

㉰ 전년 대비 시장점유율 차이를 이용하여 각 년도 판매 대수 추정

㉱ 판매 가능 상하수도 전문건설업체 수에 평균 단가를 급하여 매출액 추정

㉲ 2028년 이후는 2018년부터 판매한 제품의 교체수요 발생 예상 (2018-2026년 총 판매 대수 193대의 10% 추정)

- 매출액 추정결과 (단위: 개, 백만 원,%)

구분	1차 년도	2차 년도	3차 년도	4차 년도	5차 년도	6차 년도	7차 년도	8차 년도	9차 년도
상하수도업체 수(A)	3,763	3,764	3,765	3,767	3,768	3,769	3,771	3,772	3,773
예상 시장점유율	0.35	0.54	0.85	1.32	2.06	3.21	5.00		
전년 대비 시장점유율 증가분(B)	0.13	0.19	0.30	0.47	0.74	1.15	1.79		
판매 대수 (C=AXB)	5	7	11	18	28	43	68	19	19
단가(D)					640				
추정 매출액 (E=CXD)	3,200	4,480	7,040	11,520	17,920	27,520	43,520	12,160	12,160

③현금흐름

- 현금흐름(F=A+B-C-D+E) = 세후 영업이익 + 감가상각비 - 자본적 지출 - 운전자본증감 + 투자액 회수
- 매출원가 및 판관비 추정.
  - 旣사업화로 사업주체 재무자료 활용
  - 사업주체 매출원가에는 감가상각비 포함, 매출원가에서 감가상각비를 제외한 조정 매출원가율을 적용 (3년 평균 조정 매출원가율 38.06%, 평균 판매관리비율 21.43%)

- 법인세비용: 법인세법 제55조와 지방세법 제176조의 주민세를 포함하는 세율적용
- 자본적 지출
  - 평가기준일 잔존가액 중 대상기술 사업화에 기여한 만큼 재투자 가정
  - 2019년 결산기준 유형자산 잔액 기준)은 토지 693백만원, 건물 구축물 1, 8.26 백만원 기계 · 사설장비 626백만 원 등 총 유형자산은 3,145백만 원
  - 전체 매출액 중 대상기술 제품 매출액 비중이 76.7%이므로 유형자산의 76.7%인 2.14 2백만 원은 대상기술 제품의 생산에 재투자(사업화 1 년도) 하는 것으로 가정

- 감가상각비
  - 기계장치는 법인세법 시행규칙 제15조제3항 관련 〈별표6〉의 C29 업종의 기계설비 등 자산 기준 내용 연수 (8~12년 활용하여 평균값 10년, 정액법 적용
  - 토지는 감가상각 비대상
  - 건물 구축물은 20년 내용연수 정액법 적용

- 운전자본 증감액
  - 최근 3년 평균 운전자본 수요율 21.61%
  - 연도별 매출증감액에 운전자본 소요율 적용하여 운전자본 추정
  - 1차년도 매출액 증가분은 전년도 매출액에서 1차년도 매출액을 차감하여 산정

- 투자액 회수(자본적 지출 합계 감가상각비 합계 1 운전자본 증감액 합계) : 3,437 백만 원

④ 할인율(현가계수)
- 할인율 결정(C29241 업종)

자기자본비용	CAPM+규모프리미엄(중)	기술사업화위험프리미엄	합계
	8.56%	1.99%	10.55%
타인자본비용	7.06%		
자기자본비율	61.75%		
WACC	9.86% = (10.55% x 61.75%) + (7.06% x 38.25%) X (1-법인세율)		

주) 현금 추정기간 동안 생업이익에 따른 평균 법인세율

- 현가계수 산출 : $\frac{1}{(1+r)^t}$
- 대상기술 사업의 가치:현재가치(=여유현금흐름X할인율)의 합계액(22,801백만원)

⑤ 기술기여도(=산업기술요소기술의 비중 개별기술강도): 29.03%

⑥ 기술의 가치 $V_r = \sum_{t=1}^{n} \frac{CF_t}{(1+r)^t} \times$ 기술기여도

[t : 현금흐름 추정기간, n : 기술의 경제적 수명, CF_t : 현금흐름, r : 할인율]

- 기술의 가치(=현재가치 합계x 기술기여도) : 6,619백만 원

기술가치 산출 (예시)

(단위: 백만 원)

구분	①1차 년도	2차 년도	3차 년도	4차 년도	5차 년도	6차 년도	7차 년도	8차 년도	9차 년도	합계
②매출액	3,200	4,480	7,040	11,520	17,920	27,520	43,520	12,160	12,160	139,520
매출원가	1,336	1,823	2,797	4,503	6,938	10,592	16,682	4,746	4,746	54,164
판매관리비	686	960	1,509	2,469	3,840	5,898	9,326	2,606	2,606	29,899
법인세 등	237	351	579	979	1,549	2,405	3,831	1,036	1,036	12,003
세후영업이익(A)	941	1,346	2,154	3,570	5,592	8,626	13,681	3,772	3,772	43,455
감가상각비등(B)	118	118	118	118	118	118	118	118	118	1,062
자본적지출(C)	2,412	0	0	0	0	0	0	0	0	2,412
운전자본증감(D)	151	277	553	968	1,383	2,075	3,458	-6,777	0	2,088
투자액회수(E)	0	0	0	0	0	0	0	0	3,437	3,437
현금흐름(F) (F=A+B-C-D+E)	-1,504	1,187	1,719	2,720	4,327	6,669	10,342	10,667	7,328	43,455
④현가계수(G)	0.910	0.829	0.754	0.687	0.625	0.569	0.518	0.471	0.429	
현재가치(H) (H=F×G)	-1,369	983	1,297	1,867	2,704	3,793	5,354	5,027	3,143	22,801
⑤기술기여도(J)	29.03%									
⑥기술가치(K) (K=ΣH×J)	6,619(=22,801 × 29.03%)									

※ 평가기준일 : 2021년 1월 1일

※1차년도는 2021년 1월 1일부터 2021년 12월 31일까지이며, 이후에도 동일한 기준으로 사업화년도 적용

종 • 합 • 정 • 리

1. 정책금융에서 TCB평가서의 활용

정책 시행초기에 금융위에서는 기술금융 확산을 위해서 산업은행 온렌딩대출과 기보 보증부대출에 TCB 평가서를 의무적으로 활용하도록 하였으나, 이후 시중은행에서 독자적으로 기술력있는 기업을 우대하는 기술금융상품을 출시하고 있다.

2. 기술금융 실무 사례

기술금융의 취지에 맞게 낮은 신용등급, 원자재자금 부족, 창업 초기의 매출 실적 미진, 연속 적자 시현 기업들이 보유 기술에 대한 평가를 통해 신용등급이 상승하고 자금 지원의 혜택을 받고 있다. 신용위험을 분담할 수 있는 산업은행 온렌딩대출과 은행의 자율상품을 통해서도 기술혁신형 기업들이 지원을 받고 있다. 은행에서는 기술력이 우수한 기업에 대하여 금리우대 등의 혜택을 부여하는 기술금융 자율상품을 출시 운영하고 있다.

3. IP담보대출 사례

IP담보대출은 우수 특허권을 사업화하는 중소기업을 대상으로 특허기술가치평가 및 이를 담보로 자금을 조달하는 제도로, 평가기관에서 평가한 특허기술가치금액을 담보가치로 인정한다. 본 제도는 특허청에서 특허기술가치평가 소요비용을 일부 지원하고, 은행이 기업을 추천하고 평가된 금액 내에서 담보대출을 실시한다.

연 • 습 • 문 • 제

1. 정부(금융위)에서는 은행에서 취급하는 대출상품 중 TCB 평가서 활용대상을 매년 고시하고 있으며, 이들 상품의 경우 평가수수료를 정부에서 부담하고 있다. (○, ×)

2. 산업은행, 기술보증기금, 신용보증기금 등에서 지원하는 정책금융은 의무적으로 TCB평가를 하여야 한다. (○, ×)

3. 다음 중 기술금융 사례로 가장 부적합한 것은? ( )
   ① 신용도가 낮으나 기술력있는 기업에 기술사업화자금을 대출한 사례
   ② 신용등급이 기술신용등급보다 높은 기업에 저리의 자금을 대출한 사례
   ③ 기술가치금액 이내에서 IP담보대출을 실행한 사례
   ④ 기술개발중인 벤처기업에 기술개발자금을 지원한 사례

4. 다음 중 IP담보대출에 대한 설명으로 옳은 것은? ( )
   ① IP담보대출의 경우, 기술신용등급에 따라 담보가치가 달라진다.
   ② 일반적으로 IP담보대출에 소요되는 평가수수료는 TCB 평가수수료에 비해 높다.
   ③ IP담보대출 대상기업은 정부 및 지자체에서 추천한다.
   ④ 첨단기술을 사업화하는 기업의 경우, 기업가치와 기술가치는 비슷하게 산출된다.

5. (   )은 대상기술의 가치를 산출하는 데 필요한 각종 핵심 투입정보와 이들의 추정에 사용되는 기술평가 투입정보를 합리적으로 결정하기 위하여 수행하는 필수과정이다.

6. 다음 중 실무에서 가장 많이 활용되는 기술(IP)가치평가방법은? ( )
   ① 수익접근법, 로열티공제법
   ② 본질가치평가법, 상대가치평가법
   ③ 시장접근법, 비용접근법
   ④ 기술수명주기법, 경험칙방법(Rule of Thumb)

연 • 습 • 문 • 제

7. 기술가치평가에서 어떤 기술자산을 이용함으로써 이익이 산출되는 기간, 즉 이익이 발생되지 않게 되는 시점까지의 기간을 의미하는 용어는? ( )
   ① 기술의 기여도
   ② 기술의 경제적 수명
   ③ 기술의 유효기간
   ④ 기술의 내용연수

8. 기술(IP)가치평가 과정의 핵심변수인 할인율은 실무적으로 WACC(가중평균자본비용)을 기반으로 산출한다. 다음 중 할인율에 대한 설명으로 적절하지 않은 것은? ( )
   ① 일반적으로 자기자본비용이 타인자본비용보다 크다.
   ② 소규모 창업기업의 경우 상대적으로 위험율이 높기 때문에 높은 할인율을 적용한다.
   ③ 할인율은 수익접근법에서는 핵심변수로 활용되지만, 로열티공제법에서는 활용하지 않는다.
   ④ 할인율은 미래의 현금흐름을 현재가치로 환산할 때 사용되는 환원율을 의미한다.

9. 다음은 기술가치평가 과정에서 어떤 변수를 추정하기 위한 방법인가? ( )

시장점유율 추정방법, GNP탄성치 추정방법, 최소자승 추정법, 실무편법 추정법

   ① 기술의 수명주기
   ② 기업의 경쟁력
   ③ 매출액
   ④ 산업기술요소

10. (　　)는 기술 도입 또는 사용에 따른 경제적 이익(순현금흐름의 증가분)의 창출에 기여한 유 · 무형자산 중 기술무형자산(또는 기술요소)이 이익창출에 공헌한 상대적 비중을 의미한다.

정·답·및·해·설

1. ×
대출상품에 TCB 평가서 활용여부는 은행에서 자율적으로 판단한다.

2. ×
TCB평가 적용 여부는 은행에서 자율적으로 판단한다.

3. ②
신용등급이 기술신용등급보다 높다는 것은 기술등급 수준이 상대적으로 낮다는 것을 의미한다.

4. ②
기술가치평가 수수료는 5백만원 내외로, 1백만원 내외의 TCB 평가수수료보다 높다.

5. 평가요인 분석
평가요인 분석은 기술가치평가의 필수적인 과정으로 기술가치를 산출하는 데 필요한 각종 핵심정보를 추정하고 결정하는 데 필요하며, 일반적으로 기술성, 권리성, 시장성, 사업성 등 4개 분야를 분석한다.

6. ①
실무적으로 수익접근법과 로열티공제법이 가장 많이 활용되고 있다.

7. ②
기술의 경제적 수명은 어떤 기술자산을 이용함으로써 이익이 산출되는 기간을 뜻하며, 기술자산을 이용함으로써 더 이상 이익이 발생되지 않게 되는 시점까지의 기간을 의미하기도 한다.

8. ③
로열티공제법에서도 미래 로열티수입을 현재가치로 환산하는데 할인율이 활용된다.

9. ③

매출액을 추정하는 방법으로 시장점유율 추정방법, GNP탄성치 추정방법, 최소자승 추정법, 실무편법 추정법 등이 있다.

10. 기술기여도

기술기여도는 영업주체가 창출한 수익에서 기술원천이 기여하는 정도를 나타내는 것으로, 기술 도입 또는 사용에 따른 경제적 이익의 창출에 기여한 유 · 무형자산 중 기술무형자산이 공헌한 상대적 비중을 의미한다.

제2편

기술금융 실무사례

제2장 기술금융 해외 제도 및 국내 발전 방향

학습목표

1. 해외 기술금융 지원제도의 도입 배경과 주요 프로그램을 이해하고 각 국가별 특성을 이해할 수 있다.
2. 미국, 유럽연합, 일본의 기술금융 주요 제도를 국내 기술금융제도와 비교하여 이해할 수 있다.
3. 국내 기술금융 현황을 분석하고 주요특징과 개선사항을 점검해본다.
4. 기술금융 관련 이슈를 점검하고 향후 발전 방향을 모색해본다.

학습개요

상대적으로 자본이 풍부하고 시장이 발달한 미국은 세계의 여타 경제권역이 기술금융제도를 설립하고 추진하는 준거점(Benchmark)이 되는 국가이다. 이렇게 여타 경제권역의 국가들에 미국이 자주 준거점으로 거론하는 이유는 자본시장과 고위험 수익을 추구할 수 있는 고도의 역량을 갖추었다고 판단되는 민간부문이 상대적으로 발달하였기 때문이다. 유럽은 기술평가를 활용한 기술금융제도가 활성화 되어 있는데 이것은 기술평가를 중요 정책 이슈 중의 하나로 인식하고 있기 때문이다. EU의 기술가치평가기관은 주로 기술사업화 목적의 기술가치평가가 많은 것으로 파악된다. 이러한 정책은 기술혁신에 의한 경쟁력 제고에 대한 범 EU차원의 인식에 기인하며, 리스본 전략(Lisbon Strategy)의 채택으로 이어졌으며, 동 전략 하에 다양한 기술혁신지원 프로젝트가 진행 중에 있다. 따라서 본 장에서는 미국과 유럽의 기술금융 지원프로그램을 비교적 자세히 알아보고, 이외에도 케나다 및 일본의 기술금융 주요제도를 살펴보고자 한다. 또한 국내 기술금융 지원 현황 및 발전방향에 대하여 알아보고, 기술보호를 위한 관련 제도들에 대해 파악해 보고자 한다.

주요 용어

1. SBIR

미국의 대표적인 정부 주도 기술금융인 SBIR(Small Business Innovation Research) 프로그램은 신기술을 개발하는 중소기업 자금 지원 프로그램으로, 1982년 「중소기업 혁신연구법」에 근거하여 제정되었다.

2. SBIC(중소기업투자회사)

미국의 중소기업투자회사(SBIC: Small Business Investment Corporation)는 창업 및 성장 단계의 중소기업들이 필요로 하는 자금의 수급 불균형을 보완하기 위하여 1958년 미국 의회에 의해 제정된 「Small Business Investment Act(Recovery Act)」를 그 근거법으로 삼고 있다.

3. 리스본 전략

유럽의 '리스본 전략'은 지식기반 사회의 도래, IT의 급속한 발전 속에서 유럽 사회 전반을 혁신적으로 개조하기 위하여 채택된 중장기 발전 전략이라 할 수 있다. 그중 중소기업 정책은 크게 '다년간 중소기업 지원 프로그램(MAP)'과 '유럽 소기업 헌장(European Charter for Small Enterprises)'으로 나눌 수 있다. 세부 정책 수단은 이전과 크게 차이가 없으나 정책목표가 '고용창출'에서 '혁신(innovation)'으로 전환된 것이 중요한 차이점이라 할 수 있다.

01 기술금융 해외 제도[7)8)]

1. 미국의 기술금융제도

상대적으로 자본이 풍부하고 시장이 발달한 미국은 세계의 여타 경제권역이 기술금융제도를 설립하고 추진하는 데 준거점(Benchmark)이 되는 국가이다. 실제로 EU의 경우 경쟁력의 제고를 언급하면서 공개적, 공식적으로 미국 대비 뒤처진 경쟁력의 회복이라는 문장을 자주 사용하고 있다.

이렇게 여타 경제권역의 국가들에 미국이 자주 준거점으로 거론되는 이유는 자본시장과 고위험 수익을 추구할 수 있는 고도의 역량을 갖추었다고 판단되는 민간 부문이 상대적으로 발달하였기 때문이다.

미국은 벤처캐피탈(VC) 등 시장 참가자들의 개별적 역량에 주로 의존하고, 정부는 시장참가자들의 이

7) '기술평가 시장 현황분석 및 활성화 방안' 지식경제부 · KIAT · 기보(2011)

8) '주요국의 기술혁신지원제도 비교분석 연구 -기술금융시스템을 중심으로-, 안병민 외, 한국과학기술기획평가원(2011)

해가 공공선(public benefit)과 함께 자발적으로 상생할 정도의 인센티브를 제공하지는 못하고 있다. 다만 국가의 중장기 경쟁력 제고 입장에서 반드시 필요하다고 판단하는 전략산업의 영역에만 집중하는 성향이 있다.

또한 이러한 전략산업의 지원도 자금의 공여라는 부분에 국한하여 정부가 역할을 담당하고 해당 사업 또는 프로젝트의 평가와 공적 자금의 집행은 민간이 주도하는 방식을 주로 채택하고 있다. 정부가 전략적으로 중요하다고 판단하는 기술 부문에 VC가 투자할 경우 투자의 일부분을 모태펀드로서 직접 지원한다든지 부분적으로 투자보험을 공여하여 위험을 완화해준다든지 하는 사례가 좋은 예이다. 그러한 메커니즘은 유럽 및 우리나라에서도 시장친화적 경제 운용의 틀 안에서 벤치마킹하고 있다.

다만, 산·학·연 또는 중소기업이 주가 되는 중소기업 및 대기업 간의 협력을 촉진하기 위하여 또는 공공 부문이 보유하고 있는 기술을 민간에 이전하기 위하여, 그리고 미국 VC들조차도 어려워할 수 있는 초기 신생기술기업에 대한 자금 지원 등에 있어서는 몇 가지 프로그램을 정부가 직접 주관하고 있다.

미국 중소기업청(Small Business Administration, 이하 SBA)의 설립과 기능을 규정하는 「중소기업법(Small Business Act)」은 미국경제에서의 자유경쟁을 통한 경제적 복지와 국가의 안전을 강조하고, 그러한 안전과 복지는 중소기업의 실질적이고 잠재적인 능력이 개발되고 장려되지 않고는 실현될 수 없다고 규정하고 있다. 이에 따라 SBA에 상무부 및 관련 부처와의 협력을 통해 중소기업의 능력을 향상시키기 위해 지원해야 하는 기능이 부여되어 있다.

기술혁신을 지원하기 위한 연방정부 차원의 다양한 제도는 중소기업을 지원하기 위한 SBA 정책의 일부로서 구체화되어 시행되고 있다. 다른 연방정부기관들은 별도의 중소기업지원 프로그램을 독자적으로 가지고 있기 보다는, 각자의 정책수행 과정에서 중소기업에 대한 지원 및 배려를 확대하기 위하여 중소기업지원실을 두고 관련 정책을 수행하되 SBA와 협의를 통해 진행하고 있다. 따라서 중소기업 지원정책이 복잡하다거나 중복적이지 않고 비교적 간단하다고 볼 수 있다.

SBA의 지원정책은 크게 금융지원, 창업·경영지원, 정부구매지원, 재난복구지원 등으로 구분되며 이 중에서 가장 중요시되고 가장 많은 자원이 투입되는 분야는 금융지원 프로그램이다. SBA의 금융 지원은 직접대출과 간접대출, 보증대출로 구성되는데 대부분의 경우 보증대출형태의 지원이 이루어지고 있으며 민간의 대출금융기관을 통해 대출이 시행된다. 1980년대 SBIR(Small Business Innovation Research)이 도입되면서 SBA의 직접대출은 줄어들고 그 대신 보증대출이 크게 증가하였다. 보증대출의 확대에 따라 SBA의 정책금융 지원업무는 직접 혹은 간접대출을 통한 융자자금제공의 역할로부터 대출금융기관의 보증대출에 대한 감독 · 평가 중심으로 변화되었다.

SBIC(Small Business Investment Corporation) 프로그램과 같이 창업 벤처기업의 자금조달을 용이하게 하는 프로그램에서는 투자회사의 회사채 발행보증을 통한 투자자금 조달을 지원하는 것뿐만 아니라, 정부가 직접 위험을 분담하고 이익배분에 참여(최근 재원 부족으로 중단)함으로써 시장실패의 보완을 통해 창업투자 활성화를 유도하는 것까지 포함되기도 했다.

1-1 SBIR(Small Business Innovation Research)

미국의 대표적인 정부 주도 기술금융인 SBIR 프로그램은 신기술을 개발하는 중소기업 자금 지원 프로그램으로, 1982년 「중소기업 혁신연구법」에 근거하여 제정되었다.

미국 중기청이 중심이 되고 국방·교육·에너지·교통 등 10개 정부기관이 참여하며, 각 부서 연구개발비 예산의 2.5%를 중소기업 신기술개발과 상품에 할애하도록 공조(policy coordination)하는 것을 그 핵심으로 하고 있다.

주요 지원 대상 기업은 미국인 소유의 종업원 500명 이하 기업으로 중소기업 자격, 기술혁신 정도, 기술적 가치, 장래 상품화 가능성 등을 기준으로 결정한다. SBIR 프로그램은 첨단기술 중소기업의 발전 단계를 3단계로 구분하여 자금을 지원하는데, 창업 단계와 잠재적 상업화 단계까지만 지원하고 상업화 단계 이후부터는 지원되지 않는 체제로 운영되고 있다.

제1단계는 선정된 기술 또는 아이디어의 가치와 사업성을 검토하는 단계로, 1년 이내 최고 15만 달러까지 지원한다. 제2단계는 제1단계에서 선정된 기술 중 장래성이 있는 기술에 대하여 구체적인 시제품을 제작하여 상품성을 시험 및 평가하는 단계로, 2년 이내에 최고 100만 달러까지 지원한다. 제3단계는 신기술이 상품화되는 단계로, 이 단계에서는 VC 등 민간부문으로부터 자금을 조달할 수 있도록 도와주고 직접적인 자금 지원은 하지 않는다.

1-2 SBIC(Small Business Investment Corporation)

SBIC(중소기업투자회사)는 창업 및 성장 단계의 중소기업들이 필요로 하는 자금의 수급 불균형을 보완하기 위하여 1958년 미국 의회에 의해 제정된 「Small Business Investment Act(Recovery Act)」를 그 근거법으로 삼고 있다.

SBIC 프로그램은 소규모 혁신기업들의 초기 창업 및 성장 단계에서의 자본 수요와 전통 자본시장에서의 공급 사이에 큰 간극이 있다는 점에 주목하고 이를 메워주는 역할을 위해 설립된 공공 금융 프로그램이다. 주로 신기술을 보유하고 있는 중소기업에 대한 투자와 장기융자를 목적으로 하고 있으며, 벤처캐피탈이 활성화되기 전에는 중소기업의 주요 자금원 역할을 수행한다. Apple, Federal Express, SunMicrosystems, AOL, Intel 등 많은 첨단혁신 기업들이 신생기업일 때 SBIC의 초기 투자를 받아 성장하였다.

SBIC 프로그램은 SBA에 의해 관리되는 기술금융에 대한 정부·민간 파트너십으로, SBA는 중소기업에 직접 투자하지 않고 SBIC에 투자하고 투자 포트폴리오만 간접적으로 관리하기 때문에 SBIC 프로그램은 '펀드의 펀드'라 할 수 있다. SBA는 이 프로그램을 통해 특정 산업에 전문적인 투자 경험이 있는 유자격 투자관리회사를 선정하고 이들 회사(SBIC)에 정부 지불보증 형태의 투자를 하여 간접적으로 소기업에 투자하는 형태로 운영한다.

2. 유럽의 기술금융제도

유럽은 기술평가를 활용한 기술금융제도가 활성화되어 있는데, 기술평가를 중요 정책 이슈 중의 하나로 인식하고 있기 때문이다. EU의 기술가치평가기관은 주로 기술사업화 목적의 기술가치평가를 많이 수행하며, 이러한 정책은 기술혁신에 의한 경쟁력 제고라는 범 EU 차원의 인식에 기인한다. 리스본 전략(Lisbon Strategy)은 이와 관련하여 채택되었으며, 동 전략하에 다양한 기술혁신 지원 프로젝트가 진행되고 있다.

리스본 전략은 지식기반 사회의 도래, IT의 급속한 발전 속에서 유럽 사회 전반을 혁신적으로 개조하기 위하여 채택된 중장기 발전 전략이라 할 수 있다. 그중 중소기업 정책은 크게 '다년간 중소기업 지원 프로그램(MAP)'과 '유럽 소기업 헌장(European Charter for small Enterprises)'으로 나뉜다. 세부 정책 수단은 이전과 크게 차이가 없으나, 정책목표가 '고용창출'에서 '혁신(innovation)'으로 전환된 것이 중요한 차이점이라 할 수 있다.

리스본 전략을 채택하게 된 데에는 기존의 중소기업 정책 시행에도 불구하고 미국과의 경제격차가 확대되고, 국제사회에서 EU의 위상이 위축된다는 우려가 확산되고 있다는 점이 배경으로 작용했다. 리스본 전략은 2000년 3월 EU 15개국이 합의한 장기적인 발전 전략이며, 경쟁력 있는 지식 및 기술기반경제를 구현하여 2010년까지 미국과의 경제격차를 만회코자 수립되어 현재까지 범 유럽적으로 사용되고 있다.

또한 유럽은 1980년대 공동체 차원의 중소기업 지원정책을 시작하면서 1983년, 1986년 중소기업 육성을 위한 행동계획을 발표한 역사를 가지고 있다. 그러나 공동체 차원의 공동지원이라는 형태의 분위기가 조성되지 않으면서 각국별 중소기업에 대한 통일된 정의조차 마련되지 않고, 정책목표가 지나치게 협소하며, 산만한 정책을 구성했던 경험을 안고 있다.

1990년대에 들어서면서부터는 명확한 정책목표, 정책 투명성 개선에 주안점을 두면서 그러한 분위기가 새로운 국면을 맞게 되었다. 이에 따라 중소기업 육성을 통한 고용 증대를 핵심 목표로 설정하게 되면서, 각국별 행정 및 규제 환경을 간소화하고자 노력하며 금융환경 개선, R&D를 통한 경쟁력 강화와 함께 기업가 정신 장려 등이 세부 정책목표로 설정되었다. 이러한 목표는 향후 중소기업 정책에서도 계속 유지된다.

2-1 EU의 다년간 중소기업 지원 프로그램(MAP)

가. MAP의 개요

리스본 전략의 중소기업 정책 중 하나인 다년간 중소기업 지원 프로그램(MAP: Multi Annual Programme for Enterprise and Entrepreneurship)은 EU의 중장기 발전 전략인 리스본 전략(2000년), 新리스본 전략(2005년)의 중소기업 핵심 정책이다. 혁신을 통한 중소기업 경쟁력 확보를 목표로 하며, 특히 금융환경 개선을 최우선 정책 수단으로 제시하고 있다.

고용 확대를 최우선으로 했던 1999년부터 2002년까지의 MAP 성과는 2년간의 단기 프로그램이었기에 효과를 보기 어려웠다 할 수 있다. 그 후 '혁신'을 최우선 목표로 설정하면서 혁신을 통한 중소기업의 경쟁력 확보가 고용창출로 이어지게 한다는 내용을 기반으로 하였고, 기타 주요 사업 내용은 이전과 유사하다. 2001년부터 2005년까지 대상 국가는 EU 15개국에서 EU 25개국으로 확대되었다. 그 후 2007년부터 2013년까지 MAP의 평가를 바탕으로 주요 사업을 연장 시행하였다.

MAP의 각 목표 중에서는 금융환경 개선을 위한 지원이 가장 큰 비중을 차지하고 있지만, 세부 사업 수로 비교해보면 정치적인 이유 등 다른 목적하에서 집행된 사업의 수가 월등히 많다.

나. MAP의 다단계 전략 추구 이유

MAP의 금융 수단은 역선택 및 도덕적 해이의 최소화와 함께 시장왜곡의 최소화를 원칙으로 삼고 있다. MAP가 다단계 전략을 추구하는 이유는 다음과 같다.

① 정책 집행 대상이 되는 개별 중소기업의 도덕적 해이를 방지하고자 함이다.

② 각 부문의 전문성 향상을 유도하고자 노력한다.

③ 부분보증을 통해 위험을 분산시키고자 한다. 즉, 유럽투자기금이 50%의 손실을 부담하고, 나머지 부분에 대해서는 민간 보증기구가 그 책임을 다하고 있다.

④ 레버리지효과를 극대화함에 있다.

다. MAP의 금융 지원 수단

MAP의 주요 금융 지원 수단에는 네 가지가 있는데, 그 내용은 다음과 같다.

① 기술창업지원기구(ETF-SU): 중소기업에 투자하는 벤처캐피탈에 위험자본을 제공하며, 창업 단계의 중소기업에 자금 공급을 증대시켜주고 있다.

② 중소기업보증기금(SMEG): 중소기업에 대한 자금 공급을 늘리기 위해, 중소기업에 대출하는 금융기관에 대해 상호보증·재보증·직접보증을 제공하고 있다.

③ 시드캐피탈액션(SCA): 유럽 내 후진국의 중소기업 전문 금융기관 창업을 지원하기 위해 선진국의 투자 전문가를 고용할 경우, 이에 대해 제반 비용을 보조하는 사업이다.

④ 조인트유럽벤처(JEV): 유럽지역 내 각각 다른 나라에 존재하는 중소기업 2개 이상을 결합하여 창업할 경우 파트너십에 대해 지원해주는 역할을 담당하고 있다.

2-2 EU의 유럽투자기금(EIF)

유럽투자기금(EIF: European Investment Fund)은 성장 잠재력이 있고 혁신적인 신기술 집약적 중소기업을 지원하는 데 그 목적을 두고 있다. 또한, 보증을 제공하면서 중소기업 투자의 위험성을 감소시키며, 금융기관의 자기자본 수익률을 향상시켜 중소기업에 대한 자금제공 여력을 증대시키고자 한다. 신용도가 높은 EIF의 보증을 통해 금융기관의 위험자산에 대한 자본금을 확보하여 비용을 감소시킨다는 목적도 가지고 있다.

보증사업의 규모는 신용보증, 신용보험, 구조화투자기금이 자체적으로 위험을 부담하는 방식과 EU로부터 위임을 받아 보증을 제공하는 방식으로 나누어진다. 특히, EU가 위임하는 중소기업에 대한 재보증은 EU 역내의 우수한 영업력과 경영능력을 보유한 금융기관을 선택하여 보증 금융기관을 결정하고 있다. 보증비율은 해당 프로그램의 효과를 극대화하고 위험을 극소화하는 차원에서 각 포트폴리오에 따라 개별적으로 결정되는데, 금융기관의 신용위험 노출액 대비 최대 50%를 그 원칙으로 하고 있다. 기본적으로 보증수수료 없이 보증을 제공하고 있으며, 사전 협의된 경우에는 사용되고 있지 않은 보증금액에 대해 일정액의 수수료를 부과하는 형식이다.

EIF의 역할은 중소기업 대출을 담당하는 금융기관의 신용위험을 자본시장의 위험선호 투자자에게 이전시켜 중소기업이 원활하게 자금을 조달할 수 있도록 지원하는 것이다. 이러한 위험이전을 통해 금융기관이 BIS 자기자본비율을 맞추기 위해 필요한 자본 준비금을 경감시키고 유동성이 부족한 유통시장에서 유동성을 공급하는 촉매제로 작용하므로, 시장의 유동성 개선과 민간 투자자의 참여를 유도한다는 역할을 해내고 있다. 그리고 제한된 보증금액으로 대규모의 중소기업 대출 포트폴리오의 위험을 자금시장으로 이전시키기 때문에 제한된 자본을 통한 레버리지효과도 가져온다.

EIF의 지원 형태는 대부분 은행, 임대회사, 보증기관, 상호적인 보증기금 및 특수목적기구들 등 광범위하게 제공되는 포트폴리오 보증 형태이다. 50% 범위 안에서 보증의 범위를 정하며, 민간 보증기관과 위험을 분산시키고자 하고 있다. 상대 보증기관의 포트폴리오 보증에 대해서는 재보증을 제공하지만, 개별 프로젝트나 개별 기업에 대한 직접적인 보증의 경우에는 제공하지 않는다.

2-3 독일

독일은 유럽 내에서 기술경쟁력이 가장 높은 국가이지만, 기술평가나 민간 벤처캐피탈이 크게 활성화된 것은 아니다. 이러한 상황에 대하여 정부는 민간의 역량에 주로 의지하되, 민간이 수행할 수 없거나 어려운 부분만을 정부가 간접적으로 지원하겠다는 시장 기능 보완 역할을 강조하고 있다.

따라서 기술평가를 통해서 기술금융을 제공하기보다는 자금의 지원을 통해 위험성 있는 기술사업화 프로젝트 등을 지원한다. 그 과정에서 당연히 담보력보다는 미래현금흐름을 기반으로 평가를 하는 단계를 거치는데, 이것이 마치 기술평가인 것 같은 착시를 불러일으키는 것이다.

독일의 기술평가는 기술의 사업성 평가보다는 프라운호퍼 등 연구소 연합 등에 의해 수행되는 기술 또는 기술개발 프로젝트의 당위성, 타당성 등에 대한 평가와 그렇게 개발된 기술들을 이전하기 위한 기술평가(technology assessment)를 의미한다.

가. 독일의 기술금융

독일의 기술금융은 부흥금융공사(KfW: Kreditanstalt für Wiederaufbau)와 주거래은행(Hausbank) 간의 역할분담을 통해 시장친화적인 중소기업 정책금융시스템을 구축하고 있다. 독일 정부의 초기 단계 벤처투자 지원정책은 ERP(과거의 BTU) 프로그램으로 실행되고 있다. 초기 단계 벤처기업에 대한 투자 지원을 목적으로 하는 ERP 프로그램은 전체 벤처창업 투자 건의 75%에 공동투자 방식으로 참여함으로써 벤처창업 활성화에 크게 기여하고 있다. 독일 정부와 EU집행위원회는 2004년 2월, 운용자산 5억 유로 규모의 초기 단계 벤처투자 모태펀드인 ERP 프로그램을 출범시켜 독일에서의 벤처투자 지원에 사용하기로 하고 동년 11월에 사업을 시작하였다.

원래 1947년 마샬플랜의 전후복구 프로그램인 유럽복구 프로그램(ERP)의 특수기금에서 유래되어, 1950년대와 1960년대에는 전후복구를 위한 주택·도로·통신 등 사회 인프라 건설을 위한 정부기금으로 사용되다가 1960년대 이후 중소기업 지원기금으로 사용되고 있다.

나. 독일의 재보증제도

독일의 재보증제도는 연방정부 및 비정부가 보증은행(민간 보증회사)의 중소기업 대출을 재보증하는 제도이다. 중소기업 지원을 위한 금융정책의 자금은 중소·벤처기업 지원정책기금인 ERP 기금에서 조달되며, 이러한 기금 운용은 부흥금융공사(KfW)가 핵심적 역할을 담당하고 있다. 이 제도는 16개 주의 24개 시중은행에서 운영되며, 평균 보증 기간은 10년, 최장 보증 기간은 15년으로 하고 있다.

보증은행은 중소기업과 창업기업의 대출에 대해 최대 80%까지 보증하고, 보증은행의 보증에 대해 연방정부가 39%, 주정부가 26%를 각각 재보증하는 방식을 취하고 있다. 참여 금융기관으로는 은행, 저축은행, 보험회사, 금고와 같은 일반대출기관 외에도 부흥금융공사(KfW), 독일조정은행(Deutschen Ausgleichsbank) 등 특수금융기관이 있다. 이는 일본을 비롯한 여러 나라 보증제도의 원류로, EU 국가 중에서 가장 모범적인 제도로 평가받고 있다.

다. KfW

1948년 독일에서 설립된 진흥은행(promotional bank)인 KfW는 연방정부가 80%, 연방 주정부가 20%의 지분을 소유하고 있다. 「KfW 법률(Law concerning the KfW)」에 의해 규제를 받으며, 기타 독일 「은행법」에서 규정하고 있는 세금이나 의무조항은 면제받고 있다.

독일 KfW는 5개의 브랜드로 구성된 은행그룹으로 주된 브랜드는 KfW 부흥은행이고, 중소기업금융은 KfW 중소기업은행이 담당하고 있다. KfW 중소기업은행은 독일 연방정부의 중소기업금융 지원을 담당하고 있어 중소기업 정책금융 지원체계의 한 축을 형성하고 있다.

독일의 중소기업 정책금융 지원체계는 ① KfW 간접 지원, ② 연방 및 주정부의 보증은행에 대한 보증, ③ 주정부 정책금융기관의 지원 등 세 가지로 크게 구분할 수 있다. 독일 내 경제 진흥과 개발도상국 경제 원조 등의 업무를 수행하고, 특히 채권(은행채) 발행을 통해 소요자금을 조달하며 독일연방정부가 100% 지급보증을 해주고 있다(AAA등급, BIS 위험가중치도 0%).

중소기업은행(KfW Mittelstandsbank)을 비롯한 독일 KfW의 모든 부서는 모든 사업부의 업무에서 기업과 가계 등 수혜자를 직접 상대하지 않으며, 은행과 벤처캐피탈 등 민간 금융기관들이 정책자금 공급 여부를 심사·선별한다. 독일 은행들은 우리나라의 경우와 달리, 정책금융 제공 여부를 결정할 때 재무제표와 같은 객관적인 데이터(hard data)뿐 아니라 미래 사업성 평가(기술가치평가 포함)와 같은 주관적인 데이터(soft data)도 반영하고 있다.

과거에는 KfW가 온렌딩(on-lending)을 시행한 후 지원 대상 기업과 관계없이 온렌딩 기관의 대출이자율 상한을 '1% margin'으로 규제하였다. 이러한 시스템하에서 은행은 신용등급이 우수하고 담보가 충분한 우량 중소기업들을 대출 대상으로 선택할 수밖에 없었다.

온렌딩 방식이란 KfW 중소기업은행이 정책자금을 중소기업에 직접 지원하지 않고, 주거래 은행에 해당하는 전대은행(on-lending Bank) 혹은 벤처캐피탈 등 중간 단계를 거쳐 중소기업에 지원하는 방식을 말한다.

KfW가 지원 대상 중소기업에 대한 기준설정과 자금집행 관리·감독 등을 맡고, 전대은행이 지원업체 선정, 신용평가, 대출 실행, 자금회수 등을 담당한다. KfW는 설립 당시는 직접대출을 고려하였다. 그러나 조밀한 금융기관의 점포망, 지방자치단체의 독자적인 중소기업금융 지원정책 등으로 온렌딩 방식을 채택하였다.

KfW는 중소기업에 적용할 정책금리를 다음과 같이 3단계로 나누어 결정한다.

① 1단계: 전대은행은 자신의 시스템으로 차주의 신용등급을 평가하고, 이를 KfW의 신용도 카테고리에 매칭하여 결정한다.

② 2단계: 전대은행은 자신의 담보평가 시스템으로 차주의 담보력을 평가하고, 이를 KfW의 담보력 카테고리에 매칭한다.

③ 3단계: 차주의 신용등급 및 담보 카테고리는 중소기업에 적용될 KfW의 금리카테고리를 보고 결정한다.

KfW는 정책목적에 따라 위험 분담 비율을 조절하는데, 최근에는 KfW가 위험을 분담하는 비율이 상향조정되는 추세이다. 또한 온렌딩 대출기관이 지원 대상 기업의 신용위험에 따라 대출이자율 상한을 변화시킬 수 있도록 허용하는 '위험조정가격시스템(RAP: Risk-adjusted price-system)'을 적용하고 있다. 이는 신용등급이 낮은 중소기업에도 대출을 할 인센티브를 유발하는 효과가 있다.

2-4 영국

영국은 세계에서 기업이 성장·창업하기 가장 좋은 환경을 만들기 위해 많은 노력을 기울이는 것처럼 표방하고 있으나, 정책금융을 통한 기업 지원제도는 한정적이라 할 수 있다. 영국 정부는 내부 조치 이외에 외부 조치로 유럽투자은행(EIB) 대출자금을 충분히 활용하여 중소기업의 유동성 확보에 도움을 줄 계획을 갖고 있다.

정부는 EIB가 2008~2011년 영국 중소기업 대출을 위해 공급한 40억 파운드 중 이미 10억 파운드를 상업은행에 전달했는데, 이들 은행이 적절한 금리로 대출하고 있는지 여부를 면밀히 조사할 방침이다.

중장기적으로는 EU 회원국들과 협력하여 EIB가 지역 내 중소기업 대출은 물론, 저탄소경제를 위한 인프라 구축에 보다 많은 자금을 신속하게 제공하고 보다 많은 위험을 감내할 수 있도록 장려하는 환경을 구축할 계획이다.

무역산업성(DTI)의 기업 지원 제도를 통해 이뤄지는 중소기업 지원 보조금과 DTI의 감독하에 있는 SBS(Small Business Service)가 중소기업의 융자 보증을 지원하는 정도를 보여주고 있다.

영국의 중소기업기술금융 중 대표적인 것으로 스마트(SMART: Small firm Merit Award for Research and Technology) 프로그램을 들 수 있다. 영국 무역산업부가 추진하는 중소기업 기술혁신 지원 프로그램으로 다양한 성격과 다양한 규모의 중소기업 기술혁신 프로젝트를 지원하며 전 주기 영역의 기술혁신을 지원한다.

영국 정부는 중소기업이 단기 현금흐름을 유지하는 데 금융회사에 대한 의존도가 높다는 점을 중시해 다음과 같은 정책을 추진하였다.

먼저, 10억 파운드 규모의 '중소기업금융제도(Small Business Finance Scheme)'를 2009년 초부터 한시적으로 운영하였다. 상업은행이 중소기업의 운전자금과 투자 수요에 대한 대출을 신속하게 하도록 지역 개발청(RDA)을 중심으로 대출을 보증하는 제도이다. 2008년 12월 말 종료되는 '고정률수출금융제도(Fixed Rate Export Finance Scheme)'를 1년 연장한 것이다.

그리고 기존 메자닌 펀드와 기업자본기금 및 RDA로부터 자금을 출연받아 총 5,000만 파운드 규모의 자본을 조성, 차입이 과도한 중소기업의 '지분(equity)'과 '유사지분(quasi-equity)'을 매입하였다. 재정적 어려움에 직면한 중소기업을 지원하기 위해 웨스트 미들랜드 지역 개발진흥원(AWM)이 2008년 11월에 조성한 '이행대출기금(Transition Loan Fund)'과 유사한 기금을 조성하였다.

또한 중소기업 대출정보와 자문을 제공하는 포털사이트를 2009년 초에 구축하였다.

2-5 프랑스

프랑스의 보증은 민간 기관인 상호보증회사(SCM)와 정부기관에 의해 이루어져왔다. 현재는 통합 OSEO 체제하에서 운영되고 있는 중소기업보증회사(SOFARIS)의 2개 기관에 의한 이원화 구조로 구성되어 보증을 지원하는 방식이 있다.

그중에서도 과거 중소기업보증회사(SOFARIS)의 모기관으로 설립된 중소기업개발은행(BDPME: Banque du Development des Petites et Moyennes Enterprises)이 핵심적인 역할을 담당하고 있다. 중소기업개발은행이 전체 자본금 43.4%를 출자하고 금융기관들이 47%, 중소기업은행(CEPME)이 9.6%를 출자하였다.

기업창업대출(PCE: Prêt à la crèation d'entreprise)은 특히 소규모 프로젝트(45,000유

로 이하)로 사업을 시작하는 신규 사업가들의 창업을 지원하고 있다.

중소기업들은 전략적인 산업 연구개발 프로젝트에 중기적 지원을 제공하는 산업경쟁력기금(Industry Competitiveness Fund)의 지원도 받을 수 있다. 또한 1983년 중소기업에 자금을 공급할 목적으로 만들어진 프랑스의 비과세 예금은 민간 은행에서 모은 계좌로 중소기업을 위한 융자로만 활용할 수 있다. 지원 대상 기업은 연간 매출액이 7,620만 유로 이하의 기업이며 설비투자액의 70%까지 지원해준다.

2-6 핀란드

1999년 중소기업 전용 정책금융기관으로 설립된 핀베라 공사(Finnvera plc)와 자국의 R&D 투자 촉진 및 자국 기업의 국제 경쟁력 향상을 목적으로 설립된 기술청(TEKES)이 보증 및 직접융자를 지원하는 프로그램을 운용하고 있다. 이 프로그램에서는 핀베라 공사가 중심적인 역할을 수행하고 있으며, EU 가맹국으로서 유럽투자은행이 핀란드의 중소기업을 위한 정책금융에 관여하고 있다.

TEKES 기술 프로그램은 공동 혁신 활동과 지식 공유를 목적으로 기업과 기타 주체들의 협력 및 발전을 촉진하며 업체·대학·연구기관 및 공공 부문 간에 국제적이면서도 지역적인 기술협력을 장려하고 있다.

기업의 연구기술혁신 지출 비율을 높이고, 지식과 기술의 획득과 기업이전을 위해 만들어진 TEKES 타당성연구자금은 중소기업과 대학 및 연구기관에 연구개발 프로젝트와 새로운 기술기반 사업체를 성공적으로 출범·완성시키는 기회를 창출하는 데 집중하고 있다.

초기종자금융(PreSeed Finance) 프로그램은 혁신집약적 기업의 창업을 장려하고 이들의 생존 및 성장 가능성을 높이는 데 목적을 두고 있다. 상업화 가능성이 있는 사업아이디어를 개발하는 릭사(LIKSA), 초기 투자를 물색하는 민간 투자자와 사업체를 대상으로 업체 프레젠테이션을 비롯해 집중적인 투자 협상을 전개하는 인트로(INTRO), 사업전문가의 노하우를 해당 업체의 주식으로 교환하는 딜리(DILI) 등 세 가지 지원 도구를 통해 초기 단계 기업에 자금을 공급하고 있다.

2-7 스페인

스페인의 중소기업은 총 기업 수의 99.8%에 달하며 전체 고용에서 차지하는 중소기업의 비중은 대략 78%이다. 특히, 마이크로기업(micro enterprises, 피고용자 수 10명 미만의 개인사업자와 기업)이 전체 기업의 94%를 차지한다. 스페인의 중소기업은 여타 유럽 국가들에 비해 규모가 작고, 판매와 대외무역 비중도 낮아 취약한 경쟁력과 일천한 해외사업 경험을 보유하고 있다.

스페인의 금융 부분은 상호보증기관에 의한 중소기업 보증제도가 발달해 있으며, 상호보증협회(SGR)를 통해 대출에 대한 보증 지원을 하고 있다.

유럽 국가 중에서 보증비율 100%로 전부보증을 실시하는 스페인에서는 출자금 또는 중소기업으로부터 얻은 보증료 등을 기초로 보증 지원을 한다. 정부가 출연한 CERSA(재보증회사)는 SGR의 보증에 대해 보증료 없이 보통 30~75% 수준의 재보증을 실시하는데, 위험부담이 높은 기업에 대해서는 재보증을 하지 않고, 3년 이상의 장기 보증만을 지원하고 있는 상태이다. 또한 공식신용기관-중소기업(Official Credit Institude-SME)은 중소기업의 투자 프로젝트에 우대 조건의 금융을 제공하고 있다.

스페인은 은행과 저축은행을 통한 대출 연장이 투자 프로젝트 순비용의 70%를 상한선으로 하며, 이는 유무형의 고정자산 순투자비용에 대해 제공된다. 이러한 보증 지원 이외에 중소기업 대출의 유가증권 전환이 있다. 즉, 중소기업 대출을 유가증권으로 전환하는 것으로 그 진행 방식은 다음과 같다. 먼저, 신용기관이 자신의 대차대조표에서 특수목적 펀드업체(유가증권 전환 펀드 FTP)에 대출을 책정하고, 이렇게 확보된 유동성을 다른 중소기업에 대출로 제공하면, 그 후 펀드업체가 은행 및 저축은행에서 이전된 자산 결제에 필요한 수입을 창출하기 위해 채권을 발행하는 방식이다. 이 외에도 직접적 또는 간접적으로 융자해주는 제도가 있다.

스페인은 금융공고(ICO: Instituto de Crdito Oficial)를 통한 간접융자와 기술혁신회사(ENISA: Empresa Nacional de Innovacin, S.A.)를 통한 직접융자 지원을 실시하고 있다. 스페인은 EU 가맹국이어서 중소기업 정책금융에 EIB가 관여한다. ICO는 중소기업, 지역 개발, 기술혁신 관련 프로젝트에 민간 중개기관을 통해 투자액의 50~80%를 낮은 이자로 간접융자로 지원한다. 이때 자금배분이나 대출결정 등의 중요 사항은 중개 금융기관이 자체적으로 판단하여 결정한다.

ENISA는 리스크는 높지만 성장성이 높은 중소기업의 기술혁신 등에 자본 참가형 직접융자를 실시한다. 자본 참가형 융자 프로그램에는 Linea EBT(주로 기술개발을 실시하는 중소기업에 대한 융자), Linea General(중소기업 전반에 제공되는 융자), Linea PYME(중소기업의 기술개발 이외의 근대화나 업무 혁신 등을 지원하는 융자)로 나누어 실시하고 있다. 이렇게 지원된 대출금리는 낮은 편이지만, 기업의 수익에 따라 대출금리가 변동되는 면이 있다.

2-8 시사점

리스본 전략하에서 중소기업 지원정책의 최종 목표가 '고용'에서 '혁신'으로 전환되었다. EU 중소기업 정책의 가장 중요한 수단은 금융 지원으로 '도덕적 해이'와 '역선택'을 최소화함을 대원칙으로 삼고 있다. 특정 분야에 대한 직접적인 지원을 피하고 민간 투자기관을 지원하되, 그 위험은 공유하려 노력하고 있다.

EU는 중소기업 금융 지원정책을 수행할 때 가능한 한 시장왜곡을 줄이고자 대상 기업의 위험이 시장에서 가격에 적절히 반영될 수 있도록 중소기업 지원정책을 개선하고 있다.

또한, EU는 다단계 방식을 통해 중소기업을 지원함으로써 최종 수혜자인 중소기업이 자신의 대출이 정부로부터 지원받은 것인지를 인지하기 어렵게 만들고 있다. 그리고 다중의 감시체계를 구축하여 재원 활용의 효율성을 높이고 있다.

유럽에서는 중소기업 지원을 위한 구조화되고 다양한 수단을 개발하여 활용하고 있다. 또한, EIC 네트워크를 통해 중소기업이 다양한 정보를 쉽게 얻어 경쟁력 강화에 활용할 수 있다.

유럽 각국은 EU 체제하에서 지원되는 다양한 프로그램을 공동으로 개발하고 운영하는 동시에 자국의 기술경쟁력을 별도로 극대화하려고 시도하고 있다. 기술금융 및 기술평가를 체계화하려는 시도는 다양하게 있었으나, 나라마다 강점이 있는 산업이 다르고 각국의 전문가 간 통일된 모형에 대한 합의를 이루기 어려워 TechRate 등 결과물에 대한 활용은 저조한 것으로 판단된다.

또한 유럽은 전통적으로 전문가의 견해를 존중하는 관습을 가지고 있고, 전문가는 자신의 영역을 침범받고 싶어 하지 않는 경향이 있어 통일된 모형의 개발 및 활용이 어렵다. 그렇지만 TechRate의 개발이나 ENTAS 프로젝트에 참여한 국가들이 결국은 모종의 합의에 이르렀음을 볼 때, 전문가 방식을 따른다 하더라도 상당히 공통된 암묵지 형태의 지표가 이미 전문가들 사이에서는 활용되고 있음을 미루어 짐작할 수 있다.

유럽으로부터 벤치마킹을 할 때에는 각국의 상이점을 살펴보는 것도 중요하지만 범 EU 차원의 다양한 기술금융 프로젝트가 어떻게 운영되고 있는지를 보는 한편, 이것이 경제권역이 아닌 국가 차원에 어떤 벤치마킹의 요소를 주고 있는지를 고찰할 필요가 있다. 특히, EU나 KfW와 같이 정책목표를 우량 중소기업으로 전환함으로써 재정 부담을 줄이고 경쟁력 강화를 통해 고용이 증가되는 선순환 구조 형성이 필요하다.

또한, EIF의 RSSF 프로그램 등 범 EU 차원의 기술금융제도는 모두 VC 또는 투자은행 등 민간의 참여를 적극적으로 유도하는 방향으로 설계되어 있음에 주목할 필요가 있다. 즉, 기술금융의 궁극적 역할은 ① 시장의 기능이 미치지 못하는 부분, ② 시장의 기능을 발휘할 수 있으나 리스크(불확실성)가 높아 외면하는 부분, ③ 국가 전반으로는 중요하나 시장의 이해에는 맞지 않는 부분을 위주로 시장을 보완하거나 적극적인 참여를 유도하도록 인센티브를 설계하고 있다는 점에 주목해야 하겠다.

3. 일본의 기술금융제도

일본은 그 경제 규모에 비해 기술금융 및 기술평가는 부진한 편이다. VC 투자도 활성화되어 있지 않고, 금융기관도 담보대출관행이 여전하다. 제조업이 고도로 발달해 있기 때문에 기업들이 자발적으로 기술혁신 노력을 기울이고 있으며, 정부는 대학교 등의 기초과학연구 및 동 결과물을 기업이 활용할 수 있는 기술로 전환하는 데 주로 보조금을 제공하고 있다.

일본의 기술금융은 1990년대 중반부터 통산성의 주관으로 유망산업을 정한 후 담보평가 시스템을 개발해왔다. 선정된 산업의 기술평가를 위해 일본 공업기술진흥협회에 기술평가 전담기관을 설치하고 일본개발은행, 장기신용은행, 스미토모은행, 오가키 공립은행을 통해 지적재산권(특허권 등) 담보대출을 실시하고 있다. 이처럼 일본의 금융시장은 은행 대출을 중심으로 한 간접금융이 주를 이루고 있다.

일본 정부는 창업 및 기술혁신기업 등을 대상으로 정책투자금융을 운영해오고 있다. 1990년대까지는 융자 비중이 높았으나 2000년대에 들어서면서부터는 신규 사업 분야나 후계자를 찾지 못해 사업승계를 하고자 하는 분야에서 민간 벤처캐피탈과 공동으로 정책투자금융을 운영해오고 있다. 일본의 중소기업에 대한 일반적인 지원은 지역보증재단과 지역보증재단을 재보증하는 국가 차원의 보증기관인 JFC와 국민생활금고에 의해 지속적으로 수행되고 있는데, 의외로 기술금융은 잘 발달되어 있지 않다.

또한 일본 정부는 창업 촉진 정책과 IT 붐에 편승하여 IT·서비스 관련 벤처기업 창업이 증가하면서 국가나 도도부현이 직접 기업에 출자하거나 사채를 인수하는 것이 아니라 법률에 근거해 설립된 기업이나 단체를 통해 자금을 공급하기 시작하였다.

2000년에 일본 정부에서는 지식재산권 분야에서 유동화에 의한 자금을 최초로 조달한 후 지식재산의 유동화를 지원하였다. 이로써 일본에서도 지식재산권의 유동화가 본격적으로 진전되었다. 기술자산을 유동화하거나 특허신탁제도를 운용하면서 지원되는 신용평가와 신용보강은 기술이 사업화될 수 있는 가능성과 사업화될 경우 창출할 수 있는 미래현금흐름을 감안할 수밖에 없으므로 이를 기술평가라고 할 수도 있겠다.

일본의 기술평가기관으로는 통산성 산하 공업기술진흥협회 내에 '기술평가정보센터(CTA: Center of Technology Assessment)'가 있다. 1995년 8월에 설립되어 운영되고 있다. 그리고 통산성과 민간 기관, 회계·변리사무소들이 공동으로 지적재산권연구소 내에 '지적재산권가치평가수법연구회' 등을 설치하여 기술평가 기법을 개발하고 있다. 은행 중에서는 일본개발은행, 제일권업은행, 스미토모은행 등이 자체적으로 또는 전문기관과 제휴하여 기술평가 및 지원을 담당하고 있다.

일본의 기술평가 방식 중에서 벤처투자사는 전문가 평가 방식과 평가지표 활용을 병행하고 있으며, CTA는 전문가 평가 방식 및 위원회 방식을 활용하고 있다. 그리고 일본개발은행은 평가지표를 활용하여 기술평가를 진행하고 있다.

기술평가와 관련하여 기술평가정보센터, 가나가와고도기술지원재단 등이 여러 문헌에서 언급되고는 있으나, 이들의 활동은 실상 그렇게 활발하진 않다.

일본은 R&D 강국이긴 하지만 대부분의 R&D 정부 지원금이 대학 등의 순수 원천기술 또는 요소기술개발 쪽으로 지원되고 있고, 기업에 직접 지원하는 경우는 매우 드물다. 여기에는 크게 다음과 같은 세 가지 이유가 있다. ① 대기업 등이 직접 보유한 자금력이 매우 막강하고, ② 일본 대기업들 자체가 주로 기술경쟁력을 기반으로 성장해온 풍토이기 때문에 기업들 스스로가 필요한 R&D를 자체적으로 수행하고 있으며, ③ 벤처기업 등의 창업에 필요한 기업가 정신이 다소 부족하기 때문인 것으로 판단된다.

일본 대학의 순수기술 등에 있어서는 상당한 결과물이 누적되어 있고 특허도 매우 많다. 그래서 일본의 제도적 지원은 자금보다는 특허신탁이나 기술자산 유동화와 같이 특허의 활용을 용이하게 해주는 메커니즘의 창출에 집중해왔다. 다만, 그 성과는 높지 않은 것으로 파악된다.

일본 내에서도 기술창업 및 벤처창업 등이 활성화되어 있지 않은 사실을 개탄하는 목소리가 높다. 예컨대 언론 등에서는 미래를 위해 기업가 정신을 배양하고 창의력을 활성화해야 하며, 그러려면 기술평가를 통해 미래현금흐름을 평가하여 지원하는 기술금융기관이 있어야 한다는 보도가 자주 된다. 그럼에도 이러한 목소리가 정책에는 좀처럼 반영되지 못하고 있다.

일본은 특허를 활용하여 유동화하거나 특허신탁을 통하여 기술의 현금흐름을 창출하는 등 특허 위주의 기술금융제도를 발전시켰음에 주목할 필요가 있다. 이러한 제도들의 실질적인 성과는 다소 의문시되나, 이러한 제도를 통해 기술을 가진 사람과 기술을 활용할 수 있는 사람 사이에 활발한 이전을 도모했다는 점에서 의의를 찾을 수 있다.

또한 기타 산업재산권 분야의 증권화가 공식 발표된 기준은 아직 없으나, 일본도 세계적으로 통용되는 브랜드나 상표권 등을 가진 기업이 많으므로 향후 그 로열티채권을 담보로 자금을 조달하는 등의 방법이 도입될 가능성이 크다.

02 국내 기술금융의 현황 및 발전 방향

1. 국내 기술금융 현황

담보 및 매출은 부족하더라도 기술력이 있다면 대출한도나 금리에서 우대를 주기위해 2014년 도입된 정부의 기술금융정책은 은행 간의 실적경쟁, 기술평가의 품질 등 여러 우려사항에도 불구하고, 매년 급격하게 증가하여, 2023년말 기준 기술금융대출 잔액 304.5조원, 2023년도 평가건수 30.7만 여건으로 집계되고 있다.(〈그림 II-1〉) 9개의 은행이 기술신용대출 정착 로드맵상 레벨4에 지정될 정도로 은행의 기술평가역량이 강화되었으며, 2021년 한국기술신용평가(주)가 추가로 TCB기관으로 지정되면서 총 6개 기관으로 확대되었다. 2020년에는 「기술금융 가이드라인」을 마련하여, 기술평가에 기반한 기술금융 업무를 수행함에 있어 인프라 요건, 대상 및 업무 절차 등을 표준화하고, 기술평가의 공정성, 객관성 및 신뢰성을 확보하기 위해 관련 기관 및 그 임직원이 준수하여야 할 업무규범과 내・외부 품질관리체계 도입 등에 관한 사항을 규정하였다. 정부와 민간의 투자규모가 확대되면서 한국벤처투자와 성장금융의 벤처투자 규모도 증가세에 있으며, 더불어 기술가치평가 투자펀드에 대한 관심도 높아지고 있다.

〈그림Ⅱ- 1〉 기술금융대출 잔액 및 평가건수 현황

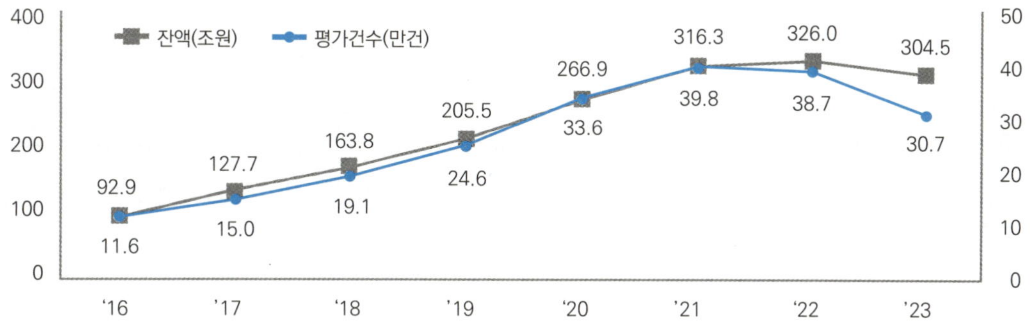

① 기술금융 지원규모

기술금융 대출의 경우, 전체 중기대출 대비 기술금융 비중이 지속적으로 증가하는 등 기술금융이 점차 금융관행으로 정착되는 모습이다. 양적인 성장 이외에도 일반 중소기업대출과 비교하여 금리인하, 한도 확대 등 질적인 면에서도 성숙되어 은행권의 새로운 여신관행으로 정착되는 추세이다.

기술금융 투자의 경우에도 기술금융 펀드의 본격 투자실시 및 은행의 자체 기술금융 투자 확대 노력으로, 기술금융 투자실적이 크게 증가하고 있다. 이는 2017년부터 은행 자체 투자 외에, 계열 증권사 등에서도 기술금융 투자를 실시한 것도 증가요인 중 하나로 분석되고 있다. 이로써 대출 이외에 기술금융 취지에 보다 부합한 투자분야로까지 기술금융의 외연이 지속 확대됨으로써 점차 기술금융이 시장에서 자리를 잡아가고 있음을 보여주고 있다.

② 은행 자체 기술신용평가 역량 개선

은행의 자체 기술금융 실시 수준확대 등과 함께 은행의 기술평가능력이 크게 개선된 것으로 나타나고 있다. 전문인력 확충, 자체 평가모형 고도화 등 은행권의 기술금융 관련 인프라가 구축되고 여신관행으로 점차 정착되고 있다.

③ 기술금융 여신시스템 내재화

향후 「외부 TCB 평가」 → 「은행 자체 평가」 → 「신용·기술평가 일원화」의 과정을 통해 기술금융이 중소기업 여신시스템에 내재화될 수 있는 기반이 마련되어가고 있다.

2. 국내 기술금융 체계도

국내에서 이루어지고 있는 기술금융은 〈그림Ⅱ-1〉와 같이 「기술금융 가이드라인」을 기반으로 기술금융 대상 판단부터 기술신용평가 품질관리체계(사후관리)까지의 체계적으로 운영되고 있다.

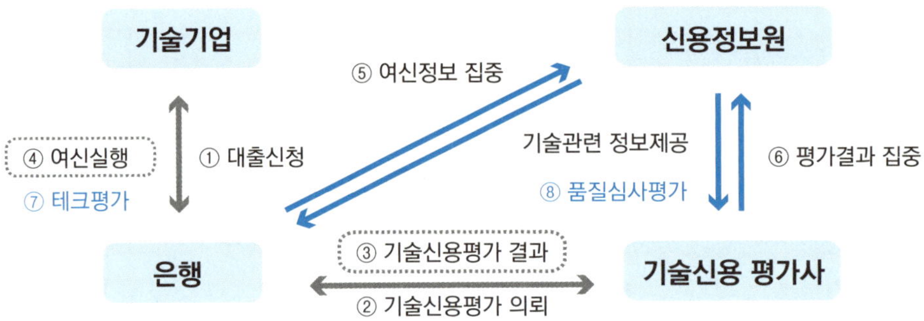

① 기술력을 보유한 기술기업은 은행에 대출 신청

② 기술금융 대상 판단 후, 평가사에 기술신용평가 의뢰

③ 기술신용평가 결과를 은행에 송부

* 기술신용평가사(6개) 및 자체평가은행(10개)에서 표준기술평가모형으로 평가

④ 기술신용평가보고서를 참고하여 여신 실행

* 기술등급 T6등급 이상 평가서를 참고한 여신에 대해 기술금융 실적으로 인정

⑤ 여신 실행 후, 여신정보를 신용정보원에 집중

⑥ 평가 후, 평가결과를 신용정보원에 집중

* 신용정보원은 기술심사 관련 정보(시장현황 등)를 평가사 및 자체평가은행에 제공

⑦ 신용정보원은 반기별로 은행의 기술금융실적을 평가하여 평가 결과를 신·기보 출연금 가감비율에 활용

⑧ 신용정보원은 반기별로 기술신용평가사 및 자체평가은행의 기술평가품질 심사평가

3. 투자 중심으로 기술금융 확대

기술금융은 위험도가 높은 기술기업에 대한 금융공급이므로 궁극적으로 고위험-고수익의 원칙이 작용하는 투자금융을 활성화하는 것이 바람직하다. 따라서 정부는 투자 중심의 기술금융 활성화를 꾀하고 장기적으로 기술금융시장의 인프라 조성을 위해 기술가치평가 투자펀드를 설립하고 규제완화 등을 지속적으로 추진할 예정이다. 이에 투자금융 활성화를 위한 투자형 기술평가모형, 투자금융 확대 방안. 투자회수시장 활성화 등에 대하여 살펴본다.

3-1 투자용 평가모형

기업의 기술력에 기반하여 투자 여부를 판단할 수 있는 전문적인 평가가 없어 엔젤 및 VC의 기업의 기술력에 기반한 투자가 활성화 되지 못한 면이 있어, 기존 TCB 평가모델을 개량하여 엔젤·VC가 기업의 성장가능성을 판단할 수 있는 투자형 TCB 평가모형을 개발하였다. 기존 TCB평가는 예상 부도율 평가에 집중되어 있다면 투자형 TCB평가서는 성장가능성에 주안점을 둔 평가이다.

투자용 기술평가 모형은 기업의 안정성 및 부실위험 예측에 중심을 둔 기존의 은행권 기술신용평가 모형과는 달리 다음과 같은 특징이 있다.

- 기업의 기술력을 기반으로 성장가능성을 예측하여 투자대상 발굴을 지원하는 것에 초점을 두고 있는 바, 기존 기술신용평가 모형에 비해 기업의 성장가능성을 예측하는 기술성, 시장성에 대한 배점을 강화하였다.
- 개발과정에서 벤처캐피탈 등 투자기관이 실제 투자결정에 활용하는 핵심 평가요소를 조

사하여 기술보호성, 성장성, 수익성, 기업가정신, 신뢰성 등 투자 관점의 평가지표를 강조하였다.

- 평가의 정확성을 제고하기 위해 기업을 성장단계별 3간계(사업화 이전 기업, 사업화 이후 기업, 일반기업)로 모형을 분류하였다.

〈그림 Ⅱ-2〉 투자용 기술평가 모형 구조

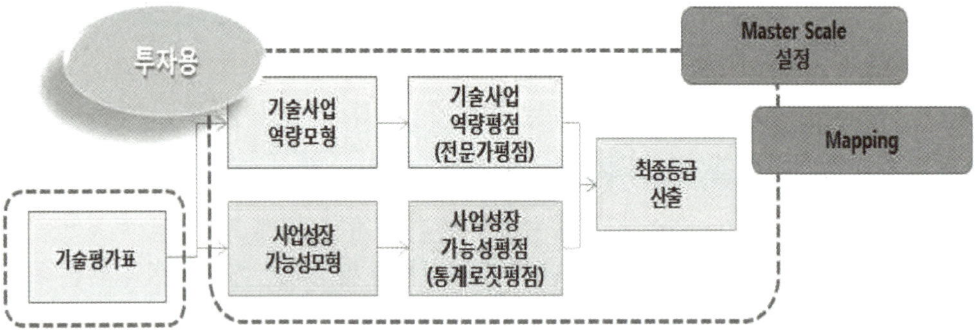

3-2 기술투자금융 확대를 위한 금융규제 정비

기술금융 활성화를 위해서는 다양한 기술금융 상품이 출현할 수 있도록 금융규제 환경의 정비가 필요하다. 따라서 정부는 대표적으로 '벤처·중소기업 자금 지원을 위한 투자금융 활성화 방안'(금융위원회, 2013)을 마련하였다. 이를 통해 신기술금융조합 운영자 요건을 완화하고 투자 대상 기업을 확대하며, 펀드 존속 기간을 확대하고 회계처리 기준을 변경하는 등 규제 환경을 정비함으로써 민간 금융기관의 기술금융시장 진입장벽을 낮추고 있다.

이 외에도 기술 및 기업가치 정보의 원활한 유통을 위해서는 기술가치평가 시스템, 기술거래시장, 중간회수시장 등이 필요하다. 다만, 이러한 시스템은 단기적으로 구축하기 어려워 상당한 시간이 소요될 것으로 예상된다. 더불어 기술금융시장에 대한 진입장벽을 만드는 규제들 또한 지속적으로 완화하여 다양한 주체들이 기술금융에 참여할 수 있도록 할 필요가 있다.

3-3 투자회수시장의 활성화

직접투자 형태의 기술금융이 저조한 근본적인 원인은 투자회수시장의 다양성이 부족하여 투자에 대한 리스크가 높기 때문이다. 자본시장이 발달한 미국, 영국 등을 보면 기업 규모 및 성장 단계별로 회수시장이 활성화되어 투자금융이 발달하는 데 하나의 원동력 이 되고 있다. 따라서 우리나라에서도 상장시장의 다변화, M&A시장의 활성화 등 투자자금을회수할 수 있는 수단이 다양하게 강구되어야 할 것이다.

3-4 국내 벤처투자 현황

최근 기술금융의 지속적인 성장과 더불어 2021년까지 최근 5년간 꾸준히 벤처투자시장이 성장해 왔으나 2022년부터 경기 불확실성 확산 등으로 벤처투자시장이 위축되고 있다. 이는 경기불황에 따른 국내 투자시장이 냉각되고 있는 상황으로 정부는 시장 정밀 모니터링을 통해 요인 등을 면밀히 분석하여 투자활성화 제도를 추진할 예정이다.

〈표 Ⅱ- 1〉 벤처투자 현황*

(단위: 억원,%,건,개사)

구분		2018년	2019년	2020년	2021년	2022년
투자금액		34,249	42,777	43,045	76,802	67,640
전년대비	증감	-	+8,528	+268	+33,757	△9,162
	증감율	-	+24.9	+0.6	+78.4	△11.9
투자건수		3,150	3,713	4,231	5,559	5,286
피투자기업 수		1,399	1,608	2,130	2,438	2,474

*창업투자회사 및 벤처투자조합 투자실적

〈표 Ⅱ- 2〉 투자기관별 벤처투자실적 현황

(단위: 억원, %)

구분	'21년	'22년	증감율
창업투자회사, 벤처투자조합	76,802	67,640	△11.9
신기술투자조합, 회사	82,569	57,066	△30.9
농림수산식품투자조합	1,504	1,399	△7.0
정책금융기관*	9,382	10,040	+7.0
합계	170,257	136,145	△20.0

*정책금융기관 :산업은행, 기업은행, 신용보증기금, 기술보증기금

국내 투자기관별 벤처투자실적과 창업투자회사 및 벤처투자조합의 투자실적은 위 표와 같다.

4. 데이터의 가치평가 시행

정부는 2022년 「데이터 산업진흥 및 이용촉진에 관한 법률」이 시행되면서 데이터의 경제적 가치를 평가하기 위해 평가기법과 체계에 따라 가액, 등급, 점수 등으로 평가하는 평가기법 및 평가절차를 공표하고 가치평가를 전문적으로 수행할 평가기관을 지정하는 등 데이터 가치평가 제도를 새롭게 도입하였다.

이어서 '데이터 가치평가기관 지정 및 운영에 관한 지침'을 마련하여 데이터 가치의 평가기법, 가치평가기관 지정, 운영절차 등을 제시하였으며, 기술평가기관으로 지정 신청을 희망하는 법인을 대상으로 공모를 진행하였다. 이를 통해 객관적인 기술평가 업무를 수행할 데이터 가치평가기관으로 기술보증기금, ㈜나이스디앤비, 신용보증기금, 한국과학기술정보연구원 등 4개 법인을 지정하였다.

여기서 '데이터'란 다양한 부가가치 창출을 위하여 관찰, 실험, 조사, 수집 등으로 취득하거나 정보시스템 및 소프트웨어 진흥법 제2조제1호에 따른 소프트웨어 등을 통해 생성된 것으로 광 또는 전자적 방식으로 처리될 수 있는 자료 또는 정보를 말한다. '데이터 가치'란 데이

터 생산, 유통, 거래, 활용 등에서 발생하는 경제적 효익에 대한 측정치를 말하며, '데이터 가치평가'란 데이터 가치를 시장에서 일반적으로 인정된 평가기법 및 모델에 따라 가액, 등급, 점수 등으로 평가하는 활동을 말한다.

4-1 데이터가치 평가기관

이번에 지정된 가치평가기관은 아래 표와 같으며 평가 대상 및 범위, 평가 수수료에 대하여 과기정통부와 협의를 거친 후 본격적으로 가치평가업무를 수행하게 된다. 데이터에 대한 가치를 평가받고자 하는 법인 또는 개인이 데이터 가치평가 신청서를 가치평가기관에 제출하면 가치평가 모델 및 기법에 따른 가치평가 결과를 통보받을 수 있게 된다.

평가관명	주소	홈페이지
기술보증기금	부산광역시 남구 문현금융로 33	www.kibo.or.kr
㈜나이스디앤비	서울특별시 마포구 마포대로 217	www.nicednb.com
신용보증기금	대구광역시 동구 첨단로 7	www.kodit.co.kr
한국과학기술정보연구원	대전광역시 유성구 대학로 245	www.kisti.re.kr

가치평가기관 지정을 통해 공신력 있는 기관에 의한 데이터 가치 측정이 가능해짐에 따라, 경제성 있는 데이터를 보유·관리하고 있는 기업에 대한 투자 및 금융 지원이 활발해지고 데이터 기반의 새로운 서비스 개발 및 확산이 더욱 활성화될 것으로 보인다.

정부는 향후 데이터 가치평가 운영 현황과 시장 수요 등을 고려하여 가치평가기관을 추가로 지정하는 방안을 검토할 계획이다.

4-2 평가대상 데이터의 판단 기준

평가대상 데이터의 판단기준으로는 전자적 형태로 존재하며 미래에 경제적 효익을 창출·측정할 수 있는 데이터로 일정 수준의 품질이 담보될 수 있어야 한다.

① 전자적 형태 : 데이터 산업법 제2조에 따라 광 또는 전자적 방식으로 처리될 수 있도록 전자적 형태로 존재하여야 한다.

* 데이터베이스 형태로 전환되지 않은 원시 파일 형태 등도 평가대상이 될 수 있으며, 그 전환 여부는 가치평가 결과에 영향을 미치는 요인이 될 수 있다(품질요건).

② 경제적 효익 창출·측정 : 경제적 효익의 창출·측정 여부는 데이터 가치평가 방법의 선택·적용이 가능한지 여부로 판단한다.

③ 일정 수준의 품질 : 품질판단은 공인인증기관의 품질인증 등 객관적으로 확인 가능한 자료 혹은 전문가의 판단에 의한다.

평가대상으로서 데이터와 콘텐츠 성격이 결합(예 : 뉴스데이터, 출판데이터, 이미지·동영상 데이터 등)된 상품의 경우 데이터에 대해서만 데이터 가치평가 방법론을 적용하며 콘텐츠에 대해서는 별도의 콘텐츠 가치평가 방법을 적용한다.

5. 기술신용평가사 자격제도

기술평가와 직접적으로 관련되는 자격은 현재 8종에 이르는 데, 국가자격보다는 주로 민간 자격으로 운영되고 있다. 이 중 기술신용평가 전문인력 양성을 목적으로 기술신용평가사 자격제도가 운영되고 있으며, 본서에서는 기술신용평가사 위주로 설명하기로 한다.

〈표 II-2〉 기술평가 관련 주요 자격제도[9]

	기술거래사	기업·기술 가치평가사	기술평가사	기술사업가치 평가사	기술신용평가사 (1,2,3급)	기업가치평가사	기업가치평가사	기업가치평가사
자격종류	국가자격	민간자격 (등록)	민간자격 (등록)	민간자격 (등록)	민간자격 (등록)	민간자격 (등록)	민간자격 (등록)	민간자격 (등록)
법적근거	「기술의 이전 및 사업화 촉진에 관한 법률」 제14조	-	-	-	-	-	-	-
발급 또는 자격관리 기관	산업통상자원부장관 명의의 등록증 발급	한국기업·기술 가치 평가협회	한국기술 사업화진 흥협회	한국기술 거래사회	기술보증 기금	한국기업 평가원	기업가치 평가협회	한국생산 성본부
교육방식	오프라인 교육+온라인교육	오프라인 교육+온라인교육	오프라인 교육	오프라인 교육+온라인교육	오프라인 교육 또는 온라인 교육	오프라인 교육	오프라인 교육	오프라인 교육
교육기관	한국산업 기술진흥원, 한국기술 거래사회	발급기관과 동일	발급기관과 동일	발급기관과 동일	발급기관과 동일	발급기관과 동일	발급기관과 동일	발급기관과 동일
개시년도	2000년	2000년	2008년	2017년	2016년	2002년	2010년	2002년
자격조건	법률에 자격요건을 제한	특별한 요건 없음	특별한 요건 없음	특별한 요건 없음	특별한 요건 없음	특별한 요건 없음	특별한 요건 없음	특별한 요건 없음

주1 : 자격의 종류는 「국가자격법」 제2조에 따라 '국가자격'과 '민간자격'으로 구분되고, 민간자격은 다시 '등록'자격과 '공인'자격으로 구분됨

주2 : 민간자격 현황은 한국직업능력개발원에서 운영하는 민간자격정보서비스(https://www.pqi.or.kr)에서 검색 및 확인이 가능함

주3 : 기술거래사의 등록교육 등은 「기술거래사 등록·관리 요령」 (산업부 고시) 제10조의 4에 따라 한국산업기술진흥원과 한국기술거래사회에서 하고 있음

5-1 기술신용평가사 정의

기술신용평가사란 기업이 보유하고 있는 특화된 기술이나 지식재산권 등을 포함한 무형자산에 대한 기술평가와 전반적인 신용 및 재무현황에 대한 신용평가를 수행하고, 이에 대한 평

9) 기술평가제도 현황 및 활성화를 위한 과제, 국회입법조사처, 2019년

가결과를 등급 또는 금액으로 산출하는 전문평가사를 말한다.

5-2 자격제도 도입경과

- 15.06 금융위 「기술금융 체계화 및 제도개선」 추진
  - * 기술신용대출 안착을 위한 4대 분야 개선전략 중 '자체역량확충분야'
- 15.11 기술신용평가인력 양성과정 주관기관 선정
- 16.01 기술신용평가사 민간자격등록
- 16.04 기술평가관련 교육연수 업무 등에 대한 금융위의 업무승인

5-3 기술신용평가사 주관기관[10] 및 자격체계

정부(금융위원회)는 2016.4월 기술신용평가사 자격제도 주관기관으로 기술보증기금을 지정하여 운용, 수행하고 있으며, 기술신용평가사 자격체계는 다음과 같다.

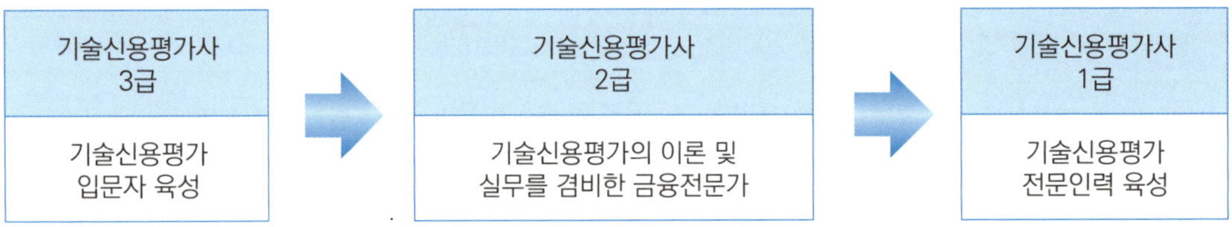

5-4 운용방법

가. 자격기본법에 의한 기술신용평가사 제도 운영

기술신용평가 및 유관업무 종사자 또는 종사희망자를 대상으로 자격제도를 운영한다.

나. 기술평가 및 기술신용평가사 자격제도 부수업무 온·오프라인 교육연수 프로그램 개발·운영 및 보수교육 프로그램을 운영한다.

10) 「기술보증기금법」 제28조 제1항 5호, 6호, 9호에 의거 금융위원회 승인을 받아 기술신용평가사 주관기관으로 기술보증기금을 지정하여 운영하고 있다.

5-5 시험과목 및 배점

기술신용평가사 급수별 시험과목에 대한 세부사항을 정리하면 다음과 같다.

〈표 Ⅱ- 3〉 기술신용평가사 시험과목 및 배점

구분	시험과목	문제형태	문항수	배점
기술신용평가사 1급	기술신용평가 실무사례	5지선다형 완성형 단답형 서술형	20개	100점
기술신용평가사 2급	기술신용평가 기술전공일반이론[11]	5지선다형 단답형 완성형	과목당 50개	과목당 100점
	소계		100개	200점
기술신용평가사 3급	기술평가와 신용분석기초 경영컨설턴팅과 지식재산권	5지선다형	과목당 50개	과목당 100점
	소계		100개	200점

5-6 응시자격 및 합격기준

기술신용평가사 급수별 시험과목에 대한 세부사항을 정리하면 다음과 같다.

〈표 Ⅱ- 4〉 기술신용평가사 응시자격 및 합격기준

구분	응시자격	합격기준
기술신용평가사 1급	- 동일 직무분야에서 5년 이상 실무에 종사한 자로서 기술신용평가사 2급 자격을 보유한 자 - 동일 직무분야에서 2년 이상 실무에 종사한 자로서 변리사, 회계사, 변호사, 감정평가사의 자격을 보유한 자(외국에서 동일 자격을 보유한 자 포함)	100점 만점에 70점 이상 득점

11) 기술신용평가사 2급 전공과목은 총 9개(기계, 전기전자, 정보통신, 재료금속, 화공, 생명(BIO), 섬유, 환경, 콘텐츠)로 이 가운데 1개 과목를 선택하여 응시한다.

구 분	응시자격	합격기준
기술신용평가사 2급	- 기술신용평가사 3급 자격취득자	과목당 100점 만점 기준, 각 과목 40점 이상이고 전과목 평균 60점 이상 득점 (과목합격불인정)
기술신용평가사 3급	- 신청자격 제한없음	전 과목 평균 100점 만점 기준, 60점 이상 득점

5-7 기술신용평가 실무교육

은행권 TCB 평가역량의 확충을 위해 신용분석사 및 기업여신심사·투자심사 경력자(3년 이상)를 TCB 평가인력으로 양성하는 단기 교육과정을 도입하였다. 이는 기술 관련 기초지식과 TCB평가서 작성실무 등 필수과목 중심의 기술신용평가사2급 수준에 준하는 교육과정으로 운용하고, 적정한 수료 기준을 운용하여 양성인력을 배출하기 위함이다.

2급 기술신용평가사 자격취득자를 대상으로는 TCB평가서 작성 실무능력 배양을 위한 교육과정을 도입하여 실무에 즉시 적용 가능한 기술금융 전문인력을 육성하고 있다.

6. 기술금융의 발전 방향

6-1 추진배경

담보·보증 등 재무 중심의 금융 관행에서 기술력을 반영하기 위한 1단계 기술금융은 양적으로는 크게 성장했으며, 질적 측면에서도 기술금융이 점차 은행의 여신관행으로 자리잡는 등 개선되고 있다는 평가를 받고 있다. 반면, 이런 성과를 바탕으로 기술금융이 명실상부하게 금융 관행으로 완전히 정착하기 위해서는 한 단계 높은 질적도약이 필요한 상황으로 2단계 기술금융의 발전을 위해서는 다음과 같은 문제점 도출과 개선사항이 요구되고 있다.

- 은행의 기술금융 지원 경쟁 유발 정도가 낮고 질적평가가 미흡한 측면
  → 기술금융 실적이 제대로 평가될 수 있도록 평가시스템 개선
- 기술평가 따른 기술신용등급과 신용등급이 이원화
  → 기술만 있으면 대출 받을 수 있는 관행정착을 위해 기술평가와 여신심사 통합
- 기술금융 투자가 대출 대비 미흡한 수준
  → 기술금융 투자를 대폭 확대
- TCB평가가 충분한 신뢰성을 주지 못한다는 지적
  → TCB 신뢰성 및 활용도 제고
- 그간 TDB는 단순 정보집중에만 매진하여 정보 지원 수준이 낮은 문제
  → TDB 기술정보 활용 제고

이를 효율적으로 개선함으로써 기술만 있으면 대출·투자를 받을 수 있는 관행이 완전히 정착될 수 있도록 2단계 기술금융 발전 로드맵을 추진하고 있다.

6-2 주요 발전방향

가. 기술평가와 여신심사 일원화

「신용·기술평가 일원화 TF」를 통해 여신심사와 기술평가가 통합된 '통합 여신모형'을 마련할 예정이다. 통합여신 모형이 정착될 경우, 기술금융이 은행권 심사관행에 내재화될 것으로 기대된다.

나. 기술금융 투자 활성화

기술금융 활성화를 위해서는 은행 자체 기술금융 투자 확대를 위한 다양한 동기부여를 유도할 필요성이 있다. 더불어 성장사다리 펀드가 기술금융 투자를 확대할 수 있도록 펀드 투자액 일정비율 이상을 기술금융으로 투자할 경우 운용사에 성과보수를 지급 하는 등 다양한 인센티브가 필요하다.

다. 기술금융 주요 개선방안

가. 주요 과제

정부는 2014년부터 추진된 기술금융의 그동안 발견된 문제점 등을 개선하고 향후 발전방향을 모색하기 위하여, 기술금융 대상부터 기술신용평가 결과에 대한 사후평가까지 기술금융 전반을 아우르는 「기술금융 개선방안」을 마련하고 5대 추진과제 및 10대 세부과제를 추진하기로 발표하였다.

〈표 Ⅱ- 5〉「기술금융 개선방안」 주요 과제

5대 추진과제	10대 세부과제	필요 후속조치
기술금융 원래의 취지 강화	① 우대금리의 명확화 ② 신용대출 확대 유도	테크평가 개편
평가의 독립성 강화	① 은행과 기술신용평가사간 균형과 견제 ② 은행에 대한 행위준칙 마련 ③ 은행의 양적확대 경쟁 유인 방지	품질심사평가 개편 신용정보법 개정 기술신용평가 개편
기술신용평가 내실화	① 평가서를 충실히 작성하도록 개편 ② 관대한 평가를 방지하는 기준 마련	기술신용평가 개편
사후평가 강화 (품질심사평가)	① 기술신용평가사에 대한 사후평가 강화 ② 평가서 평가결과를 인센티브와 연계	품질심사평가 개편
규율체계 정비	① 신정법에 규정된 행위규칙 정비	신용정보법 개정

나. 주요 내용

① 기술기업을 충실히 평가할 수 있도록 기술신용평가 제도 개선

우선, 은행이 일반 병·의원 및 소매업 등과 같은 非기술기업에 대해 기술금융을 의뢰하지 못하도록 기술금융 대상을 정비하고, 기술신용평가 시 현지조사와 세부평가의견 작성을 의무화하여 기술기업에 대한 평가가 충실하게 이루어질 수 있도록 개선한다. 또한, 은행에서 기술

신용평가 의뢰 시 은행 본점에서 지점에 임의 배정토록하여 평가사에 대한 은행 지점의 영향력을 배제하고, 평가자 임의대로 관대한 평가를 하지 못하도록 기술신용평가 등급별 정량점수 최소기준 마련 및 AI기술을 활용하여 등급판정 가이드를 제공한다.

아울러, 평가자가 조사자료를 허위로 기재하거나 임의로 수정·조작하는 등 기술금융의 신뢰성을 저해하는 행위를 하지 못하도록 업무규범을 추가하고, 기타 기술신용평가 운영과정에서 제기된 평가 절차 명확화, 전문인력 요건 정비 및 업무규범 강화 등 추가 개선사항도 함께 마련하였다.

② 품질심사평가 변별력 강화를 위해 평가기준 강화 등 제도 개선

품질심사평가 판정기준을 모두 점수화(정량)하는 등 품질심사 기준을 강화한다. 아울러, 품질심사평가 결과 우수평가사에는 정책사업 참여기회를 제공하는 반면 미흡평가사의 경우 동평가사가 평가한 대출잔액을 한은 금융중개지원대출 대출잔액 실적에서 제외하는 등 환류체계를 강화한다. 또한 은행에서 평가사에 평가물량 배정 시 품질심사평가 결과를 기준으로 평가물량을 배정하도록 하여 평가사 자체적으로 평가품질을 개선하기 위한 유인을 강화한다.

이번 개편으로 품질심사평가의 중요도가 높아진만큼 평가의 공정성을 높이기 위하여 재심의요구권을 신설하고, 기존 3단계로 분류되었던 평가결과를 5단계로 세분화하는 등 추가 개선사항도 함께 마련하였다.

③ 기술금융 본연의 취지가 강화되도록 테크평가 제도 개선

테크평가 지표에 은행의 기술금융 우대금리 제공 정도를 신규로 추가하고 기술금융의 신용대출 배점을 확대하는 등 담보·매출이 부족하더라도 기술력을 보유한 기업이 대출한도나 금리에서 우대받을 수 있도록 하여, 기술금융 본연의 취지를 강화하였다.

종 • 합 • 정 • 리

1. 미국의 기술금융제도

해외 기술금융 관련 제도 및 사례를 살펴보면 미국은 상대적으로 자본이 풍부하고 시장이 발달하여 세계 여타 경제권역이 기술금융제도를 설립하고 추진하는데 준거점(benchmark)이 되고 있다. 정부에서 직접 주관한 프로그램 또는 기관으로는 SBIR(Small Business Innovation Research), SBIC(Small Business Investment Corporation, 중소기업투자회사), 정부의 R&D 지원 자금 등이 있다.

2. 유럽의 기술금융제도

유럽은 기술평가를 활용한 기술금융제도가 활성화되어 있는데, 기술평가를 중요 정책 이슈 중의 하나로 인식하고 있기 때문이다. EU의 기술가치평가기관은 주로 기술사업화 목적의 기술가치평가를 많이 수행하며, 이러한 정책은 기술혁신에 의한 경쟁력 제고라는 범 EU 차원의 인식에 기인한다. 리스본 전략(Lisbon Strategy)은 이와 관련하여 채택되었으며, 동 전략하에 다양한 기술혁신 지원 프로젝트가 진행되고 있다.

3. 성장사다리펀드를 통한 기술가치평가 투자펀드 설립

기업의 기술가치평가에 기반한 투자금융 활성화를 위해 성장사다리펀드와 기업은행 등이 공동 출자하여 기술가치평가 투자펀드를 결성하기로 하였다. 이를 통해 기술금융이 은행을 통한 융자 중심에서 투자로 확대해나가도록 제도를 먼저 마련하기로 한 것이다. 이에 따라 자금조성이 이루어진 기업은행, 한국과학기술지주 등과 성장사다리펀드가 1,000억 원 규모의 기술가치평가 투자펀드를 설립하였다.

4. 투자형 TCB 평가모형 개발

정부는 기술신용대출의 성공적인 확산과 함께 기술기업에 다양한 자금조달 방식을 제공하고 대출에 따른 상환·이자부담을 해소하기 위해 기술금융 투자가 활성화되도록 2015.6월부터 산업부와 공동으로 엔젤투자자나 벤처캐피탈이 활용가능한 투자용 기술평가 모형을 개발하였다. 투자형 TCB 평가모형은 기업의 기술력을 기반으로 성장가능성을 예측하여 투자대상 발굴을 지원하는 것에 초점을 두고 있는 바, 기존 기술신용평가 모형에 비해 기업의 성장가능성을 예측하는 기술성, 시장성에 대한 배점을 강화하였다.

5. 기술신용평가사 자격제도 운용

기술신용평가사란 기업이 보유하고 있는 특화된 기술이나 지식재산권 등을 포함한 무형자산에 대한 기술평가와 전반적인 신용 및 재무현황에 대한 신용평가를 수행하고, 이에 대한 평가결과를 등급 또는 금액으로 산출하는 전문평가사를 말한다. 정부(금융위원회)는 2016.4월 기술신용평가사 자격제도 운용기관으로 기술보증기금을 지정하여 관련 업무를 시행하고 있으며, 기술신용평가사는 3급, 2급, 1급으로 구성된다.

6. 기술금융 발전방향

담보·보증 등 재무 중심의 금융 관행에서 기술력을 반영하기 위한 1단계 기술금융은 양적으로는 크게 성장했으며, 질적 측면에서도 기술금융이 점차 은행의 여신관행으로 자리잡는 등 개선되고 있다는 평가를 받고 있다. 반면, 이런 성과를 바탕으로 기술금융이 명실상부하게 금융 관행으로 완전히 정착하기 위해서는 한 단계 높은 질적도약이 필요한 상황이다. 이를 위해 평가시스템 개선, 기술평가와 여신심사 통합, 기술금융 투자폭 확대, TCB 신뢰성 및 활용도 제고, TDB 기술정보 활용도 제고가 요구된다.

7. 데이터가치평가 제도 도입

정부는 2022년 「데이터 산업진흥 및 이용촉진에 관한 법률」이 시행되면서 데이터의 경제적 가치를 평가하기 위해 평가기법과 체계에 따라 가액, 등급, 점수 등으로 평가하는 평가기법 및 평가절차를 공표하고 가치평가를 전문적으로 수행할 평가기관을 지정하는 등 데이터가치평가 제도를 새롭게 도입하였다. '데이터 가치평가기관 지정 및 운영에 관한 지침'을 마련하여 데이터 가치의 평가기법, 가치평가기관 지정, 운영절차 등을 제시하였으며, 기술평가기관으로 지정 신청을 희망하는 법인을 대상으로 공모를 진행하였다. 이를 통해 객관적인 기술평가 업무를 수행할 데이터 가치평가기관으로 기술보증기금, ㈜나이스디앤비, 신용보증기금, 한국과학기술정보연구원 등 4개 법인을 지정하였다.

연·습·문·제

1. 미국의 대표적인 정부 주도 기술금융인 SBIR(Small Business Innovation Research) 프로그램은 신기술을 개발하는 중소기업 자금 지원 프로그램으로, 1982년 「Small Business Investment Act(Recovery Act)」를 그 근거법으로 삼고 있다. (○, ×)

2. 리스본 전략은 지식기반사회의 도래, IT의 급속한 발전속에서 유럽사회 전반을 혁신적으로 개조하기 위하여 채택된 중장기 발전전략이다. 그 중 중소기업정책은 크게 다년간 중소기업프로그램(MAP)과 유럽투자기금(ELF)으로 나뉜다. (○, ×)

3. '데이터 가치평가'란 데이터 가치를 시장에서 일반적으로 인정된 평가 기법 및 모델에 따라 가액, 등급, 점수 등으로 평가하는 활동을 말한다. (○, ×)

4. 다음 중 유럽의 다년간 중소기업 지원 프로그램(MAP)의 주요 금융 지원 수단에 해당하지 않는 것은? (   )
   ① 중소기업투자회사(SBIC)
   ② 중소기업보증기금(SMEG)
   ③ 시드캐피탈액션(SCA)
   ④ 기술창업지원기구(ETF-SU)

5. 다음 중 미국의 기술금융 관련 기관 또는 지원 프로그램으로 타당하지 않은 것은? (   )
   ① 기술평가정보센터(CTA: Center of Technology Assessment)
   ② SBIR(Small Business Innovation Research)
   ③ SBIC(Small Business Investment Corporation, 중소기업투자회사)
   ④ 정부의 R&D 지원 자금

연•습•문•제

6. 기술신용평가사 자격제도에 대한 설명으로 바르지 못한 것은? (   )
   ① 기술신용대출 활성화를 위한 기술신용평가 전문인력 양성을 위해 운영되는 제도이다.
   ② 기술신용평가사는 기업이 보유하고 있는 무형자산 등에 대한 기술평가와 전반적인 신용 및 재무상황에 대한 신용평가를 수행한다.
   ③ 정부는 기술신용평가사 자격제도 주관기관으로 한국신용정보원을 지정하여 운용, 수행하고 있다.
   ④ 자격체계는 1,2,3급 총 3단계로 구분하고 있으며, 2급에서는 '기술신용평가'와 '기술전공 일반이론'을 시험과목으로 운영하고 있다.

7. 다음 중 데이터가치 평가기관에 해당하지 않는 것은? (   )
   ① 기술보증기금
   ② 나이스평가정보
   ③ 신용보증기금
   ④ 한국과학기술정보연구원

정・답・및・해・설

1. ×

미국의 대표적인 정부 주도 기술금융인 SBIR(Small Business Innovation Research) 프로그램은 신기술을 개발하는 중소기업 자금 지원 프로그램으로, 1982년 「중소기업 혁신연구법」에 근거하여 제정되었다.

2. ×

유럽의 중소기업 정책은 크게 다년간 중소기업프로그램(MAP)과 유럽소기업헌장(European Charter for Small Enterprises)로 나뉜다.

3. ○

데이터 가치평가에 대한 올바른 설명이다.

4. ①

중소기업투자회사(SBIC)는 '미국의 기술금융 관련 회사'로 창업 및 성장 단계의 중소기업들이 필요로 하는 자금의 수급 불균형을 보완하기 위하여 설립되었다.

5. ①

기술평가정보센터(CTA: Center of technology Assessment)는 '일본의 기술평가기관'으로 미국의 기술금융 지원제도와 상관없다.

6. ③

기술신용평가사 자격제도 운용기관으로 기술보증기금을 지정하여 운용하고 있다.

7. ②

정부에서 지정한 데이터 가치평가기관은 기술보증기금, 신용보증기금, ㈜나이스디앤비, 한국과학기술정보연구원이다.

집필자

김대철

· 성균관대학교 대학원 기술경영학(MOT)과 졸업(공학박사)
· (현) 기술보증기금 상임이사
(현) 서강대학교 기술경영대학원 겸임교수

최정현

· 경북대학교 대학원 전자공학과 졸업(공학박사)
· (현) 기술보증기금 서울서부재기지원센터 부장
· (현) 한국신용정보원「기술신용평가 심의위원회」심의위원
· (현) 성균관대 기술경영대학원 겸임교수(기술금융)

[기술금융 기초]

초 판 1쇄 발행 2019년 5월 3일
제6판 1쇄 발행 2025년 3월 18일
지은이 김대철, 최정현
펴낸이 이준수
펴낸곳 한국금융연수원 출판미디어사업부
(03053) 서울시 종로구 삼청로 118

전화 (02)3700-1500
팩스 (02)3700-1530
홈페이지 www.kbi.or.kr
등록 1990년 4월 20일(제1-1040호)
값 22,000원
ISBN 978-89-287-8238-3 13320

한국금융연수원 자격검정시험 안내

•「국가공인자격」은 자격기본법에서 정한 기준과 절차에 따라 국가가 공인한 자격으로 신용분석사, 여신심사역, 국제금융역, 자산관리사(FP), 신용위험분석사(CRA), 외환전문역 I종, 외환전문역 II종 등 7개의 자격이 있습니다.

•「자체인증자격」은 우리 원이 인정, 수여하는 자격으로 공개시험형 자체자격인 프라이빗 뱅커(CPB), 은행텔러, 영업점 컴플라이언스 오피서(은행)(보험)(증권), KBI 금융DT 테스트, 자금세탁방지 업무능력 검정시험 등 7개 자격이 있습니다.

구분	자 격 명 (공인/등록번호)	응시료	자격소개
국가공인자격	신용분석사 (제2024-1호) (2008-0438)	전과목 : 66,000원 1부 : 28,000원 2부 : 39,000원	금융회사의 여신관련 부서에서 기업에 대한 회계 및 비회계자료 분석을 통하여 종합적인 신용상황을 판단하고 신용등급을 결정하는 등 기업신용 평가업무를 담당하는 금융전문가
	여신심사역 (제2024-2호) (2008-0439)	전과목 : 66,000원 1부 : 28,000원 2부 : 39,000원	금융회사의 여신심사 담당자로서 경제상황과 기업의 재무, 비재무상태 등을 분석, 파악하여 적정한 대출심사 의견서 작성, 대출이율 및 대출기간 결정 등 대출실행 여부를 판단하고 자금의 효율적 운용, 대손 방지를 위한 제반조치, 여신의 법률적 검토, 사후관리업무 등 여신업무와 관련한 종합적인 업무를 수행하는 금융전문가
	국제금융역 (제2021-1호) (2008-0440)	전과목 : 66,000원 1부 : 33,000원 2부 : 33,000원	금융회사의 국제금융 관련 부서에서 국제금융시장의 동향파악, 분석 및 예측 등을 통하여 외화자금의 효율적 조달과 운용업무를 담당하고 이에 따른 리스크관리 등 국제금융 관련 업무를 수행하는 금융전문가
	신용위험분석사(CRA) (제2023-2호) (2008-0442)	1차 : 77,000원 2차 : 88,000원	금융회사 및 기업신용평가기관 등에서 개인과 기업에 대한 신용상태를 조사평가하고 신용위험을 측정 · 관리하는 여신전문가
	자산관리사(FP) (제2020-1호) (2008-0441)	전과목 : 55,000원 1부 : 28,000원 2부 : 28,000원	금융회사 영업부서의 PB(Private Banking) 팀에서 고객의 수입과 지출, 자산 및 부채현황, 가족상황 등 고객에 대한 각종 자료를 수집, 분석하여 고객이 원하는 Life Plan 상의 재무목표를 달성할 수 있도록 종합적인 자산설계에 대한 상담과 실행을 지원하는 금융전문가
	외환전문역 I종 (제2020-1호) (2008-0436)	전과목 : 55,000원	금융회사의 외환업무 중 외국환 거래 법규 및 외환거래실무를 이해하고 고객의 외화 자산에 노출되는 각종 외환 리스크를 최소화시키는 등 주로 개인 외환과 관련된 직무를 담당
	외환전문역II종 (제2020-1호) (2008-0436)	전과목 : 55,000원	금융회사의 외환업무 중 수출입업무 및 이와 관련된 국제무역규칙을 이해하고 외환과 관련된 여신 업무를 수행하는 등 주로 기업 외환과 관련된 직무를 담당
자체인증자격	은행텔러 (2008-0437)	전과목 : 55,000원	창구에서 일어나는 제반업무에 대해 신속하고 친절한 업무수행과 정확한 업무처리로 고객에게 도움을 주고 상담을 통해 문제해결을 하도록 도와주는 금융전문가
	영업점 컴플라이언스 오피서(은행) (2010-0118) (보험, 증권) (2013-0702,0703)	전과목 : 각 44,000원	금융회사의 영업점에서 준법관련 법규와 감독기관의 감독규정이 정한 내용과 취지를 충분히 이해하고 업무 수행과정에서 이를 준수하며, 영업점에서 발생 가능한 금융사고 및 민원사항이 발생하지 않도록 사전적 예방 차원에서 그 준수사항의 이행을 점검하는 금융전문가(은행, 보험, 증권 분야별로 자격이 구분됨)
	프라이빗뱅커 (CPB) (2018-004091)	1차 : 110,000원 2차 : 342,000원 (실무교육)	개인고액자산가의 자산 및 수익증대를 실현하기 위해 금융분야 전반에 걸쳐 종합적인 금융상담과 실행을 지원할 수 있는 최고급 수준의 금융자산설계전문가
	KBI 금융DT 테스트 (2021-001872)	전과목 : 44,000원	금융인 및 예비금융인을 대상으로 디지털금융 전반에 대한 기본지식과 업무활용능력 등 금융DT 관련 기본역량 평가
	자금세탁방지 업무능력 검정시험 (2023-004792)	전과목 : 66,000원	금융시스템을 이용한 자금세탁행위와 공중협박자금조달행위를 적발 및 예방할 수 있는 전문적인 업무역량 평가

소비자 알림사항

•상기 "프라이빗뱅커(CPB)", "영업점컴플라이언스 오피서(은행)(보험)(증권)", "KBI 금융DT 테스트", "은행텔러", "자금세탁방지 업무능력 검정시험" 자격은 자격기본법 규정에 따라 등록한 민간자격으로, 국가로부터 인정받은 공인자격이 아닙니다.

•민간자격 등록 및 공인 제도에 대한 상세내용은 민간자격정보서비스 (www.pqi.or.kr)의 '민간자격 소개'란을 참고하여 주십시오.

기타

•응시료 환불 규정 : 접수기간 중 100%, 접수기간 종료 후 시험일 5일전 18시까지 50% 환불/이후 환불 불가

•자격 공인번호는 재공인시점에 따라 변경될 수 있으며, 응시료, 환불규정 등은 응시 시점에 따라 변경될 수 있으니 자격시험 응시 전 반드시 한국금융연수원 홈페이지에서 응시하고자 하는 자격시험에 관한 최신 정보를 확인하시기 바랍니다. 자격시험에 관한 자세한 사항은 한국금융연수원 홈페이지를 참조하시기 바랍니다.

•주소 : 서울특별시 종로구 삼청로 118 / TEL : 02-3700-1500 / 홈페이지 : www.kbi.or.kr